中小企业融资决策研究

ZHONGXIAOQIYE RONGZI
JUECE YANJIU

吴英晶 著

内蒙古科学技术出版社

图书在版编目（CIP）数据

中小企业融资决策研究 / 吴英晶著. —赤峰：内蒙古科学技术出版社，2016. 12（2020.2重印）

ISBN 978-7-5380-2766-2

Ⅰ. ①中…　Ⅱ. ①吴…　Ⅲ. ①中小企业－企业融资－研究　Ⅳ. ①F276.3

中国版本图书馆CIP数据核字（2016）第320393号

中小企业融资决策研究

作　　者：	吴英晶
责任编辑：	那　明
封面设计：	永　胜
出版发行：	内蒙古科学技术出版社
地　　址：	赤峰市红山区哈达街南一段4号
网　　址：	www.nm-kj.cn
邮购电话：	0476-5888903
排版制作：	赤峰市阿金奈图文制作有限责任公司
印　　刷：	天津兴湘印务有限公司
字　　数：	220千
开　　本：	700mm×1010mm　1/16
印　　张：	17.25
版　　次：	2016年12月第1版
印　　次：	2020年2月第2次印刷
书　　号：	ISBN 978-7-5380-2766-2
定　　价：	68.00元

序　言

随着供应链时代的来临，企业之间的竞争更多表现为供应链间的竞争，当供应链内受资金约束的中小企业不能实施最优决策时，就不可避免地影响了整个供应链的竞争能力。本书运用金融学、运筹学、经济学和库存理论等相关理论和方法，研究了中小企业融资额和融资成本问题。首先，研究了当零售商贷款违约时，供应商承诺回购的零售商存货质押融资决策，解决零售商融资额度问题。其次，研究供应商利用期权契约分担零售商需求风险情况下，有信息更新和没有信息更新时，零售商、供应商和银行各自的最优决策。最后，进一步研究了在供应链成员都受资金约束时，银行不同贷款决策对各方利润的影响，后两部分旨在解决中小企业融资成本问题。具体来讲，本书以由供应商和零售商组成的二级供应链系统为研究对象，其中零售商为受资金约束的中小企业。具体研究了以下四个方面内容：

（一）核心企业直接与融资的中小企业融资决策

研究在零售商贷款违约时，核心企业承诺以固定比例回购的零售商存货质押融资决策，并引入主体不违约概率，刻画当零售商销售量低于违约决策点时，以一定概率利用其他收入偿还贷款情况。通过建模得到质押物有、无优先售出权两种情景下的各方最优决策表达式。并进一步研究了零售商主体不违约概率、供应商的回购对各方决策的影响。结果表明：供应商的回购承诺提高了银行利润，在一定条件下提高了银行的质押率；并且，有回购承诺的融资决策在一定条件下可以有效缓解零售商的融资困境。

（二）不考虑信息更新时，核心企业利用期权契约分担需求风险的中小企业融资决策

零售商可以获得风险规避银行的无限额贷款，供应商向零售商提供看跌期权、看涨期权和双向期权三种期权契约购买方式。通过建模，得到三种期权契约下零售商的最优实物和期权购买量、供应商的回购比例、供应链协调的批发价格、银行基于 CVaR 风险度量准则下的利润阈值和最优利率决策表达式。结果表明：三种期权契约下，零售商均存在唯一的最优实物订购量和期权购买量使得自身利润最大化，银行均存在最优的利率决策，供应商均可以通过调整批发价格实现供应链的协调。基于对三种期权契约下各方决策对比结果，零售商可以根据自身能够承担风险的程度和银行的风险规避程度，选择相应的期权契约。

（三）考虑需求信息更新时，核心企业利用期权契约分担需求风险的中小企业融资决策

与上一部分研究背景类似，此部分分析了需求信息更新条件下看涨期权的零售商和银行的融资决策。在初始订购阶段，零售商决策实物购买量和看涨期权购买量。在销售季节到来之前，根据新收集的市场信号更新需求信息，决策看涨实物期权的实施量。首先，通过建模，得到零售商实施全部期权、放弃全部期权、最优实物订购量、期权购买量及银行的最优利率决策一般表达式，并进一步得到了需求和市场信息服从均匀分布下各方决策解析式。结果表明：零售商最优实物订购量、放弃所有期权决策的分界点、零售商利润随利率的增加而减少，期权购买量、实施全部期权决策的分界点随利率的增加而增加。商品需求的波动影响零售商还款决策和银行利率决策。看涨期权契约只有在商品需求分布和需求信息分布满足一定条件时，才能发挥灵活购买契约的作用。

（四）供应链成员都受资金约束的中小企业融资决策

研究了同样受资金约束的供应商和零售商组成的二级供应链系统，零售商和供应商有唯一的采购和销售渠道。银行不了解商品的需求信息，只根据信用评级指标来决策贷款利率。供应链成员利用银行期望损失修正自身期望利润。通过建模，得到了零售

商资本信息对称和资本信息不对称时，零售商和供应商的最优决策和各方利润表达式。结果表明：在资本信息对称时，银行的贷款风险只与零售商的违约率有关，银行偏向于向供应链上游企业提供资金；在资本信息不对称时，贷款对象的资金状况和违约率影响各方利润；联合贷款决策将贷款风险分摊给供应商和零售商，减少了银行的贷款风险，从而降低了银行对于企业独自贷款的违约率阈值，在一定程度上解决了中小企业融资困境。

本书研究的是：核心企业直接参与中小企业融资模式、核心企业利用期权决策分担需求风险的中小企业融资模式和对同样受资金约束成员的融资模式，是对基于商业信用、应付和应收账款质押等传统融资模式的有效补充。同时，也为解决供应链内中小企业融资难题，提供切实可行的融资方式。

Abstract

With the coming era of supply chain, enterprises competition actually is supply chain competition. The Small and Medium Enterprises (SME) can't perform the optimal decision due to capital constraint, which inevitably affects the competitive advantage. Using Finance Theory and Method, Operation Research, Economic Theory, Inventory Theory, this dissertation studies SME's financing cost and financing amount problems. Firstly, in order to deal with the financing amount problem, once the retailer defaults, the supplier will buy back a fraction of unsold products; Secondly, considering the supplier can use option contract to share the demand risk the retailer faces, this paper characters the optimal decisions of three participators, i.e., the retailer, the supplier and the bank, under no information-updated/information-updated situation. Finally, the impact of bank decision on profits of different participators with capital constraint is studied. The last two parts aim on deal with financing cost problem. Specifically, this paper focuses on a supply chain system consisting of a supplier and a retailer who is a small and medium-sized enterprise with financial constraint.

This dissertation mainly explores problems from four aspects:

1.SME's financing decision when the core enterprise directly takes part in financing process

This section studies the decision-making problem of the retailer borrowing money by inventory financing under the situation where the supplier guarantees to buy back a fixed ratio of unsold products if the retailer defaults. If demand quantity is less than one threshold point, the retailer uses other revenue to pay back the interest and principle with a certain probability. This section obtains the optimal decisions under two situations: with sold privileges and without sold privileges. Further, this part analyzes the impact of buy-back guarantee and subjective default probability on all participators' decisions. The results show that: the supplier's buy-back guarantee not only increases bank's profit, but also raises the loan-to-value ratio in some cases; when the market conditions are optimistic, the retailer's financing dilemma can be effectively alleviated by the supplier's buy-back guarantee.

2.SEM's financing decision without information update when the core enterprise offers option contract to share demand risk.

The risk neutral retailer can obtain boundless loan from the risk-averse bank. The supplier provides three types of option to the retailer, that is, call option, put option or bidirectional option. After model establishment and analysis, this part obtains the retailer's optimal goods and option quantity, supplier's wholesale price and bank's optimal interest rate and profit threshold under CVaR risk measurement standards. The results show that, under the three option contracts, the retailer has a unique optimal goods and option ordered maximizing profit. The bank has an optimal interest rate. By adjusting the wholesale price, the supplier can coordinate the supply chain. Moreover, the results of theoretical analysis and numerical simulation show that: under the bidirectional option, the retailer can get the largest order quantity and the biggest revenue. However, the retailer is very vulnerable to go into bankruptcy. Based on comparing the results of these options, considering the risk degree and bank's risk averse, the retailer can choose a better contract.

3.SME's optimal financing decision with information update when the core enterprise offers option contract to share demand risk

Similar to the background of part 2, this section studies the decisions of the bank and retailer under the call option with demand information update. In the first stage, the retailer makes decision of the quantity of goods and option purchased, and in the second stage, i.e., before the sales season, according to the updated demand information, the retailer exercises option. This part obtain the optimal purchased quantity, the threshold point of abandonment option, the threshold point of exercised all option and profit of the retailer. The results show that: the optimal ordered quantity, the cutoff point of abandonment option, and profit of the retailer decrease in the interest rate. The optimal ordered option quantity and the cutoff point of exercising all option increase in the interest rate. The interest rate is affected by the demand fluctuations. Meanwhile, only if the demand and market information distributions are satisfied a certain condition, can the flexible contracting purchase model avoid the part of demand risk, and can the call option contract affect the decisions of retailer and bank.

4. SME's optimal financing decision based on the whole supply chain with financial constraint

This section studies a two-echelon supply chain consisting of a supplier and a retailer, with financial constraint. This is the only marketing channel between supplier and retailer. Without the demand information, the bank makes the interest rate decision by the credit evaluation indexes. In the cases of capital information sharing and capital information asymmetry, every member in the supply chain can modify their own expected gain by the bank's expected loss. The results show that: in the case of capital information sharing, the risk of loan is only related to the retailer's loan-default rate, the bank tends to provide loan to the upstream firm. In the case of capital information asymmetry, everyone's profits are influenced by the initial capital and loan-default rates. With syndicated loans, the supplier and the retailer share the loan risk with each other, the bank reduces the threshold of loan-default, and the retailer's financing dilemma can be effectively alleviated.

This paper focuses on the situations where the core enterprise is directly involved in SME's financing pattern, the core enterprise offers option contract to share demand risk in the SME's financing pattern, and all participators are capital constrain. These results will provide feasible financing pattern to small and medium-sized enterprises.

目 录

第一章　导　　论

第一节　中小企业融资及其研究意义

伴随着信息技术的飞速发展和运输技术的进步，远程生产组织和流通成本的降低，供应链已经逐步取代纵向一体化成为国际上产业组织的主流模式（吴敬琏2008）。供应链是由原材料采购、生产、销售等一系列企业组成的集合，它们利益相关、相互依存，每个企业不再是孤立的个体，而是由各种实际交易组成的相互影响、相互作用的共同体成员。所谓的供应链管理就是把"链"上的企业都看作组织内的成员，对整个链进行集成管理，协调链上各企业的物流、信息流和资金流，以实现供应链整体利润最大化。随着市场竞争的加剧，目前企业之间的竞争更像是整个链条的竞争，增强整条链的竞争能力是加强企业竞争力的有效途径，增加供应链上占较大比例中小企业的竞争能力也势在必行。

（一）中小企业经济地位举足轻重

无论是发展中国家还是发达国家，中小企业一直在经济发展中占有重要地位。在我国，中小企业数量巨大、行业覆盖面广，已经成为推动国民经济平稳健康发展的重要力量。根据《中国中小微企业健康发展报告(2012)》，截至2011年底，全国工商登记实有企业1253.1万户，个体工商户3756.5万户，其中中小微企业占全国企业总数的99.7%。提供了接近85%的就业岗位、50%以上的税收、65%以上的发明专利和60%以上的国内生产总值。在最近10年的经济增长中，中小企业的贡献率超过70%，成为促进国民经济持续平衡发展的重要支柱，并肩负着经济转型和改善民生的重要责任。

政府相应出台了很多政策支持中小企业发展，初步形成了由 2002 年的《中小企业促进法》和 2005 年《国务院关于鼓励支持和引导个体私营等非公有制经济发展的若干意见》(简称非公 36 条)、2009 年《国务院关于进一步促进中小企业发展的基本意见》(简称国发 36 号文件)、2010 年《国务院关于鼓励和引导民间投资健康发展的若干意见》(简称民间投资 36 条)和 2012 年针对中小微企业的《国务院关于进一步支持小型微型企业健康发展的意见》(简称国发 14 号文件)组成的针对中小企业发展的法律政策体系。

(二)中小企业融资难

很多企业都面临资金约束，研究发现即使是大型企业也经常遇到资金约束，如华为集团的公司融资额(包括短期、长期贷款和公司债券)从 2009 年的 1611 亿万元到 2013 年 2303 亿万元[1]、国美电器的负债总额从 2010 年的 23 亿万元到 2013 年 126 亿万元[2]，都呈现出较大的上升趋势。处于供应链下游的中小零售商，资金约束更是不可避免，这不仅影响供应链的绩效，还可能导致零售商破产，从而引起供应链的永久性断链。Sullivan 等(1998)研究发现：中小企业破产的数量中，有 28% 的比例是由资金不足引起的。在"供应链竞争"时代，应发挥供应链企业间的真实商品交易关系和相应担保优势，使更多的资金注入供应链中(艾东，2005)。

尽管国家致力制定政策推动中小企业发展，且这些推动政策在一定程度上缓解了中小企业融资困难，但过高的信贷门槛、繁琐的贷款手续等问题依然存在，中小企业的融资难问题是中小企业发展急需解决的难题，一直是制约中小企业发展的瓶颈(陈晓红，2000)。《中国中小微企业健康发展报告(2012)》中指出，2012 年第一季度仅有 8.6% 的有银行借款需求的中、小、微型企业能够

---

[1]数据来源于华为公司 2013 年年报
[2]数据来源于国美电器 2013 年年报

从银行获得全部借款，比 2011 年同期又下降 1 个百分点。中小企业贷款额度低、融资渠道少等问题依然突出。

（三）配套金融发展缓慢

国家也重视完善金融制度为中小企业融资解困。2013 年 7 月，国务院颁发《关于金融支持经济结构调整和转型升级的指导意见》要求整合各种金融资源支持中、小、微企业发展，并鼓励符合条件的银行发行中小企业专项金融债，适当提高对中小企业贷款的不良贷款容忍度，支持中小企业发展。这些供应链融资产品推广和国家政策支持，在一定程度上缓解了中小企业融资压力，但由于诚信系统不完善，银行在获得企业信息时，付出极高的人力和物力成本，而且这些金融产品在实际应用中发挥的作用有限。根据中国经济时报[1]调研全国 7 个省的 31 家银行的分析报告显示，小微企业贷款的主要障碍是信息不透明占 74.19%，信用问题占 45.16%，可用抵押少、难以满足贷款条件占 35.48%，贷款政策力度不够占 32.26%，高成本、低利润、高风险占 29.03%，见图 1.1。由此可以看出，信息不对称依然是影响中小企业获得融资的最大障碍。如何降低信息不对称，开创中小企业融资市场一直是金融实践的焦点。

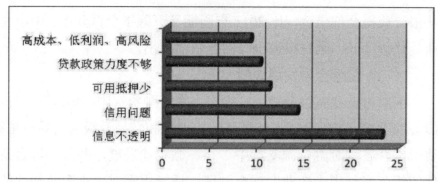

图 1.1 基于银行角度的小微企业贷款主要障碍

资料来源：依据中国经济时报相关数据作者绘制

（四）大部分中小企业在供应链体系中处于弱势地位

在供应链金融中，参与融资的企业要共担链上企业的融资风险，很多的供应链金融产品都是围绕核心企业展开的。

供应链金融被广泛地用来解决中小企业的融资问题，但是，这种核心企业直接参与中小企业融资的前提是，需要融资的中小企业与核心企业之间存在着稳定的业务往来，有一定的发展前景。凭借自身一些特点，使核心企业基于供应链战略联盟及自身的壮大角度，有意愿在承担合理的风险范围内直接参与到中小企业的融资中。这种合作融资的方式更有利于提升核心企业的掌控能力。核心企业通过承担定向付款承诺或连带责任担保等方式，使中小企业获得融资或改善融资状况。

但是，当项目投资结果受外部行业不景气、中小企业自身努力程度等因素影响，一旦中小企业投资失败，核心企业不可避免承担弥补银行损失的责任。出于利润最大化和风险规避机制，核心企业必会严格筛选申请供应链融资的中小企业，链上的无优势的企业，如最前端的提供差异性较小的小原材料供应商，最后端的可替代性和进入壁垒较低的零售商，一般都较难获得供应链融资，这势必造成大部分在供应链中不具有优势、存在较强的可替代性的中小企业，被排在核心企业承担直接违约风险的供应链融资的之外，这种融资模式并不能解决在供应链内处于弱势的中小企业的融资问题。而另一方面，在供应链上的企业并不是孤立的经济体，这些小企业也是供应链上不可缺少的一部分，资金链一旦出现断裂，势必波及供应链的整体绩效。

（五）基于供应链关系的中小企业融资逐渐得到应用

理论界和金融实践中供应链金融得到重视，虽然中小企业没有完整的信用记录，一般也不具有合格的抵押品，但银行基于社会责任，更重要的是基于自身发展的需要和业务转型的内在需求，看到了中小企业的基于供应链主体+债项的评级融资潜力，采用不同的方式，拓展中小企业融资业务。这些金融业务更加关注的目标客户（我们称作"供应链核心企业"）的财务状况、市场地位及其对供应链的掌控力和影响力，兼顾上下游企业与核心企业的贸易历史、合作关系、地位及重要性等多种因素，综合评价风险，纷纷推出多种供应链金融产品。如 2006 年，深发展的"1+N 基于核心企业的供应链金融服务"。2010 年中国银行供应链融资产品，旨在帮助企业实现在供应链中的物流、信息流和资金流的无缝对接，降低供应链融资成本，提升竞争力。这些供应链融资产品的推广，具有"多方共赢"的特点（曹静，2005），它不仅在一定程度上缓解了中小企业融资压力，也使商业银行降低贷款风险，开辟新的赢利空间，但这种基于核心企业信用的融资模式，必然造成了只有少数的企业能通过这种融资方式解决融资难题。

有关供应链金融的研究也涉及融资手段、相关联企业贷款等不同方式，基于供应链整体角度的融资决策问题，在一定程度上解决了企业资金约束实际问题。但以往的研究都是更多地考虑了基于上、下游关系形成的商业信用、应收、应付账款融资等手段解决企业融资问题，较少考虑核心企业直接担保的融资方式支持中小企业融资的行为，进而没有考虑核心企业利用运营决策分担需求风险后对中小企业融资的影响，以及在供应链成员都有资金约束且信用相当时各方的融资决策问题。在竞争日益趋向于供应链整体竞争的今天，供应链上中小企业的资金约束问题不可避免地传导到整个供应链的每个环节，导致整体竞争力的下降，基于供应链关系的中小企业融资问题不容忽视。

根据以上关于中小供应链融资问题的分析，我们发现以下问题有待进一步研究：中小企业融资难是表现为融资额度还是融资成本。基于供应链关系的中小企业融资难都表现在哪几个方面？供应链关系下的中小企业适用的融资模式有哪些？这些融资模式下各方是如何进行决策的？

综上所述，开展基于供应链关系的中小企业融资决策研究是理论创新和实践发展的迫切需要，其意义主要体现在以下两个方面。

（一）构建基于供应链关系的融资理论支撑

虽然中小企业为国民经济的发展贡献了重要力量，同时政府也出台了相关的政策支持中小企业发展，金融制度也逐渐完善，但是考虑到我国中小企业所处的实际环境，这些宏观经济政策和金融支持体系，真正解决中小企业融资难题还需要较长的时间，基于供应链关系的中小企业融资模式的研究是对中小企业融资理论的有益补充。

1.挖掘基于供应链关系的中小企业融资模式

由于受资金约束，中小企业常常不能实现最优决策，中小企业的融资问题一直是管理学和金融学关注的热点问题。在传统的融资模式下，受资金约束的企业向银行提出信贷请求，银行需要根据其信用记录和传统质押物的数量来决策贷款利率。与大企业相比，获取中小企业的信用记录要付出更多的成本，而且一旦投资失败，银行资产清算损失也较大，因此，中小企业常受到信贷配给，而无法实现最优策略。传统的融资模式不能满足中小企业的融资需求，基于供应链关系的融资打破了传统融资模式对中小企业的束缚，以实际交易背景形成的供应链关系，为中小企业融资提供融资信用保证，实现中小企业融资模式创新。

2.丰富基于供应链的中小企业融资理论

现有的基于供应链金融角度的研究更多是考虑基于供应链核心企业或物流企业的商业贸易行为，即考虑核心企业参与的中小企业融资时，基于商业信用和应收、应付账款融资、融通仓等融资方式的较多，较少考虑核心企业直接参与融资担保的模式；而在核心企业提供运营策略分担需求风险时，研究灵活订购契约下各方决策的较多，但对中小企业融资影响研究的较少；对供应链成员都受资金约束时，分析资本信息对中小企业融资的影响，更是全面解决在供应链关系下的中小企业资金困难不可缺少的一部分。因此，对基于供应链关系为背景的中小企业融资研究具有一定的理论意义。

（二）回应我国中小企业融资实践的需求

伴随着中小企业快速发展，融资问题成为制约其发展的瓶颈。很多商业银行基于社会责任，推出了多种的中小企业基于供应链的融资模式。但在实际的运作过程中，还是有很多中小企业被排除在贷款之外，如何综合链上企业的贸易历史、合作关系、地位及重要性等多种因素，缓解供应链关系下的中小企业融资问题。在实践中，基于供应链关系的中小企业融资模式，从中小企业融资的有效性和提高供应链管理两方面做出回应。具体来说：

1.提高中小企业融资有效性

基于供应链关系的融资优点表现在以下两方面。一方面由于中小企业借助供应链进行融资，提高了贷款主体的受信额度，降低了中小企业融资利率，改善中小企业融资难的状况；另一方面，银行和各出资人通过供应链的贷款，扩大了业务范围，降低了中小企业融资风险，尤其是供应链关系的引入，减少由于中小企业信息不透明带来的认知风险，降低出资人的监督成本，增加出资人的利润。因此，基于供应链关系融资的研究对解决中小企业的生存和出资人的利润具有重要意义。

2.提高供应链管理实践

由于中小企业是供应链成员，形成了基于实际贸易背景的供应链关系，对基于供应链关系的融资模式探究，可以解决链上中小企业的融资问题。同时，企业无论大小都是供应链的竞争的重要环节，对基于供应链关系的融资模式探究，会给供应链核心地位企业更好建议。区分中小企业的不同情况采用不同的手段为中小企业解决不同的融资困难，即在一定程度上规避融资风险，又提高了整个供应链的竞争能力，基于供应链关系的中小企业融资模型可以提高整个供应链的管理能力。

第二节　本书的研究思路和构架

供应链不同必然导致中小企业的融资方式变化，基于供应链关系的中小企业融资研究也体现出显著的理论和现实意义。根据中小企业在供应链内所处地位、拥有资源的不同，供应链关系下中小企业也呈现较大差异，本书根据中小企业融资发展现状和研究进展，来构建以下主要研究思路和框架。

一、研究思路

本研究以资金约束的零售商（中小企业）的融资难题和供应商融资支持方式为主线，分析基于供应链关系的中小企业融资决策。零售商主要面对两大融资难题，一个为融资可得性问题（融资额）、一个为融资成本问题。依据中小企业特点，供应商采用融资支持，运营支持以及受资金约束供应商和受资金约束零售商的不同贷款方式，对各方决策进行研究。

（一）本书的主要内容关系如图 1.2 所示

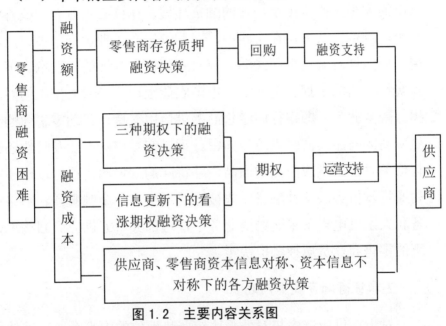

图 1.2　主要内容关系图
资料来源：作者绘制

1.零售商融资额问题

对于在供应链上技术、成本、渠道等有一定优势的中小企业，这类中小企业的经营状况良好，只是由于规模较小、成立时间较短等方面原因很难获得需要的融资额度。针对这部分中小企业的特点，本书也认为贷款利率对这部分企业融资决策影响较小，在研究这部分中小企业融资问题时，主要研究融资的可得性。在众多融资方式中，存货质押融资利用已购买的商品作为质押，融资后再购入相同的商品，质押物本身具有价值可以规避部分贷款风险，且质押物的销售收入会纳入银行账户管理，以偿还贷款本息，存货质押融资在一定程度上规避了贷款风险，从而也降低了银行对于质押物的要求，更能规避中小企业传统质押物少的劣势、发挥商品流通快的优势（李毅学，2010）。因此，在这部分内容中，将把研究的重点放在中小企业存货质押融资的质押率上，利用质押率的大小来衡量中小企业的融资环境。在核心企业参与改善中小企业融资方式上，在实践中，回购承诺在质押融资中被广泛应用，如深圳发展银行（2008）针对兖州煤矿开展的回购承诺下的煤炭经销商的质押融资业务。中国农业银行（2009）推出的回购担保融资业务，即银行向零售商提供信用支持，帮助零售商购买供应商的商品，同时供应商向银行承诺在零售商不能及时偿还银行债务时，由供应商回购商品，并将回购款项归还银行以偿还零售商贷款债务。这种融资模式被广泛用于汽车金融服务、网络业务和大宗机电设备采购融资业务中，这部分研究供应商回购承诺下的零售商存货质押融资决策。

2.零售商融资成本问题

对于在供应链内相对处于比较弱势地位的中小企业，虽然也同样面对融资额度和融资成本的压力，但是由于这些中小企业之间竞争激烈，当融资成本过高时，为了自己的生存，大多会选择放弃融资。因此，对于核心企业提供期权契约支持融资方式和供应链成员都是受资金约束的中小企业的融资方式研究中，本书更多的是偏重考虑融资成本的影响，利用利率的大小来衡量中小企业的融资环境。

　　由于此类中小企业相互替代性较强，数目众多，融资时很难获得核心企业的直接支持。但是作为供应链上不可缺少的一员，这部分中小企业的融资困难特别是融资成本，将不可避免地传导到供应链上的每个环节，影响供应链的整体绩效。对于这部分中小企业，核心企业不愿意直接承担其贷款违约责任，但是，基于企业自身利益或供应链整体竞争力，核心企业还是倾向于选择一些灵活订购契约来部分分担下游企业面对的需求分险。由于期权契约可以有效规避需求风险，并且实现了双方风险共担，因此，被很多供应链使用。

　　对于拥有两阶段优化的期权契约，信息更新的影响不可忽视，相对于上游企业，零售商更加接近顾客而获得更多的需求信息，并且随着销售季节的临近，可以获得的更多的需求信息。沃尔玛的调查结果就显示：服装行业的零售商越接近销售季节，收集到的需求信息越准确（Hays，2004）。在基于期权契约下的中小企业融资决策中，本书还将研究信息更新下的期权契约对零售商和银行决策的影响。

　　另一方面，当组成供应链的成员都为中小企业，企业的资金状况也类似。在这部分的研究中，研究的重点放在银行的贷款对象选择和资本信息对称和不对称对供应链成员决策的影响上。

二、研究框架

　　本书旨在通过对基于供应链关系的中小企业融资模式的系统分析与研究，阐释基于供应链关系的不同融资模式，以整合供应链资源实现多方共赢，从而推广有效缓解中小企业融资困境、创新金融机构的服务产品，以寻求适合供应链关系下的中小企业融资模式。

　　在国内外研究的基础上，对供应链关系融资的产生背景，以及中小企业的融资现状等相关资料进行系统分析与总结，着重考虑基于供应链关系的中小企业融资决策，构建供应链关系下中小企业的融资模型，并得出最优的融资决策，为更好地解决中小企业融资困难提供理论支撑。本书共分为七章，总体研究框架如图1.3。

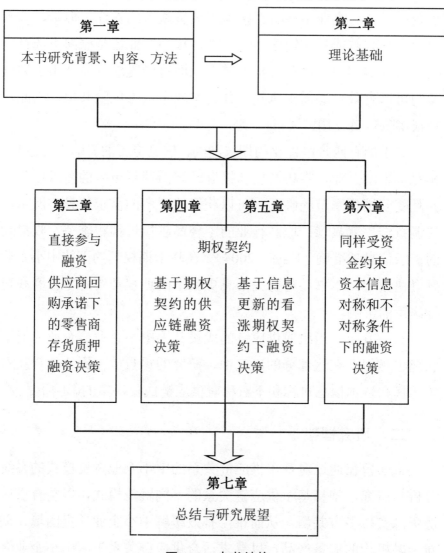

图 1.3　本书结构
资料来源：作者绘制

第二章 理论基础

本章主要内容为与本书相关的主要研究文献和取得成果，根据本书的研究内容，将分析供应链融资、期权契约、回购契约和信息对称与更新四个方面的主要研究成果。

第一节 供应链的融资研究

与本书最为相关的研究为资金约束供应链融资，资金约束问题在多数企业发展中是不可避免的，即使是大企业很多时候也面临资金约束问题而不能实施最优的运营决策。随着供应链时代的到来（吴敬琏，2008），依靠供应链整体信用，解决处于供应链薄弱环节中小企业资金困难已成为融资创新的焦点。与其他融资类产品发展一样，供应链融资的发展也是金融实践快于理论研究。

一、供应链内部融资研究

早期，很多学者研究只是集中分析在预算外生条件下的企业运营决策，如 Sherbrooke（1968）和 Rosenblatt（1981）研究了资金约束为预算外生给定或已知情况下的库存决策。Anupindi 和 Bassok（1998a，b）分析了资金约束条件下零售商的订购策略。由于受资金约束，企业只能采用次优的决策，这必然导致企业利润损失。后续很多文献开始研究融资和运营的联合决策，受资金约束的企业会选择使用内部融资手段的商业信用、外部融资手段的银行贷款及基于供应链整体信用的等融资方式，来减少资金约束带来的损失。

基于供应链交易形成的资金流向，有能力的企业常会提供提前支付或延期付款方式，减少上、下游小企业的资金压力，形成基于供应链交易关系的商业信用。这种最直接解决资金约束的方式，由于不需要审批、没有过多的质押物和信用记录等要求，成为有资金约束中小企业的首选，在一定程度上解决了上、下游中小企业的融资约束问题。很多学者相应开展了基于内部融资（商业信用）的运营决策研究，相关的文献主要集中在商业信用的成因、商业信用与运营的联合决策及商业信用对绩效的影响上。

（一）商业信用的动因

首先，商业信用在供应链实践得到广泛应用，很多学者对商业信用的动因进行了探究。Schwartz（1974）提出了融资优先理论，认为卖方相对于买方来讲具有传统的领导地位，更易接近资金市场来解释商业信用的动机。卖家为了使自身利润最大化，有动机销售资本资源给那些有投资机会却没有资金的企业。同时，延迟支付也为年轻的买家提供融资机会。

其次，融资即得理论。如 Lang 和 Nakamura（1995）、Petersen 和 Rajan（1997）、Biais 和 Gollier（1997）和 Wilner（2000）都支持这一观点。Lang 和 Nakamura（1995）研究发现，具有资金优势的卖方可以使小的买方更易获得融资，如果解决买方的资金问题可以获得更多的利润，卖方会向买方提供商业信用支持。Petersen 和 Rajan（1997）则从不同角度研究了商业信用，指出相比供应商提供的商业信用，如果零售商可以获得更低成本的融资渠道时，就不会选择供应商的商业信用，证明只有商业信用可以有效改善融资环境时，才能顺利使用。Biais 和 Gollier（1997）指出，卖方相对于传统的借款者可以更易获得市场需求或交易信息，从而相对于传统的借款者承担更少的贷款风险。Longhofer 和 Santos（2003）研究支持了 Biais 和 Gollier（1997）的研究结论，也认为在买方违约后供应商更有优势盘活买方商品，从而减少贷款损失。Wilner（2000）认为供应商提供商业信用可以更容易盘活库存，使零售商持续经营，但商业信用存在的前提条件是供应商可以通过扩大销售额得到潜在利润，才使其有意愿提供商业信用，分担零售商的融资风险。

最后，商业信用作为一种战略手段得以推广，早期 Lindsay 和 Sametz（1967）、Nadiri（1969）、Friedland（1966）、Laffer（1970）、Smith（1987）都把商业信用作为投资方式、价格歧视方式或信用保证。商业信用在一定程度上规避了道德风险（Arcelus 等，2001），企业利用商业信用来减少库存成本（Burkat 和 Ellingsen，2004），商业信用有时也是价格歧视的手段（Dasgupta 和 Kim，2004）。Stokes（2005）研究发现，商业信用动机是促销手段，Niskanen（2006）研究也支持 Stokes（2005）观点。

以上研究都指出，供应商基于在供应链内的地位和自身销售渠道，有更易获得市场信息、有更强处理剩余商品的能力等特点，当提供商业信用可以获得更多利润、商业信用融资成本低于其他方式时，商业信用才得以顺利进行。商业信用即得理论也支持了商业信用作为融资手段而存在。同时，商业信用并不总是用来解决供应链内资金约束企业的融资问题，很多时候更是作为战略手段，用来巩固供应链关系，肩负扩大销售规模、提供价格歧视、促销等多种功能。这与融资实践中，商业信用只能部分解决中小企业的融资解困问题相吻合。

（二）商业信用下联合决策研究

很多文献还是将商业信用作为融资手段，并深入研究融资和运营的联合决策。早期，Harley 和 Higgins（1973）考虑了库存批量和商业信用的最小化库存成本模型。考虑资金的时间价值，Hill 和 Riener（1979）分析了现金折扣的商业信用决策模型，Harley 和 Higgins（1973）的模型也被 Rachamadugu（1989）扩展到考虑现金折扣的情况。

由于早期对商业信用下问题的限制较多，为了使研究更具有普适性，后续的很多研究都是在这些学者的研究基础上，放松了相关约束产生的。Goyal（1985）首次在允许延期支付条件下建立经济订购批量模型，并利用数值模拟解决了商业信用问题。Shinn 等（1996）将数量折扣和运输成本纳入 Goyal（1985）的模型，同样，基于 Goyal（1985）模型，Teng（2002）考虑了单位价格和单位成本的影响。Maddah 等（2004）研究随机需求可延期支付的（s，S）库存决策，Chen 和 Kang（2007）研究向报童模型购买者提供商业信用模型。Tsao 和 Sheen（2012）基于 EOQ 模型，研究了具有多周期补货、多产品的供应链，供应商向零售商提供商业信用，分析物流成本对供应商商业信用周期决策的影响。Jaggi 和 Aggarwal（1994）扩展了 Chung（1989）的模型，将损失率引入到库存系统，分析即时现金流、商业信用的库存模型、固定信用周期三方面问题。Jamal 等（1997）扩展 Jaggi 和 Aggarwal（1994）的模型到允许缺货情况，使模型更加接近现实情况。Zhou（1997）研究了不同延期支付决策对零售商订购决策的影响。Jaggi 等（2008）认为非损失库存系统和补货需同时进行，将简单的 EOQ 模型中零售商需求与商业信用期联合进行决策。利用 DCF 方法，Chung 等（2009）构建了库存模型，发现是否利用商业信用取决于其定数量。Arkan 和 Hejazi（2012）考虑可控订购提前期和订购成本，在信用周期内的供应链协调机制可以使供应链总成本最小。

Chung 和 Lin（2011）研究了 Jaggi 和 Aggarwal（1994）关于易腐产品，考虑现金折扣的商业信用下的最优订购量问题，基于成本最小化，得到了模糊情境下零售商易腐品最优库存决策。

部分研究还考虑了库存能力对商业信用决策的影响。Hartely（1976）研究了在有限仓库条件下的订购批量问题，这个模型在后续研究中得到进一步扩展。例如 Sarma（1987），Pakkala 和 Achary（1992），Bhunia 和 Maiti（1998），Zhou（1998），Kar 等（2001），Shawky 和 Aboulata（2001）研究了在平均库存水平限制和商业信用限制条件下的批量库存决策问题。Huang（2006）研究了在有限空间条件下，两水平商业信用的零售商库存模型。还有些学者将价格、促销、广告等多种影响商品需求的因素纳入到商业信用决策中。Sheen 和 Tsao（2007），Ho 等（2008）和 Chung 和 Liao（2011）研究了价格敏感需求商品在商业信用条件下的补货问题。考虑到有限期的线性需求，Chang 等（2002）增加了货币时间价值的影响。Tsao 和 Sheen（2008）以价格决定需求的商品为研究对象，分析在动态售价条件下，供应商商业信用和零售商促销易腐品的补货决策。除了价格和促销影响商品需求外，很多研究者指出库存展示也会对需求有影响，Goyal 等（2009）研究了库存空间决定需求的最优订购和转运库存模型。Liao 等（2000）研究了可获得商业信用前提下的最初库存影响需求率的易腐品库存模型，Soni 和 Shah（2008）和 Teng 等（2011）研究了供应商可以二次改进商业信用、库存决定需求的零售商最优订货决策。Min 等（2010）研究了库存决定需求易腐品的经济订购批量模型。

二、供应链外部融资研究

对于有资金约束的供应链，外部融资一直是融资解困的重要来源，因此很多文献都是围绕供应链的外部融资问题进行研究，研究涉及外部融资与运营决策等多方面。

（一）外部融资下的各方决策研究

与商业信用的研究一样，早期，学者们主要从受资金约束的供应链运营决策角度研究供应链外部融资问题，Rosenblatt（1981）在假定预算外生给定的情况下研究库存决策，随后有很多学者开展了有资金约束情况下的供应链的运营决策及融资和运营的联合决策研究，同时也考虑了银行的决策。

中小企业由于自身特点一般很难获得直接融资，目前研究较多的也是采取向银行等融资机构贷款的融资模式，如 Kouvelis 和 Zhao（2012）考虑零售商自有资金、破产成本和抵押物对银行贷款决策的影响。Buzacott 和 Zhang（2004）分析了资产结构对资金约束零售商融资决策和银行利率决策的影响。同样，在类似的研究背景下，Caldentey 和 Haugh（2004）考虑两阶段的供应链系统，零售商具有资金约束，指出外部融资和商业信用模式下均有唯一的均衡解。

与本书相关的研究较紧密的是银行的决策研究，Besanko 和 Thakor（1987）研究了担保贷款的银行利率决策问题。Cossin 和 Hricko（2003）假定违约为内生时，由于与特定债务不相关的（如公司的其他业务收入来源）其他因素也可能促使企业不违约，所以研究外生给定企业违约的概率，得出了在银行承受能力内的质押率。Lee 和 Rhee（2011）也认为企业的违约概率与资本结构有关，单次投资失败并不能引起企业违约概率的改变。由于基于核心企业直接参与融资的中小企业，通常是具有一定优势经营状态良好的企业，因此，本书涉及这部分融资企业时，也考虑了主体违约概率外生的情况。

Buzacott 和 Zhang（2004）针对银行对担保贷款的利率决策进行了研究。Sanders（1999）研究了银行利用贷款规模、贷款期限、前期费用、补偿平衡的方法来实现实际贷款利率的调整，得出多种银行预期利率调整方案。Thomas 和 Sanders（1999）用离散模型证明了当利率不能完全调整风险时，银行一般采用调整贷款规模、贷款期限、等价补偿均衡、贷款手续费用等非价格调整方式来规避风险，以实现实际的利率均衡。Roy 和 Anna（2011）建立一个基于银行视角的企业最小化违约模型，构建随机动态最佳模型来解决这个问题，并利用蒙特卡洛模拟实际情况。来获得财务战略。同样，在相同的视角下，Cerqueti 和 Quaranta（2012）以达到的特定资产水平的零售商为贷款对象，也利用蒙特卡洛模拟方法来获得财务战略。以上文献的研究极大地帮助了资金约束企业和银行的实际决策。

（二）不同风险偏好研究

上述文献大多假设参与者为风险中性决策者，是基于利润最大化或成本最小化进行决策。Kahn（1992）研究发现克莱斯勒在1980 年以前，总是持有比通用公司或者福特公司更高的库存，被称为避免缺货损失行为（Wang 和 Webster，2009）。这种决策偏离了利润最大化或成本最小化的报童模型，一个主要原因是很多管理者并不是风险中性的。风险偏好是描述的参与者对相同利润的厌恶和喜欢程度，这在金融学、经济学、营销和组织行为学中得到广泛研究（Camerer，2001）。Schweitzer 和 Cachon（2000）将风险规避引入报童模型。现实中，风险管理一直是银行日常管理的工作重心。2013 年 9 月召开的中国银行业协会第十三次会员大会上，中国银行业监督管理委员会主席尚福林就指出要科学评估各类风险的实际承担、动态变化和关联关系，完善风险管理制度，提高全面风险管理（尚福林，2013）。在金融界用来度量风险偏好的普通方法主要有 VaR、CVaR 风险度量方法。

1.VaR 风险度量方法

1993年，G-30集团的《衍生产品的实践和规则》报告中首次提出的VaR风险测度模型，并立即引起了学术界的广泛关注。VaR风险测度是在1952年巴科维兹提出的均值—方差模型的基础上发展起来的，是指在一定的置信水平上，在正常市场条件下，用来衡量最大损失发生的最小概率，即设随机变量 X 描述的是利润损失，$F(X)$ 是利润损失的概率分布函数，β 为置信水平，则VaR风险测度为：

$$VaR(\beta) = \min\{X | F(X) > \beta\}\ \ 。$$

VaR被广泛地应用在资本市场的风险度量中，一部分学者侧重于利用VaR研究供应链的操作风险，如Medova（2000，2001）、Kyriaco（2002）、唐凌云（2010）利用VaR风险测度方法，量化分析了供应链操作风险。还有的文献则利用VaR分析投资组合风险（刘燕武，2010；王秀国，2005）。由于VaR风险测度方法把测度的重点放在超过给定值的频率上，而并不注重衡量损失的大小，这对于处于高风险行业的银行来说肯定不是最有效的方法，而且，由于风险测度方法的自身限制，这种方法只能适合处理损失概率服从正态分布的情况，使其在实际应用中受到诸多限制。

2.CVaR风险度量方法

由于VaR风险测度模型的诸多缺陷，CVaR风险度量方法逐渐被研究学者认可。CVaR风险度量方法由于其具有较好平移不变性、正齐次性、单调性和可加性，并且除了具有衡量出现风险的概率外，还度量了损失的大小，降低了VaR服从正态分布的假设，具有较好的计算能力而被广泛用于金融工程领域内。近年来，也引入到供应链管理中。

令 $\varphi(r,\pi) = P(\pi_b \geqslant \pi) = \int_{\pi_b \geqslant \pi} f(x)\mathrm{d}x$ ， π 表示任意的利润阀

值，则在给定条件下对某一置信水平 β 下，利润低于某个给定VaR

水平的平均值，即CVaR。根据Rockfellar和Uryasev（2002）定义：

$$F(r,\pi) = \pi - (1-\beta)^{-1} \int_{x \in R^m} [\pi - \pi_b]^+ f(x)\mathrm{d}x \quad 。$$

对给定的置信水平 β ， $\forall r > 0$ ， $F(r,\pi)$ 为期望利润，是关于 π 连续可微的凹函数，CVaR的最优化问题转化为：

$$CVaR = \max F(r,\pi) 。$$

余星（2014）利用CVaR分析融入期权的投资组合模型，得到了最优鲁棒投资组合，CVaR也被广泛地应用在供应链管理当中，如安智宇（2009）、柳键（2010）订购决策 、何娟（2013）存货质押和于辉（2011）供应链融资决策中。

三、供应链综合融资研究

内源融资和外源融资作为中小企业的融资重要来源，一直是

交互在一起的。供应链融资也是充分利用和协调链上各种资源，来达到供应链整体利润最大化，所以如何协调供应链内外融资问题，很多学者也进行了深入的研究。

（一）供应链融资方式研究

由于供应链内部融资（商业信用）是基于供应链交易形成的上、下游关系发展起来的，同时，又具有作为营销手段、质量保证等功能而被广泛地应该在供应链实践中。而外部融资方式可以利用企业自身或者供应链整体的信用，也是中小企业常用的融资方式，有一些研究认为无论商业信用还是银行贷款都会被资金约束的买方所采用，但哪种方式更适合企业发展一直是争论的焦点。有些研究也指出商业信用和银行贷款具有相互作用，Biais和Gollier（1997）指出，由于银行和企业之间的信息不对称造成有些有价值的企业很难获得贷款，企业因为获得了商业信用而向银行提供可信的私人信息，从而在一定程度上缓解由于信息不对称造成的信贷配给。Zhou和Groenevelt（2007）从资产市场融资的角度比较了银行贷款和商业信用，银行处于垄断行业，基于自身的利润最大化向生产商提供资金支持，同时零售商向生产商提供商业信用，利用数值分析得出：在公平的银行贷款利率下，生产商偏好银行贷款，银行贷款使整个供应链受益。Kouvelis和Zhao（2008）指出如果能提供最优的融资结构，批发商更喜欢商业信用。相反，Boyabatli和Toktay（2006）认为具有有限资产的企业可以从外部市场融资中获益，融资风险管理者应充分考虑产品的需求情况进行决策。Atanasova和Wilson（2003）通过实证研究发现在紧缩的货币政策下，银行对企业的限制增加，企业倾向于利用不具有吸引力且花费较高的商业信用，从供应链的角度证明了企业不是自动地减少银行贷款，而是增加了寻求不满意替代品的需求。Danielson

和Scott（2004）的研究在一定程度上支持Atanasova和Wilson（2003）观点，认为商业信用的利用依赖于企业是否能迅速达到新的支付平衡。如果企业能及时付款，商业信用将是银行贷款的补充，相反，则成为昂贵的替代品。Boissay和Monnet（2003）研究发现当企业同时利用商业信用和银行贷款时，无论是银行作为优先还款对象还是供应商作为优先还款对象，企业的成功和失败与对方企业总的投资有关。Yang和Birge（2011）扩展了Kouvelis和Zhao（2009）的研究，用财务危机成本和多个借款者的相互作用来解释包括库存融资决策、较低和较高成本商业信用的供应链分散决策，研究发现商业信用提高了供应链效率，模型表明需求的不确定性显著影响企业的贷款利率，并通过实证分析得出融资结构影响因素与啄食理论和融资理论相符。

综上所述，企业选择商业信用还是银行融资与很多的因素有关。在很多的情景下，商业信用和银行融资并不孤立存在的，当双方都是中小企业时，融资方式的选择将更为困难。

（二）供应链融资协调问题研究

随着"供应链竞争时代"的到来，供应链融资在解决企业融资问题中发挥了越来越重要的作用，资金约束的供应链协调问题也成了学者的研究焦点。有些学者注重研究供应链内部条件对外部融资的影响，如 Buzacott 和 Zhang（2004）研究了有不同资产水平的零售商和银行的融资决策，银行按照企业资本情况制定借贷限额供借款企业选择。分析表明：借款者通常只能借贷到借贷限额，而不是获得最优贷款额。相对于只利用自有资本，资产融资提高了企业利润率。银行在资产融资中获益，统一利率与贷款限额联合应用提高了银行利润。

Xu 和 Birge（2006）构建了管理者激励的资金约束下多周期

的融资决策模型，生产商获得贷款且在垄断情况下向资金约束零售商提供商品，利用随机线性规划模拟市场需求不确定情况下的生产融资联合决策，研究经典的供应链契约是否能达到渠道协调。Dada 和 Hu（2008）分析有报童性质的借款者和具有领导地位的银行 Stackelberg 博弈的融资模型，给订购买和销售价格，商品的季节需求已知，借款者决策贷款量，银行决策利率，结果表明如果借款成本不高，借款者的购买量小于供应链协调购买量，银行的利润随借款者的资产的增加而降低，银行提供非线性的利率可以使供应链协调。

对供应链内资金约束的多个企业的融资方式研究中，分析是只向其中一方提供资金，还是同时解决多个企业融资问题，成为研究的主要问题。Raghavan 和 Mishra（2011）研究了由批发商和生产商组成的二级供应链，短期贷款的利率固定，双方对短期资金的占有时间不同，考虑到生产商原价回购残次品的行为，基于银行决策的视角发现：对于有资金约束的批发商和有资金约束的生产商组成的供应链短期融资决策中，银行选择向双方同时提供贷款优于向其中任何一方提供贷款，供应链关系的存在有利于成员同时获得贷款。Jing 等（2012）研究了具有资金约束的零售商，可以通过银行或者商业信用进行融资，研究发现具有领导地位的零售商可以通过调整批发价格来影响融资决策，生产商提供商业信用可以获得整个供应链的全部利润，但也承担了整个供应链的全部风险。当生产商成本较小时，零售商采用商业信用优于向银行贷款；成本大时银行贷款占优。即使是资金约束的生产商，当成本小时，生产商倾向于提供商业信用。通过数值分析发现生产成本越大最优订购量越小，供应链的整体利润越小；当需求有波动时，随着波动变大或成本增加，零售商的融资模式从商业信用转向银行贷款。

物流企业，特别是第三方、第四方物流企业，可以公正地监管商品、提供专业的物流服务，有些甚至提供销售回款管理或融资服务，在现代供应链中发挥了越来越大的作用。如美国联邦快递就是一个集物流、融资为一体的物流公司。一些文献研究了有物流企业参与的供应链融资问题。Chen和Cai（2011）基于Dada和Hu（2008）研究，加入了第三方物流企业（3PL公司），分析了银行领导下的Stackelberg融资博弈模型，将双水平的最优问题转化为单水平的最优问题，分析了由供应商、资金约束零售商、银行、3PL公司组成的供应链，零售商可以在信息对称和不对称情况下，从银行或者3PL公司获得融资。研究发现，3PL公司融资模式提高了零售商、供应商和3PL公司的利润，并能达到无融资约束的水平。李毅学（2011）研究了物流企业负债监管质押物并承担质押物的发放工作，分析了物流企业对质押物不同监管模式下，有资金约束的风险中性借款方和银行的最优融资决策。

一些研究则侧重分析不同的运营方式对融资策略的影响，Lai等（2009）分析资金约束供应商是否选择前期订购或委托模式，研究发现对于没有资金约束的供应商一般会选择委托订购的策略，并承担全部风险；有资金约束的供应商则会选择前期订购的模式，将风险转移给零售商。Lee和Rhee（2011）与以往的研究不同，从供应商的视角，研究商业信用是否能达到供应链的整体协调，假设供应商提供商业信用和降价补贴。研究发现，供应商的降价补贴在零售商外部融资时不能达到供应链的整体协调，采用商业信用的融资成本增加了零售商库存成本。相对于降价补贴，利用商业信用达到了供应链协调，使供应链整体受益。Chen和Cai（2012）研究发现，具有领导地位的生产商无论是否需要外部融资，当生产商成本小于最优临界值时，向有资金约束零售商提供商业信用优于其向银行贷款，反之银行贷款占优。窦亚芹（2012）等考虑了有信息成本和无信息成本条件下的供应链融资决策问题，发现没有信息成本时，供应链内部融资价值增加；有信息成本时，供应链价值可以实现最大化。以上文献的研究极大地帮助了资金约束企业和银行的实际融资决策。

第二节　期权契约研究综述

实物期权是一种金融衍生品，是指买方在提前期时向卖方购买，即拥有在一定时期内，按事先约定的期权执行价格向期权卖方购买特定商品的权力（Amram 和 Kulatilaka，1999）。实物期权被用到包括实物资产、产品研发等多个领域（Trigeorgis，1993；Dixit 和 Pindyck，1994；Amram 和 Kulatilaka，1999 ；Brennan 和 Trigeorgis，2000；Huchzermeier 和 Loch，2001）。

以权力执行方向的不同，分为看涨期权（Call Options）、看跌期权（Put Options）和双向期权（Bidirection Options）。所谓看涨期权，是在购买期权后，在特定时间以特定价格购买特定产品的权力；所谓看跌期权，是在特定时间以特定价格销售特定产品的权力；所谓双向期权，是在特定时间、以特定价格可以购买或销售产品的权力。

按期权的执行时间分为欧式期权和美式期权，欧式期权是指买方只能在期权到期日当天行使期权的权力；美式期权是指买方可以在期权到期日为止可以行使期权的权力。

短生命周期产品（Fisher，1997），一般具有较长的生产期、较短的销售季节和较大的需求不确定性（Signorelli 和 Heskett，1984；Dalby 和 Flaherty， 1990；Tan，2001）。如在时装业，以较短的销售季节、快速变幻的时尚风格和较长的订购提前期为特点。较短的销售季节和快速变化的产品增加了需求的不确定性，在销售季节补货困难又进一步增加了供需矛盾。这种情况下，卖方一般通过采用精益订购政策（Tan，2002；Abernathy 等，1999）或者延迟订购决策来减少过度库存或库存不足带来的风险，这又增加了供应商过度生产和生产不足风险。由于上述特点，在由一个供应商和一个批发商组成的供应链中，供应和需求是很难协调的，从而导致供应链绩效的降低。目前，很多供应链契约都是在这个条件下提出了灵活的契约来改善供应链整体绩效。例如，数量柔性契约、回购契约、期权契约等。总体来讲，灵活的供应链契约一般至少有两个阶段，第一阶段决策初始订购量，第二阶段对订购量进行调整，即灵活契约的共同特点是买家需要卖家提供灵活的订购策略。与传统的非灵活策略相比，这种策略下在一定程度上有效地提高供应链的整体绩效。期权契约作为金融衍生品，被广泛地用于解决供需矛盾（Dixit 和 Pindyck，1994；Baldwin 和 Clark，2000；Gamba 和 Fusari，2009）。

一、期权契约有效性研究

作为快速反应供应链契约，期权契约的有效性一直是争论的焦点，期权契约既保证了供应商和零售商一部分的利益，同时又有效地规避了价格风险和需求不确定性，而被广泛用在经营短生命周期产品供应链中。有关研究如 Cheng 等（2003）、Wang 等（2012）。

Wu 等（2002）研究了具有能力限制的供应商和买家的长期供应期权契约。买家提前决策单位产品的保留价格，当更多的生产能力被使用时将付出额外的执行价格。Wang 等（2006）研究了两阶段决策模型，在第一阶段，根据供应商提供的价格决策最初订购量，零售商同时可以购买期权，在第二阶段更新需求信息并决策期权执行量，供应商最后统一交付零售商全部商品需求量。相对于传统的报童模型，研究发现期权的使用，增加了买家的利润。Cachon 和 Lariviere（2001）研究了供应商向零售商提供的契约包括包销合同和期权契约。首先，零售商决策实物购买量和期权购买量，供应商决策投入能力，当需求实现后，零售商利用期权获得额外的产品。Cheng 等（2003）研究了期权条件下的灵活契约，替代商可以使用期权来购买商品，并在需求实现后决策是否执行期权，得到了零售商的最优订购决策和供应商的最优价格决策。Wang 和 Liu（2007）研究了期权决策模型，分析了渠道协调和零售商引导下的风险共担的分散供应链决策，证明期权契约优于传统的价格契约。Wang 等（2012）研究结果却相反，也将期权引入传统的下方风险期权契约模型，发现由于期权的引入，会给供应链带来更多的风险。与传统报童模型相比，供应链利润下滑。

大部分的研究文献都认为，期权契约可以提高参与者的利润，期权契约在一定程度上缓解了供需不平衡。

二、期权定价与供应链研究

关于期权定价问题最早是 Black 和 Scholes（1973），其后很多研究如 Merton（1973）、Cox 等（1979）、Merton（1976）、Wilmott 等（1994）、Cox 和 Ross，（1976）、Smith（1976）也都围绕这个问题展开。但这些研究完全是在金融领域进行的，随着金融实践的发展，很多学者开始注意到合理的期权定价对于供应链协调也具有很重要的作用。一些文献开始将期权定价纳入到供应链管理中来，Wu 等（2002）研究了一个由多个买家、一个卖家组成的供应链，买家可以在销售季节前购买实物期权，卖家是 Stackelberg 模型的领导者，买家采用竞拍价格获得期权可以达到协调。Spinler 等（2003）扩展了 Wu 等（2002）的模型到宏观经济的情况，研究发现 Wu（2002）等研究结论在宏观经济条件依然适用。而 Wu 和 Kleindorfer（2005）将 Wu（2002）研究模型扩展到更一般的情况，引入了买家竞争，基于 Stackelberg 博弈模型得到竞拍均衡模型。Barnes-Schuster 等（2002）研究了二级供应链系统的期权问题，在两阶段供应链模型中，允许买方在第二阶段利用期权来适应市场变化。当期权执行价格是分段线性，或者成本为线性时，供应链达到协调。数值分析发现期权契约增加了供应链整体绩效，期权定价方式的不同给期权契约带来的影响不同。

三、期权契约的协调研究

关于期权契约，一般有两个阶段，第一阶段决策初始订购量，第二阶段根据市场需求调整自身的订货量。在单一期权下，零售商只能规避单方向的风险，或者是需求不足的风险（看跌期权）导致初始实物购买量偏大或者是销售量不足的风险（看涨期权）导致初始实物购买量偏小；在双向期权下，零售商可以规避两种风险，但其初始实物购买量，由于需求情况的不同也会出现过多或过少的偏差。基于供应链管理角度，这种初始购买量的偏移无疑不是最优的决策，很多学者围绕期权契约是否达到供应链协调进行讨论。如 Burnetas 和 Ritchken（2005）研究了需求曲线向下倾斜的供应链的期权契约，利用看涨或看跌期权使批发价格增加，而使零售商的价格波动减少。期权契约是一个非零和博弈，当需求不确定性较小时，生产商倾向使用期权契约来零售商品。相反，当需求不确定性较大时，期权契约改变均衡价格而使零售商受损。

Liu等（2013）研究指出单向和双向期权不仅有利于增加买方的购买数量，而且降低了供方持有的风险。Ding等（2007）研究了具有不同生产能力的全球公司的风险池管理，并得出最优的联合生产决策和期权决策。Wang和Liu（2007）研究了占主导地位的零售商利用期权前向协调商品产量。当期权的执行价格和购买价格负相关时，包销承诺必须低于供应链集中决策的数量，期权契约才能达到供应链协调，这种风险分担机制使决策各方受益。Zhao等（2010）与传统的批发价格机制比较发现，期权契约可以协调整个供应链，达到帕累托改进配置，并分析了成员的风险规避性和议价能力对期权的影响。胡本勇（2007）研究了随机市场需求条件下，易逝品供应链的数量柔性契约问题，建立了看涨期权和双向期权模式下供应链数量柔性契约模型。研究发现，双向期权由于可以退货而使最初的订货量较大，而期权的购买量较少，两种期权方式下订货量都比传统订货方式下有所提高。赵映雪等（2012）研究指出双向期权机制下的合同菜单可以达到供应链协调。

李琳（2012）研究了价格和需求不确定条件下的两阶段供应链系统，零售商可以采购现货和期权两种购买方式，分析有信用违约和没有信用违约情况下的期权契约的协调问题。研究发现当存在生产商信用违约时，期权的购买量随着期权契约的价格和信用违约惩罚的不同而不同。

第三节　回购契约相关研究

回购契约作为需求风险的分担方式，被最早引入到供应链问题中，回购策略在很多文献中得到研究（Tsay 等，1999；Pasternack，1985）等。

一、回购契约的有效性研究

回购在供应链运营管理决策中发挥了重要的作用，很多文献都研究了回购对运营决策的影响，如 Lariviere 和 Porteus（2001）讨论了由一个生产商和一个批发商的报童模型，发现无限制的回购策略与需求分布无关。Wang（2004）利用更一般的报童模型来分析生产商和零售商的协调订货决策。Wang 和 Gerchak（2001，2002）及 Cachon（2003）总结了相关的回购契约文献综述。Marvel 和 Peck（1995）指出回购策略可以减少零售商的需求风险，但回购策略提高了零售商的销售价格。还有一些研究发现，回购契约不仅仅是减少了超额库存风险，还实现了供应链内不同的利润分割。Pasternack（1985）研究报童性质的生产商利用回购契约提供季节性产品时，通过提供回购，调整批发价格和回购价格，达到供应链协调，研究发现不同的价格策略导致供应链利润不同分配方法。Ding 和 Chen（2008）也支持这个观念，研究了生产商分别与零售商和供应商协商商业信用契约，上游企业都承诺承担未售出商品回购责任，得到在三级供应链中，回购达到供应链协调，并可以实现供应链整体利益的任意分配。Emmons 和 Gilbert（1998）研究了由生产商和零售商组成的供应链系统，当批发价格为随机且在一定范围波动，价格影响需求。相比无回购情况，回购契约下生产商和零售商可以获得额外利润。Lariviere 和 Porteus（2001）研究由一个生产商和一个批发商基于报童需求的回购契约。结果显示，没有限制数量的回购策略与需求无关。Mollenkopfet 等（2007）利用实证的方法来研究回购契约的有效性。Chen 和 Bell（2011）指出，在需求决定价格条件下，对于未售出的库存产品和顾客退货产品，执行不同的回购价格可以达到供应链协调。Chen（2011）研究了博弈中占主导地位的生产商和供应商的报童问题，指出有价格折扣的回购策略能达到供应链协调。相比批发价格契约，回购契约提高了双方和供应链整体的利润。Matsui（2010）研究了在新产品销售中不提供回购契约和全额回购契约，发现在不提供回购的契约中，风险规避零售商决策将减少消费者福利，而全额回购契约缓解了企业与消费者的对立。

但有些研究学者对于回购的有效性研究却得到了不同的结论，Yue 和 Raghunathan（2007）发现在信息不对称条件下的全部回购策略，对零售商肯定有利，但是只有在特定条件，才对生产商和整个供应链有利。Brown 等（2008）研究了系列的回购契约，零售商可以将占总购买成本一定比例的一系列产品退货。研究表明，这种机制可以使零售商达到较高的利润，但尽管池回购策略增加了订购的灵活性，还有可能导致商品的最终订购有可能减少，而使生产商获得较少的利润。Granot 和 Yin（2005）研究了对于零售商来说销售价格外生，需求价格弹性有回购的报童问题。发现在特定的环境下，生产商并不总能在提供回购策略中利润，反而将部分利润转移给零售商。同时，回购导致生产商提高批发价格，零售商提高销售价格和整个库存水平。

二、不同竞争市场对回购的影响

由于所处的竞争环境不同，参与各方的决策必然不同，很多学者研究了回购对不同竞争市场参与者决策的影响。Padmanabhan 和 Png（1997）考虑当零售商处于竞争市场中且需求没有不确定性时，回购政策使销售价格降低而对批发价格无影响，回购政策使零售商之间竞争加剧。但是当需求不确定性较大，且只有一个零售商时，回购激励零售商增加库存。当需求不确定性较高和边际成本较低时，供应商偏爱回购契约。Wang（2004）完善了这个结论，并且指出回购策略对处于完全竞争市场条件下的零售商无效。Wu（2013）研究了垂直整合供应链和生产商为 Stackelberg 博弈领导者的供应链中，回购契约均能使供应链获得更高利润。当供应链内竞争加剧时，参与主体及供应链整体的利润增加。Padmanabhan 和 Png（2004）指出简单地将垄断市场的结论引入到双寡头垄断市场是有问题的。当需求不确定较小且竞争较激烈时，回购策略增加了生产商的利润。同时，生产商的回购策略将减少零售商之间的竞争，而增加零售商的利润。而另一方面，相对于寡头垄断，零售商处于垄断市场回购策略更有效。Tsay 等（1999）假设在不完美的需求信息下，零售商在提交最后订单前，生产商组织生产的报童模型下的回购契约问题。Ai（2012）研究了两个竞争的零售商销售一种替代性强、需求不确定的产品，生产商提供全额回购政策或者不提供回购政策，零售商都有最优定价策略和清仓策略；有竞争的供应链决策与处于垄断的供应链决策不同。当需求波动较大时，处于竞争环境供应链下的回购策略降低了零售商和生产商的边际利润；当产品的替代性不是很高，但需求波动较大时，生产商和零售商倾向选择回购策略；当零售商可以执行的最优定价策略和最优清仓价格时，生产商和零售商倾向选择没有回购的策略。Devangan（2013）分析了零售商的需求受货架上商品数量影响需求，且需求不确定性外生的供应链协调问题，供应商提供任何剩余库存都可以返还的回购策略，研究发现利用 Shapley 值来分配回购利润，可在实现所有成员基于个体理性参与回购契约。周建亨（2010）研究指出，由供应商、零售商、银行三方组成的供应链中回购可以实现最优订购量。易雪辉和周宗放（2011）研究了供应商回购剩余商品的模式下存货质押融资。

第四节 信息对称和更新相关研究

一、信息对称相关研究

信息对称可以克服信息不对称带来的不平衡而受到广泛关注，例如：沃尔玛注重产品销售信息收集、分析，并将相关信息与供应商和零售商分享，以减少由于信息不对称造成的影响（Hays，2004）。在学术界，也存在大量关于供应链契约和信息对称的研究，信息对称是经济类文献研究的经典问题，Novshek 和 Sonnenschein（1982）研究了寡头垄断的信息分享问题，Clarke（1983），Vives（1984），Gal-Or（1985），Li（1985），Shapiro（1986）和 Raith（1996）研究企业在垄断经济环境下，是否有意愿分享私人信息。Cachon（2003）和 Chen（2003）分别整理了有关供应链契约和信息对称的文献。这些关于供应链契约的研究主要集中在特定的信息结构（完全信息或不完全信息）下的供应链契约问题，主要研究了需求信息、成本信息等的共享机制问题。

到了 20 世纪 90 年代后，供应链基于整体利益最优的管理思想引起了理论界和实践界的关注，供应链信息一体化被广泛研究，但并没有形成统一的研究结论。有些研究认为，信息对称可以提高供应链效益，Tsay 和 Lovejoy（1999）将灵活订购数量契约扩展到滚动生产计划下的多阶段供应链，部分信息对称使分散决策面临挑战。Lee 等（2000）研究了供应链需求共享模型，研究表明信息对称节省了整个供应链成本。Aviv 和 Federgruen（1998）、Cachon 和 Fisher（2000）、Shamir（2012）得到了相同的结论。而有些研究却得出相反的结论，Graves（1999）研究认为信息对称是没有价值的。Li（2002）基于零售商具有完全的需求信息假设前提下，研究了水平共享信息的供应链模型，发现由于存在信息泄漏，零售商更愿意隐藏自己的私有信息。Mishra 等（2009）研究了包括一个供应商和一个批发商的信息对称契约，供应链都是基于预测来决策库存和订购策略，无条件地分享信息有利于供应商而损害了零售商的利益，并指出数量折扣契约在订购契约中可以达到信息对称。

一部分学者研究了成本信息对称问题，Cakanyidirim（2011）研究了边际生产成本信息私有化的供应商和零售商，定量比较了在信息对称和不对称情况下的零售商的利润，当外界高估或低估供应商的成本时，零售商受到较大的利润损失。零售商只有需求不确定性较低时，才能在了解供应商的类型活动中受益。Ha（2001）考虑了随机且具有价格敏感的需求下，成本信息和激励机制设计，研究发现如果卖家了解买家的边际成本，则设计的契约可实现买家和卖家利润最大化。当买家私有边际成本信息时，得到的最优订购量小于供应链整体最优解。表明最优解在信息不对称时是不能实现的。Özer（2011）基于 Laffont 和 Martimort（2002）的模型，引入了阈值方法，允许零售商拒绝或接受特定的供应商提供商品。通过研究由一个大型和一个小型的供应商组合对同一下游生产商供货组成的供应链系统，研究发现供应链绩效取决于他对其他参与者的信息成本结构认知程度。Cakanyildirim（2012）也研究了逆向选择模型，假设供应商的利润由其生产单元产品的成本决定，并假设成员共有利润信息，研究发现外界高估或低估供应商成本信息都会使批发商利润受损，只有需求波动小时，对供应商成本信息了解更有利。

还有些研究关注了需求信息对称问题，Cachon 和 Lariviere

（2001）研究了批发商对商品需求只有有限信息，生产商具有更多需求信息的情况。并且需要决策生产能力来满足批发商需求，生产商向批发商提供批发价格合同，批发商具有不对称的需求信息，研究供应链如何分享信息来改进绩效。与 Cachon 和 Lariviere（2001）研究问题相同，Özer 和 Wei（2006）研究了提前购买折扣契约可以有效地改进在信息不对称条件下的供应链绩效，Taylor（2006）研究了在需求信息确定前和需求信息获得后，生产商向零售商销售产品。结果显示，如果需求信息是对称的且不影响销售量时，生产商偏向于选择需求信息获得后再销售产品；但是，如果零售商有很多的需求信息并且这些信息影响需求时，生产商更偏向于在需求信息确定前销售产品。与此类似，Ha 和 Tong（2008）研究了在供应链竞争环境中的不同契约的信息对称问题，主要研究了菜单式合同契约和线性定价契约，研究发现在菜单式契约中信息对称有正效应，但在线性定价契约中信息对称是负效应。在他们的研究中并没有设计出使供应链协调的契约，并且也假设了生产商对需求具有完全信息。Zheng（2013）将 Mishra 等（2009）研究的两者同时分享信息，同时不分享信息和只有其中一方选择分享信息的情况，企业是否分享信息取决于两者信息的精确程度及两个企业信息行为的相关性，指出利润共享契约是可以达到协调的，它保证了双方都有意愿分享全部信息。

信息对称在供应链管理中发挥了重要的作用，以往的研究关注了成本信息、需求信息对称对各方决策的影响。以上文献极大提高了有信息对称时各方决策的有效性，研究学者对基于单个企业或者供应链角度的信息对称的运营决策进行研究，也关注到了信息对称的影响，但对信息对称对融资运营决策的影响研究并不多。更进一步，没有探讨资本信息对称对各方融资决策的影响。

二、信息更新相关研究

在现实中参与决策的各方是不可能获得完全信息来进行决策的（Schaefer，1999），这种情况下的最优决策必将误导企业偏离实际模型（Ethiraj 和 Levinthal，2004）。为了规避这种偏差，此类文献围绕着如时尚产品、季节产品和电器产品等易逝品的需求不确定性条件下信息更新的作用展开。Frazier（1986）估计了美国服装业中库存成本、缺货和多余的供应成本挤占了零售商利润的25%。事实上，对于流行服饰，缺货损失占到整个库存成本的18%–20%（Hunter 等，1996；Mattila 等，2002）。所以，对于应对需求不确定性信息更新的作用不可忽视。

具有信息更新的供应链管理问题研究中，一般将优化分为两个阶段，第一阶段决策初始的订购量；第二阶段，信息更新后调整订购量，参与双方基于两阶段利润的最优化做出决策。最早，Azoury（1985）利用贝叶斯模型来刻画信息更新对订购策略的影响。陈金亮等（2010）利用贝叶斯分析模型研究不对称信息下需求预测更新问题，指出补贴合同可以实现供应链协调。Jain 和 Silver（1995）研究了有信息更新的期权契约，允许报童性质的零售商利用有一定储存量的期权购买商品，使其在销售季节，更新的需求信息，零售商可以补充短生命周期商品库存，期权提供的订购机会减少了供应需求的偏差。Gurnani 和 Tang（1999）利用嵌入式模型来分析每一阶段的最优决策，第二阶段的订购具有更高的成本，得出了两阶段模型的最优订购决策。

与此类似，Donohue（2000）研究了供应商有正常和快速两种生产模式，在快速模式下，零售商根据更新需求信息来订购额外的产品，并提出了有效协调供应链整体利润最大化的有效条件。Chen 和 Xu（2001）引入了两阶段运作系统，两个参与者都面对不确定的需求信息，零售商可以收集更多的需求信息而推迟订购时间。Burnetas 和 Gilbert（2001）利用经典报童模型研究了信息更新的价值。Chen（2006）研究指出信息更新后，零售商和生产商共同承担超储商品损失机制，提高参与各方和供应链的整体绩效。以上研究都认为信息更新可以改善各方绩效。相反，Ferguson（2005）指出，如果只有一方信息更新，信息更新对双方不利。

信息更新的两阶段优化模型，又在陆续放松约束后得到进一步发展。考虑到不同风险偏好的参与者决策不同，Ma（2012）将风险规避引入报童模型，并考虑两次订购机会，零售商在最初的信息基础上决策初始订购量，销售季节开始前，零售商更新需求预测并进行二次订购，研究了可以撤销订购和不允许撤销订购两种情况，得到两种情况的最优解。研究发现第一阶段订购量与信息和市场需求不确定性有关。如果第二阶段允许撤销订购，第一阶段订购数量将增加；如果风险规避的惩罚成本增加，第一阶段最优订购量减少。Erkoc 和 Wu（2004）将模型扩展到多种产品情况，研究了高技术生产企业的生产能力预定契约，提出了外生批发价格并可减免预约费用的契约，生产商基于供应商提供的预约费用来决策订购生产能力。当需求不确定性可以确定后，生产商实现全部或部分生产能力，研究了个体理性和渠道协调。尚文芳等（2010）研究了三阶段生产和订购模型，指出不同的订购方式和时间导致订货成本不同,信息更新使供应链及其成员的利润都得到改进。

第五节　文献述评与研究问题的界定

一、文献述评

已有的文献对供应链融资、回购契约、期权契约、信息对称和信息更新进行了深入的研究，这对供应链管理实践具有重要的指导价值。但是，在下列问题的研究中还有一定的局限性。

（一）中小企业融资问题

在供应链融资中，已有文献对商业信用、外部融资及两者结合的研究较多，但是，商业信用是基于供应链真实交易形成的供应融资方式，以往的文献从动机、绩效、库存特点、产品特点、需求、商业信用周期、信用水平等多方面进行了深入的研究。由于商业信用必须依托于真实的上、下游关系存在，限制了商业信用作为供应链融资方式的使用范围，而且中小企业多数地位较低，更加降低了获得商业信用的机会。

另一方面，现有研究分别从不同角度分析资金约束企业的运营和融资决策，在一定程度上解决了企业资金约束问题。但更多地考虑了利用传统质押物来解决企业融资问题，针对中小企业融资研究的较少，这必然引起企业融资理论的不完善。由于中小企业融资规模较小，符合要求的传统质押物较少，同时，相对于大企业，银行对中小企业的贷款信息获得成本、贷款监管成本及破产损失更大，中小企业的融资模式必然与大企业有较大的差异，金融实践也开始重视开发基于中小企业特点的金融模式，旨在解决中小企业的融资问题有待完善。

（二）基于供应链关系的中小企业融资问题

已有文献对供应链金融进行了深入的研究，涉及融资手段、相关联企业贷款模式等，基于供应链整体角度的融资决策问题，在一定程度上解决了企业资金约束实际问题。以往的研究都是更多地考虑了基于上、下游关系形成的商业信用、应收、应付账款融资等手段解决企业融资问题，较少考虑核心企业直接担保的融资方式支持中小企业融资的行为，多数没有考虑基于供应链关系的中小企业融资。得到的供应链融资方式，因为资金约束的企业规模较小，而较少有机会获得核心企业提供融资支持。在竞争日益趋于供应链整体竞争的今天，供应链上中小企业的资金约束问题不可避免地传导到整个供应链的每个环节，导致整体竞争力的下降。根据中小企业的特点，核心企业采用直接提供支持融资的方式、有限分担融资风险的期权契约支持融资模式和同样受资金约束供应链成员均为中小企业的融资模式的选择，可以提高融资模式的适用度，更好解决基于供应链关系下中小企业的融资难题。

（三）期权、回购、信息对称、信息更新对中小企业融资的综合影响

在期权的研究中，以上学者主要研究了单一的期权柔性契约，没有对看涨期权契约、看跌期权契约以及双向期权契约进行比较分析，这必然引起理论上的不完善。由于期权提供给零售商在销售季节调整库存的机会，受到零售商的欢迎，但却损害了供应商的利润，不可协调的风险沿着供应链向上、下游传递（Donohue，2000）。另一方面，针对期权柔性契约的研究文献，多数没有考虑零售商存在资金约束的问题，得出的最优运作策略在实践中往往会因为供应链成员面临资金约束而无法实施。期权作为零售商规避风险的手段，必然会影响具有资金约束的零售商的融资决策，

零售商因面临的需求风险不同会选择不同的期权契约，而不同的期权契约也会直接影响零售商的融资风险，从而影响银行的融资决策。

回购在供应链运营管理中发挥了重要的作用，很多文献都是研究了回购与运营管理的联合决策。现有文献极大帮助了回购对各方运营决策的影响。学者对基于单个企业或者供应链角度的融资运营决策进行研究，也关注到了回购承诺下的运营决策，但对回购承诺作为风险共担机制对融资运营决策的影响研究并不多。更进一步，没有探讨回购决策对存货质押融资的质押率的影响。

信息更新和信息对称的相关文献从不同角度刻画了相关问题，得到了企业的运营决策，在一定程度上解决了具有信息更新或信息对称企业的决策问题，对于信息对称和信息更新对供应链参与各方绩效影响研究的较多。但在信息更新方面，现有的文献对信息更新的作用众说纷纭，并没有统一的结论，也较少涉及信息更新和期权契约下的中小企业融资模式的研究，部分学者研究了有信息更新的零售商决策或者期权契约对零售商决策的影响，但只关注了信息更新对各方决策的影响，并没有考虑信息更新与期权契约结合的订货模式，这必然引起理论上的不完善。另一方面，现有的研究注重分析需求信息、成本信息对称与不对称方式对各方决策的影响，较少关注资本信息对称性对各方决策的影响。由于在供应链的交易过程中，链上企业的资本情况不同必然导致本身受资金约束的上、下游企业决策不同，因此，资本信息对称性必然影响各方的融资决策。

二、研究问题的界定

基于上述研究背景及现有文献的不足，本书旨在对以下几方面问题展开研究。

（一）考虑供应商回购的存货质押融资决策

与以往的多数研究文献把供应商回购作为运营决策研究不同，本章将供应商回购作为融资担保的手段来使用。即在零售商贷款不违约的情况下，无论商品剩余多少，供应商都不承担回购责任；只有在零售商贷款违约时，供应商才承担回购责任以分担银行的贷款风险。另一方面，由于供应商回购承诺参与融资方式下，供应商承担了部分融资风险，且由于供应链关系的存在，相对于银行，供应商会更容易获得零售商的相关信息。这种融资方式适合在供应链内经营状况良好的中小企业，引入了主体不违约概率来更好地刻画这类企业当投资失败时，还利用其他收入偿还银行贷款的行为。同时，考虑到银行对质押物优先售出权的控制力对零售商的融资决策的影响，重点研究质押物有优先售出权和无优先售出权时，供应商回购承诺及零售商主体不违约概率对各方决策的影响。

（二）三种期权契约下的供应链融资决策

以期权柔性契约为基础，在零售商存在资金约束的前提下，建立了两级供应链成员利润模型。基于CVaR风险度量方法权衡银行的利润和风险，分析三种期权契约下的供应链成员的最优订购策略及银行的利润阈值和最优贷款利率，并对看涨期权契约、看跌期权契约、双向期权契约和不同风险规避银行的融资决策进行比较，重点研究不同期权下零售商可接受的融资利率范围及不同期权柔性契约和银行风险规避程度对银行利润和贷款决策的影响。

（三）信息更新条件下的看涨期权融资决策

将需求信息更新和供应商提供的看涨期权契约联合进行研究。

以在一定程度上规避需求增加风险的看涨期权为基础,接近销售季节时,零售商更新市场需求信息,建立有资金约束的零售商和银行的利润模型。分析资金约束零售商的最优购买策略、不同市场随机需求信号下看涨期权的实施决策及银行的最优贷款利率,重点研究信息更新和看涨期权契约对零售商和银行决策的影响。更进一步,研究需求信息和商品市场需求信号服从均匀分布的情况,分析零售商放弃全部看涨期权和实施全部看涨信息市场信息临界点,基于零售商的利润最大化的最优期权和实物订购量、零售商可接受的银行利率空间范围和银行的最优利率决策。最后分析需求和利率不同变动对零售商的还款决策、零售商和银行的利润影响。

(四) 资本信息对称和不对称条件下的融资决策

分析都受资金约束的供应商和零售商组成的供应链系统,在资本信息对称和不对称条件下,分析不同融资模式及对融资成本的影响。具体为,银行不了解商品的需求信息,只采用综合指标信用评级的方式衡量两个小企业的贷款风险。融资对象利用银行的贷款期望损失修正自己的期望利润。研究在资本信息对称和资本信息不对称时,银行只单独贷款给供应商、给零售商和同时贷款给两个企业时的贷款风险时,融资方违约率阈值、银行期望损失和各方利润情况及联合贷款情况下,即供应商和零售商承担连带还款责任时,银行对企业信用评级的违约率阈值。

第三章 供应商回购承诺下的存货质押融资决策

本章研究供应商以回购承诺参与零售商的存货质押融资决策，全章共分为五节，在第一节问题提出和描述的基础上，分析了质押物无优先售出权（第二节）和质押物有优先售出权（第三节）时各方的融资决策，并在第四节对银行对商品销售监管模式下的各方决策进行比较，最后得到本章的研究结论与管理启示（第五节）。

第一节 问题提出与描述

如果中小企业是供应链内有着良好经营前景的成员，当其面对资金约束时，基于供应链整体的竞争能力，核心企业有意愿采用一定的贷款风险分担机制，改善中小企业的融资环境。在供应链管理实践中，这种由核心企业承担部分融资风险的融资模式也被广泛地应用在中小企业融资中。

一、研究背景与问题提出

在实践中，回购承诺在质押融资中被广泛应用，如深圳发展银行（2008）针对兖州煤矿开展了回购承诺下的煤炭经销商的质押融资业务。中国农业银行（2009）推出的回购担保融资业务，即零售商违约时，供应商承担剩余商品的回购责任，并将回购款项直接交付银行用于偿还零售商贷款。这种模式被广泛用于汽车金融服务网络业务和大宗机电设备采购融资业务中。

在众多融资方式中，存货质押融资在规避贷款风险方面表现出色。一方面，存货质押融资利用已购买的商品作为质押，融资后再购入相同的商品，依赖于质押物本身具有价值，因此可以规避部分贷款风险；另一方面，质押物的销售收入可以纳入到银行账户管理，用以偿还贷款本息，则进一步规避了部分贷款风险。由于存货质押融资在一定程度上规避了贷款风险，从而降低了银行对于质押物的要求，所以更能规避中小企业传统质押物少的劣势，发挥商品流通快的优势（李毅学，2010）。此外，企业间基于供应链产生的最基本的交易关系，当中小企业经营状态良好时，在其面对资金约束时，基于核心地位的企业就有可能为其贷款提供支持，通过分担贷款风险来提高中小企业的贷款能力。因此，具有部分资金约束的中小企业，如何利用存货质押和供应链的整体信用（关键是核心企业的参与），实现存货质押融资的最优策略成为迫切需要解决的难题。

国内存货质押融资的模式主要有存货质押授信、融通仓和统一授信模式。李毅学（2011）研究了物流监管决策对中小企业存货质押融资影响，构建了质押物有优先售出权时物流监管条件下的仓单质押融资模式。但物流监管模式并不总是有效，马中华等（2011）研究发现只有当物流企业提供的监管力度超出银行的激励作用时，银行才会采用物流监督的模式提供存货质押融资。于辉等（2010）研究认为无论是否有物流企业参与，提供仓单质押时，银行都需要同时考虑自身利润和贷款的风险决策质押率。以往的研究较多地关注单一资金约束企业的融资决策，并没有考虑基于供应链信用的融资模式。在竞争日益趋于供应链竞争的今天，金融业也开始重视供应链整体授信的金融模式。存货质押融资风险有核心企业参与的情况低于没有核心企业的参与的情况（张钦红，2010）。

部分研究学者将回购视为运营决策，并进行了一系列深入的研究，但却鲜少有学者将回购承诺作为风险共担机制研究其对融资运营决策的影响；更确切地说，没有探讨回购决策对存货质押融资质押率的影响。中小企业2013年度报告中指出，由于贷款手续过多，办理时间过长，迫使一部分小企业放弃通过金融机构融资而转向民间借贷（王继承，2014）。由于这类中小企业，一般都有较好的经营前景，因此，这部分企业面对的融资压力更多地表现为资金可得性压力。与周建亨（2010）研究回购承诺对融资利率影响不同，本章侧重分析供应商的回购承诺对零售商违约风险、存货质押融资决策的影响。当企业进行存货质押融资时，并不是把企业所有的资产都进行质押，而只是质押了同类库存产品，银行在贸易融资中也常用"主体+债项"的风险评估策略（李毅学，2011）。考虑到在实践中，此类中小企业一般经营状况良好，在销售额达到不还款额度时，中小企业依然有一定的概率利用其他收入来偿还贷款的情况，因此引入零售商主体违约概率来刻画中小企业融资失败后，有可能用其他收入偿还贷款的情况。但本部分分析的是供应商只在零售商违约时承担回购责任情景下，零售商主体违约概率对零售商运营决策、供应商回购决策和银行存货质押融资决策的影响。

按照中华人民共和国国家标准《物流术语》（GB/T 183454－2006），存货质押融资是指"需要融资的企业（即借方），将其拥有的存货做质物，向资金提供企业（即贷方）出质，同时将质物转交给具有合法保管存货资格的物流企业（中介方）进行保管，以获得贷方贷款的业务活动，是物流企业参与下的动产质押业务"。

本章是以存货质押融资为基础，在零售商主体违约概率外生和供应商回购承诺前提下，建立了报童性质的零售商、供应商和银行的存货质押融资模型，重点研究零售商主体违约概率对各方决策的影响及供应商参与回购的有效性。

二、问题描述

研究的是二级供应链系统，相对于资金约束的零售商，供应商具有较高的贷款信用，零售商为中小企业，信息用额度较低，无法获得足够的贷款额度来实现最优订购量。供应商承诺当零售商贷款违约时，承担固定比例的剩余质押物回购责任，向零售商融资提供担保。决策过程为：零售商决策最优贷款再购入量；供应商综合考虑零售商主体违约概率和其最优订购量，决策回购比例；银行综合考虑供应商和零售商的决策后，决策最优质押率。运作和决策过程如图3.1所示：

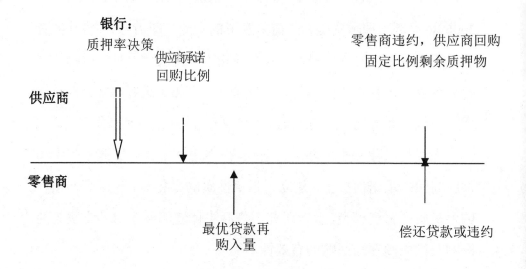

图3.1 运作和决策过程
资料来源：作者绘制

三、参数定义

主要参数和变量定义如下：

p 商品销售价格

r_f 无风险利率

v 商品残值

s 商品仓储监管费用，且 $s<v$

r 贷款利率 $r>r_f$

c 供应商成本

w　商品批发价格

$f(x)$ 商品的需求分布密度

$F(x)$ 商品需求分布函数

$1-\alpha$ 零售商的主体不违约概率

q_0　零售商存货质押物商品量

q　零售商融资再购入商品量

β　银行贷款质押率

θ　供应商回购比例

零售商商品分布函数满足增效失败率，且零售商主体不违约概率是衡量零售商的信用度指标，是指如果零售商不还款时的利润大于还款时的利润时，零售商偿还银行的贷款本息的概率。在金融实践中，债务人的信用也被用来衡量贷款的风险。2008 年，我国银监会发布《商业银行信用风险内部评级体系监管指引》等 5 个监管规章中就明确指出："商业银行应利用内部评级体系确定债务人和债项的信用评级、每笔贷款的违约损失率等风险参数。"在存货质押融资中，易雪辉（2011）、李毅学（2011）也研究了零售商存在主体违约概率的情况。

第二节　质押物无优先售出权的融资决策

基本假设：参与各方风险中性，存在资金约束的零售商以固定售价销售一种商品，市场需求随机。零售商承担融资再购入货物的处置权和质押物的仓储监管费用；银行拥有质押物的处置权，质押物的销售收入为封闭账户管理。当零售商还款利润大于不还款利润时，肯定还款；当零售商还款利润小于不还款利润时，以主体不违约概率偿还贷款；供应商以单一批发价格向零售商批发商品。

当零售商以主体违约概率不还款时，供应商的回购行为分为两种情况：第一，如果供应商承担回购后还不足以偿还银行贷款本息，供应商承担固定比例剩余质押物的回购责任；第二，如果供应商承担回购责任后，银行收入超过贷款本息，则供应商只负责补足银行处理完全部剩余质押物后的贷款损失。由于在竞争市场条件下，零售商的售价、供应商的批发价格、银行的利率由总的供需决定，单个企业决策对其影响较小。故本章假设零售商的售价、供应商的批发价格、银行的利率为常数，不受零售商的融资决策影响。

一、零售商违约风险

在本研究问题中，供应商和银行共担贷款风险。如果零售商违约，供应商就不可避免遭受损失，从而引起零售商在供应链中地位下降，甚至导致整个供应链关系决裂。因此，有供应商参与的融资方式，增加了零售商违约的隐性成本，这种情况下的零售商主体违约概率降低。但是基于理性人假设，当零售商的不还款收入高于还款收入时，零售商还会以 α 概率违约。

根据 Bauzacott 和 Zhang（2004）等研究结论，零售商的违约风险受质押率影响。当 $\beta \leqslant \dfrac{v-s}{w(1+r)}$ 时，即使商品需求为零，零售商的所有质押物剩余，银行处理全部质押物获得的残值大于贷款本息。由于零售商不违约收入大于违约收入时肯定还款，零售商的最优决策是偿还贷款。

当 $\beta > \dfrac{v-s}{w(1+r)}$ 时，零售商的还款决策受多种因素影响，可能违约，也可能还款。此时，零售商违约决策点对应的是零售商期末不违约收入等于违约收入的点。当零售商销售的商品量高于零售商违约决策点时，零售商肯定还款；相反，零售商以 α 的主体概率违约。

类似于辉（2010）、李毅学（2011）的推导，具体为：

（一）　当 $0 \leqslant \xi < q$ 时，零售商违约时，获得再购入商品销售收入和残值，支付质押物的购买和仓储监管费用；零售商不违约时，获得商品销售收入和处理全部商品残值，并支付质押物的购买和仓储监管费用及银行贷款本息。零售商以 α 概率违约时的利润函数为：$\pi_{r11}(q|\theta,\beta) = p\xi + v(q-\xi) - (s+w)q_0$ ；以 $1-\alpha$ 的概率不违约时的利润为：

$$\pi_{r12}(q|\theta,\beta) = p\xi + v(q_0 + q - \xi) - wq(1+r) - (s+w)q_0 ;$$

$$\pi_{r12}(q|\theta,\beta) - \pi_{r11}(q|\theta,\beta) = vq_0 - wq(1+r) ,$$

因为 $\beta > \dfrac{v-s}{w(1+r)}$ ，可知 $\pi_{r12}(q|\theta,\beta) - \pi_{r11}(q|\theta,\beta) < 0$ ，零售商一定违约。

（二）当 $q \leqslant \xi < q+q_0$ 时，零售商违约时，获得再购入商品销售收入，付出质押物的购买和仓储监管成本；零售商不违约时，获得全部销售收入和处理全部商品残值收入，并支付质押物的仓储监管费用和银行贷款本息。零售商以 α 概率违约时利润函数为：

$\pi_{r21}(q|\theta,\beta) = pq - (s+w)q_0$ ； 以 $1-\alpha$ 的概率不违约时的利润为：

$$\pi_{r22}(q|\theta,\beta) = p\xi + v(q_0+q-\xi) - wq(1+r) - (s+w)q_0 ;$$

$$\pi_{r22}(q|\theta,\beta) - \pi_{r21}(q|\theta,\beta) = p(\xi-q) + v(q_0+q-\xi) - wq(1+r) < 0$$

可得当 $\xi > \xi_n = q + \dfrac{wq(1+r)-vq_0}{p-v}$ 时，$\pi_{r22}(q|\theta,\beta) - \pi_{r21}(q|\theta,\beta) > 0$ ，

可知零售商违约决策点 ξ_n ，满足：$\xi_n = q + \dfrac{wq(1+r)-vq_0}{p-v}$ 。由表达式很容易看出 $\xi_n > q$ ，零售商违约决策点与零售商的销售价格成反比，与商品的质押后再购入量成正比，与质押物数量成反比。当

$\beta > \dfrac{v-s}{w(1+r)}$ 时，零售商可能违约，违约概率为 $F(\xi_n)$ ，且 β 越大，

银行承担的融资风险越大。

由于只有在银行贷款面对风险时，才需要供应商参与融资提高

质押率，因此本章只研究 $\beta > \dfrac{v-s}{w(1+r)}$ 的情形。

二、目标函数描述

零售商、供应商与银行都是基于期望利润做出决策，参考者的利润都受销售量和零售商是否违约决策影响。

（一）零售商利润函数

零售商利润与商品需求情况有关，商品需求情况影响零售商的融资风险。零售商的利润函数为：

1.当 $0 \leqslant \xi < q$ 时，与上一节分析相同，零售商违约时，获得再购入商品销售收入和残值，支付质押物的购买和仓储监管费用；零售商不违约时，获得商品销售收入和处理全部商品残值，并支付质押物的购买和仓储监管费用及银行贷款本息。零售商以 α 不还款的利润函数为：$\pi_{r11}(q|\theta,\beta) = p\xi + v(q-\xi) - (s+w)q_0$ ；以 $1-\alpha$ 的还款的利润为：

$$\pi_{r12}(q|\theta,\beta) = p\xi + v(q_0 + q - \xi) - wq(1+r) - (s+w)q_0 ;$$

2.当 $q \leqslant \xi < \xi_n$ 时，与上一节分析相同。零售商违约时，获得再购入商品销售收入，付出质押物的购买和仓储监管成本；零售商不违约时，获得全部销售收入和处理全部商品残值收入，并支付质押物的仓储监管费用和银行贷款本息。零售商以 α 不还款时利润函

数为：$\pi_{r21}(q|\theta,\beta) = pq - (s+w)q_0$；以$1-\alpha$还款时利润为：

$$\pi_{r22}(q|\theta,\beta) = p\xi + v(q_0+q-\xi) - wq(1+r) - (s+w)q_0；$$

3.当$q+q_0 > \xi \geq \xi_n$时，零售商肯定还款。支付质押物的监管费用、购买成本和银行贷款本息，得到商品销售收入和商品残值。零售商的利润为：

$$\pi_{r32}(q|\theta,\beta) = p\xi + v(q_0+q-\xi) - wq(1+r) - (s+w)q_0。$$

4.当$\xi \geq q+q_0$时，零售商肯定不违约，支付质押物的监管费用、购买成本及银行贷款本息，获得商品全部销售所得。零售商的利润为：$\pi_{r42}(q|\theta,\beta) = p(q_0+q) - wq(1+r) - (s+w)q_0$。

进一步，可得零售商的期望利润：

$$E\Pi_r(q|\beta,\theta) = p(q_0+q) - wq(1+r) - (s+w)q_0 + \alpha(p-v)\int_q^{\xi_n} F(x)\mathrm{d}x - (p-v)\int_0^{q_0+q} F(x)\mathrm{d}x。$$

由零售商的期望利润表达式可知。考虑零售商的主体不违约概率后，主体不违约概率是在零售商销售收入不足以偿还贷款本息时，还会以一定的概率偿还贷款，因此引入主体违约概率后，使零售商的期望利润降低，而且期望利润降低量与销售价格和残值的差值成正比。因此，当商品的滞销损失较大（$p-v$）或再购入商品的数量和零售商违约决策点的差异较大时，零售商的主体不违约概率对零售商的利润影响更大。

（二）供应商期望利润

只要零售商还款，供应商就不需要承担任何贷款风险，供应商的利润为销售全部商品（质押物和融资后购入之和）所获得的利润：

$$\Pi_{s_1}(\theta|\beta) = (w-c)(q_0+q) \tag{3.1}$$

若零售商违约，且质押物全部剩余，则供应商承担全部质押物固定比例的回购责任。如果质押物只销售了一部分，分两种情况：第一，供应商回购固定比例的质押物后，银行所得还不足以偿还银行贷款本息，供应商回购固定比例的剩余质押物；第二，供应商回购固定比例的质押物后，银行所得超过银行贷款本息，供应商只承担补足部分的银行贷款本息差值。即供应商回购固定比例剩余质押物后正好能补偿贷款本息额所对应的销售量为：回购后剩余质押物的残值、质押物销售收入、供应商固定回购比例质押物回购款与银行本息相等的销售量，化简可得：

$$\xi_1 = q + \frac{wq(1+r)-[w\theta+v(1-\theta)]q_0}{p-w\theta+v(1-\theta)}，由表达式很容易得到 \xi_1 \leqslant \xi_n。$$

因此，供应商的利润函数也为分段函数：

当销售量 $\xi \leqslant q$ 时，且零售商违约时，供应商获得批发全部商品收入、承担固定比例的质押物、获得回购质押物残值；

当销售量 $q < \xi \leqslant \xi_1$ 时，且零售商违约时，供应商获得批发全部商品收入、承担固定比例的剩余质押物、获得回购质押物残值；

当销售量 $\xi_1 < \xi \leqslant \xi_n$ 时，且零售商违约时，供应商获得批发全

部商品收入并承担补偿至银行获得全部贷款本息;

当销售量 $\xi_n < \xi$ 时,零售商肯定还款,供应商获得批发全部商品收入。

$$\Pi_s(\theta|\beta) = \begin{cases} (w-c)(q_0+q)-(w-v)\alpha\theta q_0, & \xi \leq q \\ (w-c)(q_0+q)-(w-v)\alpha\theta(q_0+q-\xi), & q < \xi \leq \xi_1 \\ (w-c)(q_0+q)-[(1+r)wq-p(\xi-q)-v(q_0+q-\xi)], & \xi_1 < \xi \leq \xi_n \\ (w-c)(q_0+q), & \xi_n < \xi \end{cases}$$

可得供应商的期望利润函数:

$$E\Pi_s(\theta|\beta) = (w-c)(q_0+q)-\theta\alpha(w-v)\int_q^{\xi_1} F(x)\mathrm{d}x - \alpha(p-v)\int_{\xi_1}^{\xi_n} F(x)\mathrm{d}x \quad (3.2)$$

供应商的期望利润会随着回购比例的增加而减少,减少量与批发商品的机会损失成正比($w-v$)、与零售商品的机会损失成正比($p-v$)、与零售商的主体违约概率成正比。当零售商的主体违约概率为 0 时,供应商的期望利润最大。因此,只有主体违约概率满足一定条件的零售商才能够获得供应商的回购承诺进行融资。

(三)银行的期望利润

银行的利润与供应商的回购和零售商的还款决策有关,只要零售商还款或者供应商承担回购责任后,银行可以获得全部贷款本息,则银行就可以获全部贷款本息。此时银行的利润为:

$$\Pi_{b1}(\beta) = (r-r_f)wq 。 \quad (3.3)$$

如果零售商违约,贷款违约损失由供应商和银行共担,供应商回购固定比例的剩余质押物,回购的质押物残值归供应商所有。银行获得质押物销售收入、供应商承诺比例回购收入及回购后剩余质押物残值。此时银行的利润与供应商回购率和零售商是否违约有关，即：

$$\Pi_b(\beta) = \begin{cases} (r-r_f)wq(1-\alpha)+\alpha w\theta q_0+\alpha v q_0(1-\theta)-\alpha(1+r_f)wq, & \xi \leq q \\ (r-r_f)wq(1-\alpha)+\alpha p(\xi-q)+\alpha(\theta w+(1-\theta)v)(q+q_0-\xi)-\alpha(1+r_f)wq, & q < \xi \leq \xi_1 \\ (r-r_f)wq, & \xi_1 < \xi \end{cases}$$

则银行的期望利润为：

$$E\Pi_b(\beta) = (r-r_f)wq - \alpha\int_q^{\xi_1}[p-\theta w-(1-\theta)v]F(x)\mathrm{d}x \qquad （3.4）$$

银行的期望利润与零售商的主体违约概率成反比、与供应商的回购比率成正比。银行也趋向于选择贷款信用好的零售商或基于供应链关系紧密的零售商（供应商承担较大的贷款风险）作为贷款对象。

三、决策分析

本节分别对零售商的再订货决策、供应商的回购决策和银行的存货质押率决策进行讨论，得出各自的最优决策。

（一）零售商的再购入决策

零售商的再订货决策是零售商决策获得贷款再购入的商品量。本部分研究不考虑银行决策，只研究零售商最优质押决策及初始质押物数量对最优质押率的关系。

1.不考虑银行决策时的零售商最优再购入量

不考虑银行决策时，零售商基于自身期望利润最大化决策最优再购入量。

定理 3.1 质押物无优先售出权时，有资金约束的零售商进行质押融资时，主体违约概率满足

$$\alpha \in [0,1] \bigcap [0, \frac{(p-v)^2 f(q_0+q)}{(p-v+w(1+r))^2 f(\xi_n)-(p-v)^2 f(q)}]$$ 的零售商有最优

订购量 q^{**}，且满足：

$$F(q^{**}) = \frac{p-w(1+r)}{\alpha(p-v)} + \frac{p-v+w(1+r)}{p-v} F(\xi_n(q^{**})) - \frac{F(q_0+q^{**})}{\alpha} 。$$

证明：对（3.1）式关于 q 求一阶、二阶导数，可得：

$$\frac{dE\Pi_r(q|\theta,\beta)}{dq} = p-w(1+r)+\alpha(p-v+w(1+r))F(\xi_n)-\alpha(p-v)F(q)-(p-v)F(q_0+q),$$

$$\frac{dE^2\Pi_r(q|\theta,\beta)}{dq^2} = \alpha\frac{(p-v+w(1+r))^2}{(p-v)}f(\xi_n)-\alpha(p-v)f(q)-(p-v)f(q_0+q) 。$$

当 $\alpha < \dfrac{(p-v)^2 f(q_0+q)}{(p-v+w(1+r))^2 f(\xi_n)-(p-v)^2 f(q)}$ 时，$\dfrac{dE^2\Pi_r(q|\theta,\beta)}{dq^2} < 0$，

此时零售商有最优再购入量 q^{**}，满足 $\dfrac{dE(\Pi_r(q|\theta,\beta))}{dq} = 0$。即零售

商期望的最优再购入量满足：

$$F(q^{**}) = \frac{p-w(1+r)}{\alpha(p-v)} + \frac{p-v+w(1+r)}{p-v} F(\xi_n(q^{**})) - \frac{F(q_0+q^{**})}{\alpha} \quad (3.5)$$

当 $\alpha \in [0,1] \bigcap [\dfrac{(p-v)^2 f(q_0+q)}{(p-v+w(1+r))^2 f(\xi_n)-(p-v)^2 f(q)}, +\infty]$ 时，

$\dfrac{\mathrm{d}E^2\Pi_r(q\,|\,\theta,\beta)}{\mathrm{d}q^2}>0$，零售商没有最优再购入量。证毕。

由定理 3.1 可以发现，当有资金约束的零售商的主体违约概率

满足 $\alpha\in[0,1]\bigcap[0,\dfrac{(p-v)^2f(q_0+q)}{(p-v+w(1+r))^2f(\xi_n)-(p-v)^2f(q)}]$ 进行质押融

资时，最优订购量满足：

$$\mathrm{F}(q^{**})=\frac{p-w(1+r)}{\alpha(p-v)}+\frac{p-v+w(1+r)}{p-v}\mathrm{F}(\xi_n(q^{**}))-\frac{F(q_0+q^{**})}{\alpha}$$

最优订购量与商品需求分布、商品销售价格、批发价格、质押
物的存货监管费用、残值有关。而主体违约概率满足

$$\alpha\in[0,1]\bigcap[\frac{(p-v)^2f(q_0+q)}{(p-v+w(1+r))^2f(\xi_n)-(p-v)^2f(q)},+\infty]\ \text{的零售商期望}$$

能获得的再购入量越多越好，这时的零售商为恶意的融资者，银行
会将这类贷款人排除在外。因此，本章只研究第一类零售商。同时，
这也验证了银行对债务人评级的重要性。

2.零售商最优质押率与质押物的关系

将 $q^{**}=\beta^{**}q_0$，代入（3.5）式，很容易得到：

$$\frac{\mathrm{d}\beta^{*}(q_0)}{\mathrm{d}q_0}=\frac{\beta^{*}}{q_0}-\frac{\alpha[p-v+w(1+r)]f(\xi_n(q^{*}))+(p-v)^2f(q_0+q^{*})}{\alpha[p-v+w(1+r)]^2f(\xi_n(q^{*}))-(p-v)^2[\alpha f(q^{*})+f(q_0+q^{*})]}\frac{1}{q_0} \quad (3.6)$$

由于 $\alpha<\dfrac{(p-v)^2f(q_0+q)}{(p-v+w(1+r))^2f(\xi_n)-(p-v)^2f(q)}$，很容易得到

$$\frac{\mathrm{d}\beta^{**}(q_0)}{dq_0} < 0 \, 。$$

综上所述，零售商贷款质押存货量与期望得到的最优质押率负相关。因为质押物越多，零售商自有资金缺口越小，零售商达到最优订购量的需求越小，其所期望得到的最优质押率越小。

3.银行质押率外生给定条件下的零售商最优订购决策

当银行质押率外生给定时，零售商基于自身期望利润最大化决策的最优订购量。

定理 3.2　在给定银行质押率 β 和初始质押物 q_0 情况下，零售商最优再订购决策为：

$$q^* = \begin{cases} \beta q_0, \ 0 \leqslant q_0 < \overline{q}_0 \, or & \overline{q}_0 \leqslant q_0 < \hat{q}_0^{**} \quad and \quad \beta < \beta^{**} \\ q^{**}, & \overline{q}_0 \leqslant q_0 < \hat{q}_0^{**} \quad and \quad \beta \geqslant \beta^{**} \end{cases} \, ，\text{其中}$$

$\hat{q}_0^{**} = q_0 \big|_{\beta^{**} = v/w(1+r)}$、$\overline{q}_0 = q_0 \big|_{\beta^{**} = 1}$。

证明：与文献于辉（2010）、李毅学（2011）的原理相似，零售商的质押存货量，将分两种情况进行分析：

首先，令 $\hat{q}_0^{**} = q_0 \big|_{\beta^{**} = (v-s)/w(1+r)}$、$\overline{q}_0 = q_0 \big|_{\beta^{**} = 1}$ 分别对应零售商的最优质押率为 $\beta^{**} = (v-s)/w(1+r)$、$\beta^{**} = 1$ 的质押物存货量。

情景一：当零售商质押物存货量满足 $q_0 \in [0, \ \overline{q}_0]$ 时，此时零售商的质押物过少，银行为了规避风险也不会提供质押率大于 1 的贷款，贷款额度无法满足零售商需求，理性的零售商将贷款到银行的最大限额，此时 $q^* = \beta q_0$。

情景二：零售商贷款质押存货量满足 $q_0 \in [\overline{q}_0, \hat{q}_0^{**}]$ 时，银行给定的质押率小于零售商需求，基于利润最大化的零售商，将贷款到银行的限额，此时 $q^* = \beta q_0$；如果银行给定的质押率大于或等于零售商最优质押率，理性零售商只再购入到最优再购入量，即：

$$q^* = \begin{cases} \beta q_0, & \overline{q}_0 \leqslant q_0 < \hat{q}_0^{**} \ and \ \beta < \beta^{**} \\ q^{**}, & \overline{q}_0 \leqslant q_0 < \hat{q}_0^{**} \quad and \quad \beta \geqslant \beta^{**} \end{cases}$$ 　证毕。

由定理 3.2 可知，当零售商的质押物较少时（$0 \leqslant q_0 < \overline{q}_0$），此时，零售商期望得到的质押率大于 1，或者，零售商质押物相对较多时（$\overline{q}_0 \leqslant q_0 < \hat{q}_0^{**}$），且银行提供的质押率 β 低于零售商的最优再订购决策对应的质押率 β^{**}，零售商将用尽银行提供的质押率，以实现相对较大的利润；当零售商质押物相对较多时（$\overline{q}_0 \leqslant q_0 < \hat{q}_0^{**}$），且银行提供的质押率高于零售商的最优再订购决策时，基于利润最大化，零售商将只购买到最优再订购量。

4.零售商主体违约概率与最优再购入量

零售商的主体违约概率会影响零售商的期望利润，进而影响零售商的最优再购入决策。

性质 3.1 质押物无优先售出权时，零售商主体违约概率越大，则零售商期望得到的最优再购入量越大。

证明：　令 $q^{**} = \beta^{**} q_0$，代入（3.5），得容易得到：

$$\frac{\mathrm{d}\beta^{**}(\alpha)}{\mathrm{d}\alpha} = -\frac{[p-v+w(1+r)]F(\xi_n(q^{**}))-(p-v)^2 F(q^{**})}{\alpha[p-v+w(1+r)]^2 f(\xi_n(q^{**}))-(p-v)^2[\alpha f(q^{**})+f(q_0+q^{**})]}\frac{1}{q_0}。$$

由零售商主体违约概率条件可知分母小于零，且

$F(\xi_n(q^{**})) > F(q^{**})$，可知 $\frac{\mathrm{d}\beta^{**}(\alpha)}{\mathrm{d}\alpha} > 0$ 证毕。

从性质 3.1 可知，因为融资再购入的商品为零售商支配，再购入的商品量越大违约后零售商利润越高，所以零售商的最优再购入商品量随着主体违约率的增加而增加。这也解释了银行为了控制贷款风险，不会提供质押率大于 1 的商品。

（二） 供应商回购决策

零售商为风险中性，作为供应链中的核心企业，在接到零售商以自身优势申请提供贷款回购承诺后，作为核心企业的供应商，为了提高整个供应链的竞争力，有意愿提供回购。依据帕累托最优配置只要供应商参与回购后，零售商的利润变大，且供应商的利润不减少时，供应商有意愿参与回购。故，供应商回购承诺前提条件是参与回购后的利润不低于不承诺回购时的利润。在此约束条件下，供应商决策回购比例。我们有如下结论：

定理3.3 考虑到零售商主体违约概率和商品的市场需求情况，供应商的回购比例决策满足以下条件：

$$\theta \leq \frac{(w-c)q-\alpha(p-v)\int_{\xi_1}^{\xi_n}F(x)\mathrm{d}x}{\alpha(w-v)\int_q^{\xi_1}F(x)\mathrm{d}x}。$$

证明：当 $E\Pi_s(\theta|\beta) \geq (w-c)q_0$ 时，将（3.2）代入上式，得出

供应商参与回购的前提条件为：

$$(w-c)(q_0+q)-\theta\alpha(w-v)\int_q^{\xi_1}F(x)\mathrm{d}x-\alpha(p-v)\int_{\xi_1}^{\xi_n}F(x)\mathrm{d}x \geqslant (w-c)q_0$$，化简

可得：

$$\theta \leqslant \frac{(w-c)q-\alpha(p-v)\int_{\xi_1}^{\xi_n}F(x)\mathrm{d}x}{\alpha(w-v)\int_q^{\xi_1}F(x)\mathrm{d}x} \tag{3.7}$$

可得，考虑到零售商主体违约概率和商品的市场需求情况，供应商承诺的回购比例决策满足（3.7），证毕。

由定理 3.3 可直观得出，供应商的回购比例与零售商的主体违约概率成反比，零售商的主体违约概率越高，供应商承担的风险越大、回购比例越低。若 $\alpha=0$，零售商肯定不违约，供应商的回购比例达到最大 $\theta=1$，此时，零售商肯定还款。

定理 3.4 只有主体违约概率

$$\alpha \in [0,1] \bigcap [0, \frac{(w-c)q}{\theta(w-v)\int_q^{\xi_1}F(x)\mathrm{d}x+(p-v)\int_{\xi_1}^{\xi_n}F(x)\mathrm{d}x}]$$ 的零售商，才能

获得供应商参与存货质押融资的回购承诺。

证明：类似定理 3.3，由

$$(w-c)(q_0+q)-\theta\alpha(w-v)\int_q^{\xi_1}F(x)\mathrm{d}x-\alpha(p-v)\int_{\xi_1}^{\xi_n}F(x)\mathrm{d}x \geqslant (w-c)q_0$$

化简可得，当 $\alpha > \dfrac{(w-c)q}{\theta(w-v)\int_q^{\xi_1}F(x)\mathrm{d}x+(p-v)\int_{\xi_1}^{\xi_n}F(x)\mathrm{d}x}$ 时，上式肯

定不成立。由于零售商主体违约概率满足 $\alpha \in [0,1]$。因此，很容易得到，当零售商的主体违约概率

$$\alpha \in [0,1] \bigcap [\frac{(w-c)q}{\theta(w-v)\int_q^{\xi_1} F(x)\mathrm{d}x + (p-v)\int_{\xi_1}^{\xi_n} F(x)\mathrm{d}x}, +\infty]$$ 时，供应商参

与回购后的利润肯定小于未参与回购的利润，供应商拒绝承担回购责任；当零售商的主体违约概率

$$\alpha \in [0,1] \bigcap [0, \frac{(w-c)q}{\theta(w-v)\int_q^{\xi_1} F(x)\mathrm{d}x + (p-v)\int_{\xi_1}^{\xi_n} F(x)\mathrm{d}x}]$$ 时，供应商参与

回购后的利润不小于未参与回购的利润，基于供应链整体利润，供应商会承担回购责任。

证毕。

由定理 3.4 可知，当零售商的主体违约概率满足：

$$\alpha \in [0,1] \bigcap [\frac{(w-c)q}{\theta(w-v)\int_q^{\xi_1} F(x)\mathrm{d}x + (p-v)\int_{\xi_1}^{\xi_n} F(x)\mathrm{d}x}, +\infty]$$ 时，供应

商参与回购后的利润肯定小于未参与回购的利润，供应商拒绝承担回购责任；当零售商的主体违约概率

$$\alpha \in [0,1] \bigcap [0, \frac{(w-c)q}{\theta(w-v)\int_q^{\xi_1} F(x)\mathrm{d}x + (p-v)\int_{\xi_1}^{\xi_n} F(x)\mathrm{d}x}]$$ 时，供应商参与

回购后的利润不小于未参与回购的利润，基于供应链整体利润，供应商会承担回购责任；若 $\alpha = 0$，零售商肯定还款，供应商承诺回购参与存货质押融资。

综上所述，供应商参与回购更多的是出于供应链整体利益的考虑。因此，并不是供应链内所有的中小企业都可以获得供应商的回购承诺，只有在供应链内经营状态良好的中小企业，才可能获得供

应商通过回购承诺等方式参与融资。

（三）银行的贷款质押率决策

一般来说，出于风险规避性，银行不会提供超过 1 的质押率。为了防止贷款资金挪为他用，银行也不会提供超出零售商期望达到最优再购入量的贷款。

1.考虑零售商贷款投资行为的银行最优质押率决策

定理 3.5 质押物无优先售出权时，当 $\beta > \dfrac{v-s}{w(1+r)}$ 时，银行和供应商共同承担风险，银行考虑零售商和供应商贷款投资行为的最优质押率 β^* 由下式决定：

（1）当 $\overline{q}_0 \geqslant q_0{}^b$ 时，

$$\beta^* = \begin{cases} 1, & 0 \leqslant q_0 < q_0{}^b \\ \beta^{**}, & \overline{q}_0 \leqslant q_0 < \hat{q}_0^{**} \quad and \quad \beta_b^* \geqslant \beta^{**} \\ \beta_b^*, & \overline{q}_0 \leqslant q_0 < \hat{q}_0^{**} \quad and \quad (v-s)/[w(1+r)] < \beta_b^* < \beta^{**} \end{cases} ;$$

（2）当 $\overline{q}_0 < q_0{}^b$ 时，

$$\beta^* = \begin{cases} 1, & 0 \leqslant q_0 < \overline{q}_0 \\ \beta^{**}, & \overline{q}_0 \leqslant q_0 < \hat{q}_0^{**} \quad and \quad \beta_b^* \geqslant \beta^{**} \\ \beta_b^*, & \overline{q}_0 \leqslant q_0 < \hat{q}_0^{**} \quad and \quad (v-s)/[w(1+r)] < \beta_b^* < \beta^{**} \end{cases} 。$$

其中 $\beta^{**} = q^{**}/q_0$ 为零售商期望达到的最优质押率；

$\beta_b^* = q_b^*/q_0$ 是银行不考虑零售商行为的最优质押率，

$$F(q_b^*) = \frac{\alpha[(p-v)+w(1+r)]F(\xi_n(q_b^*)) - (r-r_f)w}{\alpha(p-v)}, \quad q_0{}^b = q_0\big|_{\beta_b^*=1} 。$$

定理 3.5 证明见附录。由定理 3.5 可知，如果不考虑零售商的反应，银行只需依据（3.9）式对贷款质押存货量为 q_0、供应商回购率 θ 的零售商制定质押率即可。如果考虑零售商的反应（定理 3.2），基于 $\bar{q}_0$ 和 q_0^b 的关系，则银行的最优决策又分为两种情况。

（1）若 $\bar{q}_0 \geqslant q_0^b$，对于 $q_0 \leqslant q_0^b$ 的零售商，在贷款额没有限制时，零售商期望的最优再购入量越高越好。在实际操作中，银行出于规避风险考虑，一般不会提供质押率超过 1 的贷款。此时，银行提供的最优质押率决策为 $\beta^* = 1$。由于该情形下银行和零售商都不可能获得最大利润，因此贷款质押存货量小于 $\bar{q}_0$ 的零售商一般不能获得融资，即银行不会给质押物过少的零售商提供融资机会。

当 $\bar{q}_0 \leqslant q_0 < \hat{q}_0^{**}$ 时，如果 $\beta_b^* \geqslant \beta^{**}$，银行确定的最优质押率大于零售商期望得到的最优质押率，零售商会实现最优再购入量。但此时零售商贷款额度超过再购入商品货款，零售商和供应商有可能形成共谋，而将剩余贷款挪为他用。银行考虑到零售商的融资行为，为了规避风险，将会把质押率设为零售商期望得到的最优质押率 β^{**}；如果 $\beta^{**} > \beta_b^*$，银行将质押率设为 β_b^* 来约束零售商的行为实现自身利润最大化；当 $q_0 > \hat{q}_0^{**}$ 时，销售的质押存货量已达到最优库存量，不需要融资。

（2）若 $\bar{q}_0 < q_0^b$，对于 $0 \leqslant q_0 < \bar{q}_0$，银行为了规避风险，不会

提供质押率高于 1 的贷款；对于 $\bar{q}_0 \leqslant q_0 < \hat{q}_0^{**}$，如果银行的最优质押率大于零售商期望得到的最优质押率，银行考虑到零售商的反应后，为了防止供应商和零售商共谋，将剩余贷款挪为他用，银行将把最优质押率定为 β^{**}；相反，银行将会把质押率设为 β^*_b，来约束零售商的行为以实现自身利润最大化。

2.零售商主体违约概率对银行最优质押率决策影响

零售商的主体违约概率是指当零售商销售量小于违约决策点时，以其他收入偿还贷款的概率，零售商的主体违约概率必然影响银行的最优质押率决策。

性质 3.2　质押物无优先售出权时，零售商的主体违约概率越小，银行的最优质押率越大。

证明：令 $q_b^* = \beta_b^* q_0$，代入（3.9）式，很容易得到：

$$\frac{\mathrm{d}\beta_b^*}{\mathrm{d}\alpha}\bigg|_{q_b^*} = -\frac{(p-v)[(p-v)+w(1+r)]F(\xi_n(q_b^*)) - (p-v)^2 F(q_b^*)}{\alpha[(p-v)+w(1+r)]^2 f(\xi_n(q_b^*)) - \alpha(p-v)^2 f(q_b^*)} 。$$

类似于性质 3.1 和定理 3.3 的推导过程，可知 $\frac{\mathrm{d}\beta_b^*}{\mathrm{d}\alpha} < 0$。证毕。

从性质 3.2 可以看出，无论市场的需求情况如何，零售商的主体违约概率越高，银行的贷款风险越大。这也合理解释了银行在进行贷款审核时，需要对债务人和债项全面审核后才会作出贷款决策原因。

四、供应商回购承诺对银行最优质押率的影响

供应商承诺在零售商违约时，承担回购固定比例的剩余质押物，以实现供应商和银行融资风险共担。

性质 3.3 当 $C > -\dfrac{(w-c)}{\alpha[w(1+r)+(p-v)]}$ 时，供应商回购承诺无效；

当 $C < -\dfrac{(w-c)}{\alpha[w(1+r)+(p-v)]}$ 时，供应商回购承诺条件下银行的最优

质押率高于零售商独自贷款情况，其中 $C = F(\xi_n(q_b{}^{n*})) - F(\xi_n(q_b{}^*))$。

证明：如果没有供应商的回购承诺，零售商获得质押贷款正常还款时，银行获得贷款的本息收入；如果零售商违约，银行只能获得质押物的处置权。可知银行利润的数学期望为：

$$\Pi^n{}_b = (r - r_f)qw - \alpha \int_q^{\xi_n} (p-v)F(x)\mathrm{d}x \text{ 。}$$

用类似（3.4）的求解方法得出

$$\frac{\partial E\Pi_b}{\partial q} = (r - r_f)w - \alpha[(p-v) + w(1+r)]F(\xi_n) + \alpha(p-v)F(q) \text{ ，}$$

$$\frac{\partial E^2\Pi_b}{\partial q^2} = -\alpha \frac{[(p-v)+w(1+r)]^2}{p-v}f(\xi_n) + \alpha(p-v)f(q) < 0 \text{ 。}$$

因此，银行的利润函数为凹函数，在一阶导数为零的点或端点取极大值。银行利润最大化时的质押率为 $\beta_b{}^{n*} = q_b{}^{n*} / q_0$，其中 $q_b{}^{n*}$ 满足：

$$(r - r_f)w = \alpha[(p-v) + w(1+r)]F(\xi_n(q_b{}^{n*})) - \alpha(p-v)F(q_b{}^{n*}) \quad （3.10）$$

联立（3.9）与（3.10）式，化简可得：

$$[F(q_b^*) - F(q_b^{n*})] = \frac{-(w-c)}{\alpha(p-v)} - \frac{(w(1+r)+(p-v))}{(p-v)}[F(\xi_n(q_b^{n*}) - F(\xi_n(q_b^*)))],$$

令 $C = F(\xi_n(q_b^{n*})) - F(\xi_n(q_b^*))$ 当分布函数满足

$C < -\dfrac{(w-c)}{[w(1+r)+(p-v)]\alpha}$ 时，$q_b^* > q_b^{n*}$；当

$C > -\dfrac{(w-c)}{[w(1+r)+(s-v)]\alpha}$，$q_b^* < q_b^{n*}$；当 $C = -\dfrac{(w-c)}{[p+w(1+r)-v]\alpha}$，

$q_b^* = q_b^{n*}$ 证毕。

由 C 的表达式可知，C 为零售商在无供应商回购承诺时零售商违约概率和有供应商回购承诺时零售商违约概率的比值，当

$C < -\dfrac{(w-c)}{\alpha[p+w(1+r)-v]}$，供应商的回购承诺有利于银行提供更高的

质押率，即供应商的每单位商品利润 $(w-c)$ 越小，零售商的商品滞销损失 $(w(1+r)-v))$ 越大，售价越高 (p)、零售商的主体违约概率 (α) 越大，供应商的回购承诺越能促进零售商获得贷款；相反，当

$C > -\dfrac{(w-c)}{\alpha[p+w(1+r)-v]}$ 时，供应商的回购承诺无效。

从性质 3.3 可以看出，当供应商参与回购动机是基于市场销售前景的良好预期，零售商的滞销损失较大、商品售价较高和主体违约概率较大时，供应商回购承诺越有利于零售商在同样的质押条件

下获得银行提供更高的质押率；相反，当零售商滞销损失和主体违约概率都较小时，零售商订购决策会更加谨慎，而供应商的回购动机更多的是由于自身销售利润增加时，供应商回购承诺无效。

第三节　质押物有优先售出权的融资决策

与前一节研究背景不同的是，本节假设质押物具有优先售出权，当零售商销售收入大于贷款本息时，肯定还款；当小于贷款本息时，以主体不违约概率偿还贷款。

一、零售商违约风险

类似第二节推导，可知零售商违约决策点 ξ_{n1} 对应的是销售收入等于银行贷款本息的销售点，即 $(p-v)\xi_{n1}+v(q_0+q)=w(1+r)q$ ，

满足：$\xi_{n1}=\dfrac{w(1+r)q-v(q_0+q)}{p-v}$。当 $\beta>\dfrac{v-s}{w(1+r)}$ 时，零售商违约概

率为 $F(\xi_{n1})$，且本部分只研究 $\beta>\dfrac{v-s}{w(1+r)}$ 的情形。

二、目标函数描述

零售商、供应商与银行都是基于期望利润做出决策，参考者的利润都受销售量和零售商的是否违约决策影响。

（一）零售商利润函数

零售商利润与商品需求情况有关，商品需要情况影响零售商的融资风险，零售商的利润函数为：

1.当 $0 \leqslant \xi < \xi_{n1}$ 时，零售商违约时，无收入，付出质押物的购买和仓储监管成本；零售商不违约时，获得全部销售收入和处理全部商品残值收入，并支付质押物的仓储监管费用和银行贷款本息。零售商以 α 概率违约时： $\pi_{r11}(q|\theta,\beta) = -(s+w)q_0$ ；以 $1-\alpha$ 的概率不违约时：

$$\pi_{r12}(q|\theta,\beta) = p\xi + v(q_0 + q - \xi) - wq(1+r) - (s+w)q_0 ;$$

2.当 $q + q_0 > \xi \geqslant \xi_{n1}$ 时，零售商肯定不违约，得到全部销售收入和处理全部商品残值收入，并支付商品的监管费用和银行贷款本息。零售商的利润为：

$$\pi_{r22}(q|\theta,\beta) = p\xi + v(q_0 + q - \xi) - wq(1+r) - (s+w)q_0 。$$

3.当 $\xi \geqslant q + q_0$ 时，零售商肯定不违约，得到全部销售收入，并支付质押物的仓储监管费用和银行贷款本息。零售商的利润为：

$$\pi_{r32}(q|\theta,\beta) = p(q_0 + q) - wq(1+r) - (s+w)q_0 。$$

进一步，可得零售商的期望利润：

$$\begin{aligned}
E\Pi_{r1}(q|\theta,\beta) = & p(q_0 + q) - wq(1+r) - (s+w)q_0 \\
& -(1-\alpha)(p-v)\int_0^{\xi_{n1}} F(x)\mathrm{d}x - (p-v)\int_{\xi_{n1}}^{q_0+q} F(x)\mathrm{d}x
\end{aligned} \quad (3.11)$$

零售商的期望利润随着零售商的主体不违约概率的增加而减

少，期望利润减少量与零售商品的机会损失大小成正比，与零售商的违约决策点的大小成正比。

由零售商的期望利润表达式可知，引入主体违约概率后，使零售商的期望利润减降低。而且期望利润降低量与销售价格、残值的差值和零售商违约决策点成正比。因此，当商品的滞销损失较大（$p-v$）或零售商违约决策点较高时，零售商的主体不违约概率对零售商的利润影响较大。

（二）供应商期望利润

只要零售商还款，供应商就不需要承担任何贷款风险，供应商的利润为销售全部商品（质押物和融资后购入之和）所获得的利润：

$$\Pi_{s_{11}}(\theta|\beta) = (w-c)(q_0+q) 。 \tag{3.12}$$

若零售商违约，且质押物全部剩余，则供应商承担全部质押物固定比例的回购责任。如果质押物只销售了一部分，分两种情况：第一，供应商回购固定比例的质押物后，银行所得还不足以偿还银行贷款本息，供应商回购固定比例的剩余质押物；第二，供应商回购固定比例的质押物后，银行所得超过银行贷款本息，供应商只承担补足部分的银行贷款本息差值。其中，供应商回购固定比例剩余商品后正好能补偿贷款本息额所对应的销售量

$$\xi_{11} = \frac{wq(1+r)-[w\theta+v(1-\theta)](q+q_0)}{p-w\theta-v(1-\theta)}，$$ 由表达式很容易得到

$\xi_{11} \leqslant \xi_{n1}$。

因此，供应商的利润函数也为分段函数：

$$\Pi_s(\theta|\beta) = \begin{cases} (w-c)(q_0+q)-(w-v)\alpha\theta(q_0+q-\xi), & 0<\xi\leqslant\xi_{11} \\ (w-c)(q_0+q)-[(1+r)(s+w)q-p\xi-v(q_0+q-\xi)], & \xi_{11}<\xi\leqslant\xi_{n1} \\ (w-c)(q_0+q), & \xi_{n1}<\xi \end{cases}。$$

可得供应商的期望利润函数：

$$E\Pi_s(\theta|\beta) = (w-c)(q_0+q)-\theta\alpha(w-v)\int_0^{\xi_{11}}F(x)dx-\alpha(p-v)\int_{\xi_{11}}^{\xi_{n1}}F(x)dx \quad (3.13)$$

（三）银行的期望利润

银行的利润与供应商的回购和零售商的还款决策有关，只要零售商还款或者供应商承担回购责任后，银行就可以获全部贷款本息。此时银行的利润为：$\Pi_{b1} = (r-r_f)wq$。

如果零售商违约，贷款违约损失由供应商和银行共担，供应商回购固定比例的剩余质押物，回购的质押物残值归供应商所有。银行获得质押物销售收入、供应商承诺比例回购收入及回购后剩余质押物残值。此时银行的利润与供应商回购率和零售商是否违约有关，即：

$$\Pi_{b1}(\beta) = \begin{cases} (r-r_f)wq(1-\alpha)+\alpha p\xi+\alpha(\theta w+(1-\theta)v)(q_0-\xi)-\alpha(1+r_f)wq, & 0<\xi\leqslant\xi_{11} \\ (r-r_f)wq, & \xi_{11}<\xi \end{cases}。$$

则银行的期望利润为：

$$E\Pi_{b1}(\beta) = (r-r_f)wq-\alpha\int_0^{\xi_{11}}[p-\theta w-(1-\theta)v]F(x)dx \quad (3.14)$$

三、决策分析

本节分别对零售商的再订货决策、供应商的回购决策和银行的存货质押率决策进行讨论，得出各自的最优决策。

（一）零售商的再购入决策

零售商的再订货决策是零售商决策获得贷款再购入的商品量。本部分研究不考虑银行决策，只研究零售商最优质押决策及初始质押物数量对最优质押率的关系。

1.不考虑银行决策时的零售商最优再购入量

不考虑银行的质押率决策，零售商基于期望利润最大决策最优再购入商品量。

定理3.6 质押物有优先售出权时，有资金约束的零售商质押融资的最优再购入量为 q^{**}，且满足：

$$p - w(1+r) + \alpha(w(1+r) - v)F(\xi_{n1}(q^{**})) - (p-v)F(q_0 + q^{**}) = 0 \text{ 。}$$

证明：对（3.11）式关于 q 求一阶、二阶导数，可得：

$$\frac{dE\Pi_r(q|\theta, \beta)}{dq} = p - (w+s)(1+r) + \alpha((w+s)(1+r) - v)F(\xi_n) - (p-v)F(q_0+q),$$

$$\frac{dE^2\Pi_r(q|\theta, \beta)}{dq^2} = \frac{\alpha((w+s)(1+r) - v)^2 f(\xi_n) - (p-v)^2 f(q_0+q)}{(p-v)}$$

$$= -(p-v)\alpha\left\{f(q_0+q) - \frac{(w+s)(1+r) - v)^2}{(p-v)^2}f(\xi_n)\right\} \text{ 。}$$

$$< -(p-v)\alpha\left\{f(q_0+q) - f(\xi_n)\right\}$$

由 于 $f(q_0+q) - f(\xi_n) > \dfrac{f(q_0+q)}{\overline{F}(q_0+q)} - \dfrac{f(\xi_n)}{\overline{F}(\xi_n)} > 0$ ， 所 以

$\dfrac{\mathrm{d}E^2\Pi_r(q|\theta,\beta)}{\mathrm{d}q^2}<0$。零售商有最优再购入量 q^{**}，满足

$\dfrac{\mathrm{d}E(\Pi_r(q|\theta,\beta))}{\mathrm{d}q}=0$。即零售商期望的最优再购入量满足：

$$p-(w+s)(1+r)+\alpha((w+s)(1+r)-v)F(\xi_n(q^{**}))-(p-v)F(q_0+q^{**})=0 \quad （3.15）$$

零售商的期望再购入量满足（3.15）式。证毕。

由于 $\alpha\leqslant\dfrac{(p-v)^2f(q_0+q)}{(w(1+r)-v)^2f(\xi_{n1}(q^{**}))}$ 的零售商最优再购入量满足

定理 3.6，根据需求分布满足增效损失率，可得：

$$\dfrac{(p-v)^2f(q_0+q)}{(w(1+r)-v)^2f(\xi_{n1}(q^{**}))}=\dfrac{(p-v)^2f(q_0+q)/\overline{F}(q_0+q)}{(w(1+r)-v)^2f(\xi_{n1}(q^{**}))/\overline{F}(q_0+q)},$$
$$>\dfrac{(p-v)^2}{(w(1+r)-v)^2}\dfrac{f(q_0+q)/\overline{F}(q_0+q)}{f(\xi_{n1}(q^{**}))/\overline{F}(\xi_{n1}(q^{**}))}>1$$

且零售商的主体违约概率满足 $\alpha\in[0,1]$ 都可以有最优质押融资决策。同时由零售商的最优再购入量表达式可知，最优再购入量与商品需求分布、商品销售价格、批发价格、质押物的存货监管费用、残值有关。所以，对于有较强监管能力的银行，减少了信息不对称性，增加了对货款的控制能力，贷款风险相对较小。由于这在一定程度上较大地增加了银行的贷款成本，额度较小的贷款常会被银行排除在贷款之外。

2.零售商最优质押率与质押物的关系

将 $q^{**}=\beta^{**}q_0/w$，代入（3.15）式，很容易得到：

$$\frac{\mathrm{d}\beta^{**}(q_0)}{\mathrm{d}q_0} = -\frac{w[w(1+r)-v]F(\xi_{n1}(q^{**}))-w(p-v)^2F(q^{**})}{\alpha[w(1+r)-v]^2f(\xi_{n1}(q^{**}))-(p-v)^2[\alpha f(q^{**})+f(q_0+q^{**})]}\frac{1}{q_0} \quad (3.16)$$

运用定理 3.1 的研究方法，很容易得到 $\dfrac{\mathrm{d}\beta^{**}(q_0)}{\mathrm{d}q_0}<0$。

综上所述，在质押物优先售出权的融资模式中，零售商贷款质押存货量与期望得到的最优质押率负相关。质押物越多，零售商自有资金缺口越小，零售商达到最优订购量的需求越小，其所期望得到的最优质押率越小。

3.银行质押率外生给定条件下的零售商最优订购决策

考虑银行质押率外生给定条件下，零售商依据资金的可得性和期望利润决策最优订购量。

定理3.7　在给定银行质押率 β 和初始质押物 q_0 情况下，零售商最优再订购决策为：

$$q^* = \begin{cases} \beta q_0, & 0 \leqslant q_0 < \bar{q}_0 \ or \quad \bar{q}_0 \leqslant q_0 < \hat{q}_0^{**} \quad and \quad \beta < \beta^{**} \\ q^{**}, & \bar{q}_0 \leqslant q_0 < \hat{q}_0^{**} \quad and \quad \beta \geqslant \beta^{**} \end{cases}，其中$$

$\hat{q}_0^{**} = q_0\big|_{\beta^{**}=(v-s)/w(1+r)}$、$\bar{q}_0 = q_0\big|_{\beta^{**}=1}$。

证明与定理 3.2 相似，此处省略。当银行提供的质押率 β 低于零售商的最优再订购决策对应的质押率 β^{**} 时，零售商将用尽银行提供的质押率，以实现相对较大的利润；当银行提供的质押率高于零售商的最优再订购决策时，理性的零售商将只购买到最优再订购量。此时，与银行只监管质押物情景下的区别是，零售商各质押率下对应的质押物数量不同。银行监督全部商品时，同样质押物数量下零售商期望的最优质押率增加。如果不考虑监督成本，这种模式有利于零售商融资。

4.零售商主体违约概率与最优再购入量

零售商的主体违约概率影响零售商的最优再购入量

性质 3.4　质押物有优先售出权时，主体违约概率越大，零售商最优再购入量越大。

证明：　令 $q^{**} = \beta^{**} q_0 / w$，代入（3.15），易得：

$$\frac{\mathrm{d}\beta^{**}(\alpha)}{\mathrm{d}\alpha} = -\frac{w[w(1+r)-v]F(\xi_{n1}(q^{**})) - w(p-v)^2 F(q^{**})}{\alpha[w(1+r)-v]^2 f(\xi_{n1}(q^{**})) - (p-v)^2[\alpha f(q^{**}) + f(q_0+q^{**})]} \frac{1}{q_0} 。$$

由零售商主体违约概率条件可知分母小于零，且 $F(\xi_{n1}(q^{**})) > F(q^{**})$，可知 $\dfrac{\mathrm{d}\beta^{**}(\alpha)}{\mathrm{d}\alpha} > 0$。　证毕。

从性质 3.4 可知，即使银行对所有商品有监控能力，零售商的最优再购入商品量也会随着其主体违约率的增加而增加。

（二）供应商回购决策

零售商为风险中性，在接到零售商以自身优势申请提供贷款回购承诺后，作为核心企业的供应商，为了提高整个供应链的竞争力，有意愿提供回购。依据能增加整体效率，又不减少单方得益的帕累托最优配置（吴庆田，2012），只要供应商参与回购后，零售商的利润变大，且供应商的利润不减少时，供应商有意愿参与回购。故，供应商回购承诺前提条件是参与回购后的利润不低于不承诺回购

时的利润。在此约束条件下,供应商决策回购比例。我们有如下结论:

定理 3.8 质押物有优先售出权时,考虑到零售商主体违约概率和商品的市场需求情况,供应商的回购比例决策满足以下条件:

$$\theta \leqslant \frac{(w-c)q - \alpha(p-v)\int_{\xi_{11}}^{\xi_{n1}} F(x)\mathrm{d}x}{\alpha(w-v)\int_0^{\xi_{11}} F(x)\mathrm{d}x} \ .$$

证明:当 $E\Pi_s(\theta|\beta) \geqslant (w-c)q_0$ 时,将(3.12)代入上式,得出供应商参与回购的前提条件为:

$(w-c)(q_0+q) - \theta\alpha(w-v)\int_0^{\xi_1} F(x)\mathrm{d}x - \alpha(p-v)\int_{\xi_1}^{\xi_n} F(x)\mathrm{d}x \geqslant (w-c)q_0$,化简可得:

$$\theta \leqslant \frac{(w-c)q - \alpha(p-v)\int_{\xi_1}^{\xi_n} F(x)\mathrm{d}x}{\alpha(w-v)\int_0^{\xi_1} F(x)\mathrm{d}x} \tag{3.17}$$

供应商会提供满足(3.17)式的回购率。证毕。

由定理 3.8 可直观得出,供应商的回购比例与零售商的主体违约概率成反比,零售商的主体违约概率越高,供应商承担的风险越大、回购比例越低。若 $\alpha = 0$,零售商肯定不违约,供应商的回购比例达到最大 $\theta = 1$,此时,零售商肯定还款。

定理 3.9 质押物有优先售出权时,只有主体违约概率

$\alpha \in [0,1] \bigcap [0, \dfrac{(w-c)q}{\theta(w-v)\int_0^{\xi_{11}} F(x)\mathrm{d}x + (p-v)\int_{\xi_{11}}^{\xi_{nl}} F(x)\mathrm{d}x}]$ 的零售商,才能

获得供应商参与存货质押融资的回购承诺。

证明：类似定理 3.4，由

$$(w-c)(q_0+q) - \theta\alpha(w-v)\int_0^{\xi_{11}} F(x)\mathrm{d}x - \alpha(p-v)\int_{\xi_{11}}^{\xi_{n1}} F(x)\mathrm{d}x \geq (w-c)q_0$$

化简可得，当 $\alpha > \dfrac{(w-c)q}{\theta(w-v)\int_0^{\xi_{11}} F(x)\mathrm{d}x + (p-v)\int_{\xi_{11}}^{\xi_{n1}} F(x)\mathrm{d}x}$ 时，上式肯

定不成立，由于零售商主体违约概率满足 $\alpha \in [0,1]$。因此，很容易

得到，当零售商的主体违约概率

$$\alpha \in [0,1]\bigcap[\frac{(w-c)q}{\theta(w-v)\int_0^{\xi_{11}} F(x)\mathrm{d}x + (p-v)\int_{\xi_{11}}^{\xi_{n1}} F(x)\mathrm{d}x}, +\infty]$$ 时，供应商参

与回购后的利润肯定小于未参与回购的利润，供应商拒绝承担回

购责任；当零售商的主体违约概率

$$\alpha \in [0,1]\bigcap[0, \frac{(w-c)q}{\theta(w-v)\int_0^{\xi_{11}} F(x)\mathrm{d}x + (p-v)\int_{\xi_{11}}^{\xi_{n1}} F(x)\mathrm{d}x}]$$ 时，供应商参与

回购后的利润不小于未参与回购的利润，基于供应链整体利润，

供应商会承担回购责任。证毕。

由定理 3.9 可知：当零售商的主体违约概率满足：

$$\alpha \in [0,1]\bigcap[\frac{(w-c)q}{\theta(w-v)\int_0^{\xi_{11}} F(x)\mathrm{d}x + (p-v)\int_{\xi_{11}}^{\xi_{n1}} F(x)\mathrm{d}x}, +\infty]$$ 时，供应

商参与回购后的利润肯定小于未参与回购的利润，供应商拒绝承担

回购责任；当零售商的主体违约

$$\alpha \in [0,1]\bigcap[0, \frac{(w-c)q}{\theta(w-v)\int_0^{\xi_{11}} F(x)\mathrm{d}x + (p-v)\int_{\xi_{11}}^{\xi_{n1}} F(x)\mathrm{d}x}]$$ 时，供应商参与

回购后的利润不小于未参与回购的利润，基于供应链整体利润，供应商会承担回购责任；若 $\alpha = 0$，零售商肯定还款，供应商承诺回购参与存货质押融资。

综上所述，供应商参与回购更多的是出于对供应链整体利益的考虑。因此，并不是供应链内所有的中小企业都可以获得供应商的回购承诺，只有在供应链内有一定优势，如具有技术、成本优势，并且具有较好的信用的中小企业，才可能获得供应商通过回购承诺等方式参与融资。

（三）银行的贷款质押率决策

质押物有优先售出权时，银行在综合考虑零售商的再购入决策和供应商的回购比例后决策贷款质押率。

定理 3.10 质押物有优先售出权时，当 $\beta > \dfrac{v-s}{w(1+r)}$ 时，银行和供应商共同承担风险，银行考虑零售商和供应商贷款投资行为的最优质押率 β^* 由下式决定：

1. 当 $\overline{q}_0 \geqslant q_0{}^b$ 时，

$$\beta^* = \begin{cases} 1, & 0 \leqslant q_0 < q_0{}^b \\ \beta^{**}, & \overline{q}_0 \leqslant q_0 < \hat{q}_0^{**} \quad and \quad \beta_b^* \geqslant \beta^{**} \\ \beta_b^*, & \overline{q}_0 \leqslant q_0 < \hat{q}_0^{**} \quad and \quad (v-s)/[w(1+r)] < \beta_b^* < \beta^{**} \end{cases};$$

2. 当 $\overline{q}_0 < q_0{}^b$ 时，

$$\beta^* = \begin{cases} 1, & 0 \leqslant q_0 < \overline{q}_0 \\ \beta^{**}, & \overline{q}_0 \leqslant q_0 < \hat{q}_0^{**} \quad and \quad \beta_b^* \geqslant \beta^{**} \\ \beta_b^*, & \overline{q}_0 \leqslant q_0 < \hat{q}_0^{**} \quad and \quad (v-s)/[w(1+r)] < \beta_b^* < \beta^{**} \end{cases} 。$$

其中 $\beta^{**} = q^{**}/q_0$ 为零售商期望达到的最优质押率；

$\beta_b^* = q_b^*/q_0$ 是银行不考虑零售商行为的最优质押率，

$$q_b^* = \frac{1}{(w+s)(1+r)-v}\left\{(p-v)F^{-1}\left[\frac{(r-r_f)w+(w-c)}{\alpha((w+s)(1+r)-v)}\right]-vq_0\right\},$$

$$q_0^b = q_0\big|_{\beta_b^*=1}\text{。}$$

与上一节银行的决策过程（定理 3.5）相同，很容易得到定理 3.10。

类似上一节的研究，零售商的主体违约概率影响银行的最优质押率。

性质 3.5 质押物有优先售出权时，零售商的主体违约概率越大，银行的最优质押率越小。

证明：令 $q_b^* = \beta_b^* q_0$，代入（3.19）式，易得：

$$\frac{\mathrm{d}\beta_b^*}{\mathrm{d}\alpha}\bigg|_{q_b^*} = -\frac{(p-v)w[w(1+r)-v]F(\xi_{n1}(q_b^*))}{\alpha[w(1+r)-v]^2 f(\xi_{n1}(q_b^*))}\text{。}$$

可知 $\dfrac{\mathrm{d}\beta_b^*}{\mathrm{d}\alpha} < 0$。 证毕。

从性质 3.5 可以看出，无论市场的需求情况如何，零售商的主体违约概率越高，银行的贷款风险越大。这也合理解释了银行在进行贷款审核时，需要对贷款人和债项全面审核后才会做出贷款决策原因。

四、供应商回购承诺对银行最优质押率的影响

性质 3.6 供应商回购承诺有效地提高了银行的最优质押率。

证明：如果没有供应商的回购承诺，零售商获得质押贷款正常还款时，银行获得贷款的本息收入；如果零售商违约，银行只能获得质押物的处置权。可知银行利润的数学期望为：

$$\Pi^n_b = (r-r_f)qw - \alpha\int_0^{\xi_{n1}}(p-v)F(x)\mathrm{d}x。$$

用类似（3.14）的求解方法得出：

$$\frac{\partial E\Pi_b}{\partial q} = (r-r_f)w - \alpha[w(1+r)-v]F(\xi_{n1})，$$

$$\frac{\partial E^2\Pi_b}{\partial q^2} = -\alpha\frac{[w(1+r)-v]^2}{p-v}f(\xi_{n1}) < 0。$$

因此，银行的利润函数为凹函数，在一阶导数为零的点或端点取极大值。银行利润最大化时的质押率为 $\beta_b{}^{n*} = q_b{}^{n*}w/q_0$，其中 $q_b{}^{n*}$ 满足：

$$(r-r_f)w = \alpha[w(1+r)-v]F(\xi_{n1}(q_b{}^{n*})) \tag{3.20}$$

联立（3.19）与（3.20）式，化简可得：

$$[F(\xi_{n1}(q_b{}^{n*})) - F(\xi_{n1}(q_b{}^{*}))] = -\frac{(w-c)}{\alpha(w(1+r)-v)}，$$ 可得 $q_b{}^* > q_b{}^{n*}$。证毕。

从性质 3.6 可以看出，供应商回购承诺有效地分担了零售商的贷款风险，回购承诺有利于零售商在同样的质押条件下获得银行提供更高的质押率。

在银行只监管质押品时,对于只有主体违约概率满足一定条件的零售商,才能获得供应商回购承诺的存货质押融资,且零售商期望质押率随着自己的主体违约概率的增加而增加,银行确定的最优质押率随着零售商主体违约概率的增加而减少。无论市场前景如何,供应商回购承诺有利于零售商得到银行更高的质押率,供应商回购承诺有效地改善了中小企业资金状况。

第四节 质押物有无优先售出权对各方决策的影响

质押物是否有优先售出权反映了银行对商品销售监管模式的不同。由于银行对质押物监管模式的不同,必然导致银行的贷款风险不同,本节将分析两种监管模式对各方决策的影响。

一、对零售商决策的影响

性质 3.7 银行对商品销售控制能力越强,零售商的违约概率越低。

证明:由前面的分析可知,当质押物无优先售出权时,零售商的违约概率为 $F(\xi_n)$, $\quad \xi_n = q + \dfrac{wq(1+r) - vq_0}{p - v}$;而质押物有优先售出权时,零售商的违约概率为 $F(\xi_{n1})$, $\quad \xi_{n1} = \dfrac{w(1+r)q - v(q_0 + q)}{p - v}$,

由于 $\xi_n - \xi_{n1} = \dfrac{pq}{p - v} > 0$。证毕。

由性质 3.7 可知,当银行对商品销售控制能力较强时,在同样的质押率下，零售商的违约概率降低。因此，银行对零售商的监管能力越强，则零售商可以得到更高的贷款。

性质 3.8 银行对商品销售控制能力越强，零售商的主体不违约概率给零售商带来的损失越大。

由上面的分析可知：当质押物无优先售出权时，零售商的期望利润为：

$$E\Pi_r(q|\theta,\beta)=p(q_0+q)-wq(1+r)-(s+w)q_0+\alpha(p-v)\int_q^{\xi_1}F(x)\mathrm{d}x-(p-v)\int_0^{q_0+q}F(x)\mathrm{d}x,$$

当质押物有优先售出权时，零售商的期望利润为：

$$E\Pi_{r1}(q|\theta,\beta)=p(q_0+q)-wq(1+r)-(s+w)q_0-(1-\alpha)(p-v)\int_0^{\xi_{r1}}F(x)\mathrm{d}x-(p-v)\int_{\xi_{r1}}^{q_0+q}F(x)\mathrm{d}x.$$

由两个表达式可以看出，当银行对零售商的商品销售具有更强的控制权时，零售商的主体不违约概率带来的损失更大。这是因为，当银行对零售商的商品销售具有更好的控制权时，零售商的违约时利润变小，此时选择还款，零售商将支付更多的其他收入。

二、对银行决策的影响

性质 3.9 在相同质押率和供应商相同回购率条件下，对质押物有优先售出权的银行的损失临界点低于质押物无优先权的情况。

由前两部分分析可知：当质押部分商品无优先售出权时，银行损失的临界点为 $\xi_1=q+\dfrac{wq(1+r)-[w\theta+v(1-\theta)]q_0}{p-w\theta+v(1-\theta)}$ ；当质押部分商品有优先售出权时，银行损失的临界点为

$$\xi_{11} = \frac{wq(1+r) - [w\theta + v(1-\theta)](q+q_0)}{p - w\theta - v(1-\theta)}, \text{即} \ \xi_1 - \xi_{11} = \frac{pq}{p - w\theta + v(1-\theta)} \text{。}$$

由于销售价格一定大于贷款后商品保管的费用，因此，$\xi_1 - \xi_{11} > 0$。

性质 3.10　质押物有优先售出权的贷款模式，降低了对零售商主体违约概率的要求。

对比定理 3.1 和定理 3.6 可知，在质押物无优先售出权的供应商回购承诺下的质押融资，只有当零售商的主体违约概率满足

$$\alpha \in [0,1] \bigcap [0, \frac{(p-v)^2 f(q_0+q)}{(p-v+w(1+r))^2 f(\xi_n) - (p-v)^2 f(q)}] \text{时，才可以获得}$$

银行的贷款支持；而在质押物有优先售出权的前提下，由于对销售回款的控制能力增强，零售商的主体违约概率即使是 1，即只要销售收入达不到贷款本息肯定违约，银行也可以将贷款损失降到最低。因此，当银行监管能力较强时，将会放松对贷款对象的要求。由于贷款对象是中小企业，相对贷款对象是大企业的情况，银行将付出较高的监管成本，因此，这种监管模式一般只是针对大企业使用。但令人欣慰的是当供应链上的中小企业经营状态良好时，核心企业会比较愿意充当替代银行监管的角色，解决中小企业的融资问题。核心企业直接参与融资增加了这种融资方式的可行性。

性质 3.11　质押物有优先售出权时，增加了回购有效性。

对比性质 3.3 和性质 3.6 可知，在质押物无优先售出权时，回购只在特定条件下有效，而当银行可以控制质押物先售出时，只要供应商做出回购承诺，就有效缓解了中小企业融资困境。

可知,银行对商品销售控制能力越强,零售商的违约概率越低,零售商的主体不违约概率给零售商带来的损失越大。质押物有优先售出权的贷款模式,降低了对零售商主体违约概率的要求,增加了供应商回购有效性。

第五节 研究结论与启示

本章研究了由一个供应商和零售商组成的供应链。零售商为中小企业,在受资金约束时无法通过自身信用获得所需融资,供应商可以为零售商贷款提供担保以提高其融资授信额度。

一、研究结论

采用零售商违约后剩余质押物的回购率来衡量供应商对融资风险的分担程度,分析质押物无优先售出权和质押物有优先售出权情况下,对参与各方的存货质押融资决策进行了深入研究,得到以下结论:

(1)只有主体违约概率满足一定条件时,零售商才能获得供应商回购承诺的存货质押融资。零售商期望得到的最优质押率随着零售商主体违约概率的增加而增加;而银行确定的最优质押率随着零售商主体违约概率的增加而减少。

(2)无论银行哪种对零售商商品售出优先权的监控方式下,只有主体违约概率满足一定条件的零售商,才能获得供应商回购承诺的存货质押融资,且零售商期望质押率随着零售商主体违约概率的增加而增加，银行确定的最优质押率随着零售商主体违约概率的增加而减少。银行对零售商商品销售优先权没有控制能力时，只有在市场销售前景较好，且零售商的主体违约概率较高时，供应商回购承诺有利于零售商得到银行更高的质押率。而在市场销售前景不好时，出于增加自身销售利润动机的供应商回购承诺无效。当质押物可以优先售出时，供应商回购承诺总是有效。

（3）在其他相同条件下，银行监管质押物先售出时，供应商回购承诺有效地提高了银行的最优质押率。对质押物有优先售出权的银行的损失临界点低于不能控制零售商商品销售的优先权的情况。银行监管全部商品的贷款模式，降低了对零售商主体违约概率的要求。

二、管理启示

与回购传统的出发点为扩大销量不同，当供应商提供的回购以改善零售商的融资环境为目的时，银行可以根据需求信息、商品批发价格等参数，识别供应商的回购动机，从而有效地规避贷款风险。在一定条件下，供应商的回购一方面降低了银行的贷款风险，从而影响银行的质押率决策；另一方面，更是向银行提供了零售商为经营状态良好的中小企业信息，弥补了银行对于零售商信用信息不足的情况。故，对于经营状态良好的中小企业，核心企业直接参与的融资模式与银行较强的监管能力相结合可以提高中小企业融资的有效性，降低银行的融资风险。

　　有核心企业直接参与的存货质押融资模式，在一定条件下增加了银行质押率决策，在一定程度上改善了中小企业的融资状况。同时，银行也不能认为只要核心企业参与就会降低中小企业贷款风险。在银行做决策时，还要依据核心企业的参与动机及自身的监管能力，综合做出贷款决策。银行基于对融资风险的控制，提出诸如政府、保险公司等相关机构参与中小企业融资的模式，缓解中小企业的融资难题。

　　银行监管能力的增加可以降低融资风险，与物流企业等相关的第三方合作，即增加了合作方的收益，降低了融资风险，又使中小企业增加资金的可得性，获得更多的利润。银行监管能力的加强，在一定程度上改善中小企业的融资状况。

　　本章研究了供应商以批发价格回购固定比例剩余质押物的融资模式。由于以批发价格回购固定比例的剩余质押物等同于以低于批发价格回购全部剩余质押物，因此，本章的研究结论对以一定价格回购全部剩余质押物的情况同样适用。但是在核心企业直接参与融资的中小企业融资模式上，供应商的回购承诺只是其中的一种，供应商通过其他模式参与零售商的融资仍有待进一步研究。

第四章　基于期权契约的供应链融资决策

第三章研究了核心企业利用回购承诺直接参与融资中小企业方式，指出在一定条件下这种融资方式改善了中小企业融资可得性。但是在供应链内还有为数众多、可替代性强的中小企业面对融资难问题，更多地表现为融资成本问题，这类中小企业也很难获得核心企业直接参与的融资方式，但由于作为供应链的成员，中小企业的融资成本的增加不可避免地会传递到供应链的每个环节。为了提高整个供应链的核心竞争力，核心企业会采用灵活契约等运营手段来分担部分需求风险。在第四章中，我们将分析核心企业期权契约对中小企业融资成本的影响。

本章研究供应商利用期权契约分担零售商需求风险的方式，帮助资金约束的零售商解决融资成本高的难题。全章共分为六节，在第一节问题提出和描述的基础上，分析了看涨期权契约下（第二节）、看跌期权契约下（第三节）和双向期权契约下的各方利润决策问题（第四节），并在第五节对三种期权下的各方决策进行比较基础上，得到本章的研究结论与启示（第六节）。

第一节　问题提出与描述

随着我国经济的快速发展及人们生活水平的提高，顾客需求开始向个性化和多样化方向发展，从而引起市场需求的高度不确定性。特别是对于像时装、电子商品销售季节较短、生产周期较长、贬值较快的短生命周期商品，需求的不确定性更大。为了规避需求风险，相关学者认为：通过设计合理的供应链订购方式来缓解甚至消除需求不确定性对供应链运作的影响。由于期权契约能够提高零售商的订货弹性，有效地规避了价格风险和需求不确定性，因此被广泛地应用于经营这类商品零售商的订货策略中，以获得更高的绩效（Wang，2012）。

一、研究背景与问题提出

对于短生命周期产品，由于其较长的订购期和较短的销售期，零售商承担了更多的需求风险，例如 ipad3 和 ipad4 发布时间差仅为几个月。2013 年 7 月 20 日中国人民银行（2013）全面放开了对金融机构贷款利率管制，金融机构可以自主确定贷款利率，高融资风险必然导致企业高的融资成本。为了分担零售商的需求风险，供应商常采用柔性数量契约鼓励零售商采购，作为其中之一的期权契约被广泛应用在经销此类产品的供应链中，如惠普（HP）公司芯片采购中 35%价值的芯片是利用期权契约采购的（Fu，2010），IBM 的打印机事业部（Bassok，1997）、Sun 微系统（Farlow，1996）都采用了期权契约，通过期权契约实现了需求风险共担。因此，在科技飞速发展与利率市场化的今天，如何利用供应链的管理方法，开展具有资金约束的短生命周期产品运营决策，成为迫在眉睫的问题。

关于期权契约，一般有两个阶段：第一阶段零售商决策初始期权和实物订购量，第二阶段零售商根据市场需求决策期权实现量。具体为：

如果零售商购买的是看涨期权，在第一阶段（订货初期），供应商以特定的期权销售价格和期权执行价格销售看涨期权。零售商以期权的销售价格购买看涨期权后，如果商品需求高于零售商实物订购量，为了获得更大的收益，零售商会按事先约定的期权执行价格实现期权（第二阶段），以获得更多的商品，但期权实现量不超过零售商订货初期购买的期权量。如果商品需求不大于零售商实物订购量，零售商将放弃所有看涨期权（第二阶段），即期权赋予购买者实现期权的权利而非实现期权的义务。

在第二阶段，如果零售商购买的是看跌期权，且商品需求不大于零售商实物订购量，零售商可以按着第一阶段确定的看跌期权执行价格，将商品退还供应商，但退还商品的最大量不大于零售商购买的看跌期权量。

如果零售商购买的是双向期权，在第二阶段，如果商品需求小于零售商实物订购量，零售商按着第一阶段确定的双向期权看跌方向的执行价格，将商品退还供应商，但退还商品最大量不大于零售商购买的双向期权量；如果商品需求大于零售商实物订购量，零售商可以按着第一阶段确定的双向期权看涨方向的执行价格实现期权，向供应商再订购商品，但再订购的商品最大量不大于零售商购买的双向期权量。

可以看到，影响期权契约的最基本因素是期权的购买价格和执行价格。根据 Wang 和 Liu（2007）的研究，相对于传统的价格契约，零售商引导下的风险共担分散供应链期权决策，采用适当的期权购买价格和期权执行价格，可以达到供应链协调。

当期权契约中价格为不确定时，如果生产商存在信用违约，期权的购买量随着期权契约的价格和信用违约惩罚的变化而变化（李琳等，2012）。不同期权契约规避的需求风险方向不同，看涨期权可以规避需求增加带来的风险、看跌期权可以部分规避需求减少带来的风险、双向期权可以规避双向的风险。在随机市场需求条件下，双向期权由于可以退货而使最初的订货量较大、期权的购买量较少，相比传统订货方式的零售商订货量，看涨和双向期权方式下的零售商订货量都有所提高（胡本勇等，2007）。

事实上，产品的需求不确定性必然导致零售商对需求的过高或过低估计，零售商如何快速地调整订货量是一个至关重要的问题。而现有文献主要研究单一的期权柔性契约，罕有对看涨期权契约、看跌期权契约以及双向期权契约进行比较分析，这必然引起理论上的不完善。在单一期权下，零售商只能规避单方向的需求风险或者是需求不足的风险（看跌期权）导致初始实物购买量偏大，或者是销售量不足的风险（看涨期权）导致初始实物购买量偏小。在双向期权下，零售商可以规避两种风险，但其初始实物购买量，由于需求情况的不同也会出现过多或过少的偏差。基于供应链管理角度，这种初始购买量的偏移无疑不是最优的决策，正是由于三种期权决策的差异性。本章将对这三种期权契约进行比较讨论。此外,针对期权柔性契约的研究文献,多数没有考虑零售商存在资金约束的问题,得出的最优运作策略在实践中往往会因为供应链成员面临资金约束而无法实施。期权作为零售商规避风险的手段,必然会影响具有资金约束的零售商的融资决策。零售商因面临的需求风险不同会选择不同的期权契约,而不同的期权契约也会直接影响零售商的融资风险,从而影响基于 CVaR 的风险规避型银行的融资决策。因此,以期权契约为基础,讨论零售商存在资金约束并向风险规避型银行融资时,链上成员及银行的最优策略,丰富了对期权契约这一基础性契约的研究。

本章以期权柔性契约为基础,零售商存在资金约束,建立了两级供应链成员利润模型。基于 CVaR 风险度量方法权衡银行的利润和风险, 得出供应链成员的最优定价策略及银行的最优贷款利率,并对不同期权柔性契约和不同的风险规避银行的融资决策进行比较,重点研究不同期权下零售商可接受的融资利率范围,不同期权柔性契约和银行风险规避程度对银行利润和贷款决策的影响。

二、问题描述

本章研究是由单供应商和单零售商组成的,生产并销售单一短生命周期产品的两级供应链系统。其中,供应商在零售商下订单前,采用"期权契约+实物购买"的订购模式,提供三种期权形式:看涨期权契约、看跌期权契约及双向期权契约,供应商作为链上的核心企业，有动机协调供应链使利润最大化。零售商为中小企业，作为供应链的跟随者，只能选择一种期权契约的订购模式，其所需资金来源于银行贷款。银行为风险规避的参与者，基于 $CVaR$ 风险度量准则，全面权衡利润和贷款风险，决策最优利率。

决策过程为：零售商决策实物订购量、期权购买量和贷款总量，并确定可接受的利率空间；供应商基于整个供应链利润的最大化，调整期权的执行价格协调供应链；银行可以无限满足零售商的资金需求量，基于 $CVaR$ 风险度量准则决策贷款利率。

三、参数定义

表 4.1 参数定义

参 数	参 数 定 义
p	单位产品的零售价格
c	单位产品的生产成本
v	销售期后单位产品的残值
L	零售商向银行融资额度
β	银行的置信水平
x	顾客对产品的需求量
$f(x)$	随机变量 x 的概率密度函数
$F(x)$	随机变量 x 的概率分布函数
x_0	零售商的顾客需求盈亏平衡点
w	单位产品的批发价格
w_0	单位期权的批发价格
Π_{si}	供应商的期望利润

续　表

参　数	参　数　定　义
Π_{ri}	零售商的期望利润
Π_b	银行的期望利润
q	零售商订购的实物产品数量
q_0	零售商订购的期权产品数量
w_c	看涨期权契约下单位期权的执行价格
w_p	看跌期权契约下单位期权的执行价格
r	银行的贷款利率
π	银行的利润阈值

确保链上成员及银行的完全理性和利润为正, 相关参数需要满足 $w_c > v$, $w - v > w_0$, $w_p - w_0 > v$ 及 $q > q_0$, 此外还应满足: (1) $0 < w_p - w_0 < w$, 这是因为零售商执行看跌期权时, 只会补偿订购实物的部分成本, 否则将导致零售商非理性购买看跌期权; (2) $0 < w < w_0 + w_c$, 这是因为执行看涨期权的成本高于实物的订购成本时, 供应商才会提供看涨期权契约; (3) $0 < w(1+r) < (w_0 + w_c)(1+r) < p$, 这是因为商品的单位零售价格高于执行看涨期权契约的成本时, 零售商才会使用看涨期权契约。

第二节　看涨期权契约下各方利润决策模型

一、零售商的最优订购和融资决策

供应商采用看涨期权契约时，零售商的利润及是否执行期权受市场需求量的影响：

（1）当 $x \in [0,q]$ 时，商品市场需求不会超过零售商的实物订购量，零售商将放弃执行看涨期权，此时零售商的利润为：

$$\pi_{cr1}(q,q_0|w_c,r,\pi) = px + v(q-x) - wq - w_0q_0 - r[wq + (w_0 + w_c)q_0];$$

（2）当 $x \in (q, q+q_0]$ 时，实物和期权的订购总量满足市场需求，零售商将根据市场需求量实施部分期权，此时的利润为：

$$\pi_{cr2}(q,q_0|w_c,r,\pi) = px - w_c(x-q) - wq - w_0q_0 - r[wq + (w_0 + w_c)q_0];$$

（3）当 $x \in (q+q_0, +\infty)$ 时，实物和期权的订购总量不能满足市场需求，零售商将实施全部期权，此时的利润为：

$$\pi_{cr3}(q,q_0|w_c,r,\pi) = p(q+q_0) - wq - w_cq_0 - w_0q_0 - r[wq + (w_0 + w_c)q_0]$$

因此，零售商的期望利润为：

$$
\begin{aligned}
\Pi_{cr}(q,q_0|w_c,r,\pi) &= \int_0^q \pi_{cr1}(q,q_0)f(x)\mathrm{d}x + \int_q^{q+q_0} \pi_{cr2}(q,q_0)f(x)\mathrm{d}x + \int_{q+q_0}^{+\infty} \pi_{cr3}(q,q_0)f(x)\mathrm{d}x \\
&= p(q+q_0) - (1+r)[wq + (w_0 + w_c)q_0] - \int_0^q (p-v)F(x)\mathrm{d}x \qquad (4.1) \\
&\quad - \int_q^{q+q_0} (p-w_c)F(x)\mathrm{d}x
\end{aligned}
$$

定理 4.1　看涨期权契约时，零售商存在唯一的最优实物订购量 q_c^*

和 期 权 购 买 量 q_{c0}^* ， 使 得 自 身 利 润 最 大 化 ， 其 中

$$q_c^* = F^{-1}(\frac{(w_c + w_0 - w)(1+r)}{w_c - v}) , \quad q_{c0}^* = F^{-1}(\frac{p - (w_c + w_0)(1+r)}{p - w_c}) - q_c^* 。$$

证明：对式（4.1）分别关于实物订购量和期权购买量求一阶、

二阶导数，则有：

$$\frac{\partial \Pi_{cr}(q, q_0 | w_c, r, \pi)}{\partial q} = (v - w_c)F(q) - (p - w_c)F(q + q_0) + p - w(1+r) ;$$

$$\frac{\partial \Pi_{cr}(q, q_0 | w_c, r, \pi)}{\partial q_0} = -(p - w_c)F(q + q_0) + p - w_c(1+r) - w_0(1+r) ;$$

$$\frac{\partial \Pi_{cr}^2}{\partial q^2} = -(w_c - v)f(q) - (w_c - p)f(q + q_0) ;$$

$$\frac{\partial \Pi_{cr}^2}{\partial q_0^2} = -(p - w_c)f(q + q_0) ; \quad \frac{\partial \Pi_{cr}^2}{\partial q_0 \partial q} = -(p - w_c)f(q + q_0) ;$$

$$\frac{\partial \Pi_{cr}^2}{\partial q \partial q_0} = -(p - w_c)f(q + q_0) 。$$

可得海森矩阵为：

$$\begin{vmatrix} \dfrac{\partial \Pi_{cr}^2}{\partial q^2} & \dfrac{\partial \Pi_{cr}^2}{\partial q_0 \partial q} \\ \dfrac{\partial \Pi_{cr}^2}{\partial q \partial q_0} & \dfrac{\partial \Pi_{cr}^2}{\partial q_0^2} \end{vmatrix} = (w_c - v)f(q)(p - w_c)f(q + q_0) > 0 ,$$

$$\left| \frac{\partial \Pi_{cr}^2}{\partial q^2} \right| = -(w_c - v)f(q) - (p - w_c)f(q + q_0) < 0 。$$ 因此海森矩阵负定，

继而由

$$\begin{cases} \dfrac{\partial \Pi_{cr}(q,q_0\,|\,w_c,r,\pi)}{\partial q} = (v-w_c)F(q)-(p-w_c)F(q+q_0)+p-w(1+r)=0 \\[4mm] \dfrac{\partial \Pi_{cr}(q,q_0\,|\,w_c,r,\pi)}{\partial q_0} = -(p-w_c)F(q+q_0)+p-w_c(1+r)-w_0(1+r)=0 \end{cases}\text{。}$$

可得：

$$q_c^* = F^{-1}(\frac{(w_c+w_0-w)(1+r)}{w_c-v})\,; \quad q_{c0}^* = F^{-1}(\frac{p-(w_c+w_0)(1+r)}{p-w_c})-q_c^*\text{。}$$

证毕。

由定理 4.1 可知，零售商的看涨期权购买量、实物订购量与供应商提供的看涨期权的售价、执行价格、商品的批发价格及银行提供的利率有关。供应商可以通过调整这些决策变量调控零售商的订购量。

定理 4.2 银行利率满足 $r \in (0, \dfrac{w-v-w_0}{w_c+w_0-w})$ 时，零售商利用银行贷款购买看涨期权。

证明：为确保银行的利润，因此银行的贷款利率 $r \in (0,+\infty)$。由于商品需求分布的值分布在 $[0,1]$ 之间，根据定理 4.1 可得：

$$0 \leqslant \frac{p-(w_c+w_0)(1+r)}{p-w_c} \leqslant 1 \text{ 且 } 0 \leqslant \frac{(w_c+w_0-w)(1+r)}{w_c-v} \leqslant 1 \text{ 。}$$

由于 $r \in (0,+\infty)$，因此不等式 $0 \leqslant \dfrac{p-(w_c+w_0)(1+r)}{p-w_c} \leqslant 1$ 恒成立，即采用融资手段购买期权可以增加零售商的利润。对于不等式

$$0 \leqslant \frac{(w_c + w_0 - w)(1+r)}{w_c - v} \leqslant 1$$ ，由于 $w - v > w_0$ 且 $w_c + w_0 > w$ ，从而得

到银行的利率 $r \in (0, \frac{w - v - w_0}{w_c + w_0 - w})$ 。证毕。

由定理 4.2 可以发现：实物滞销成本 $w - v$ 与购买期权成本 w_0 越接近，即购买看涨期权与订购实物损失差异过小，将导致看涨期权契约的失灵。此时零售商可承担的银行利率阈值减小，只有较低的融资成本才能确保中小企业的零售商购买期权，即对于存在资金约束的零售商来说，购买看涨期权以规避需求风险并非总是有利可图的。当资金的贷款成本较高时，中小企业零售商仅选择通过实物方式订购商品。

二、基于 $CVaR$ 银行的利率决策

银行的利润与零售商的销售情况有关，令 x_0 为零售商贷款的盈亏平衡点，当 $x \geqslant x_0$ 时，零售商销售收入高于贷款本息，银行利润为 rL ；当 $x < x_0$ 时，银行可能面临收无法收回本金的风险。

为了刻画不同风险规避程度的银行的决策，依据 Rockfellar 和 Uryasev（2000，2002）研究结果，本章采用 $CVaR$ 如下定义来反映银行的风险规避决策行为，即：

$$CVaR = \max F(r, \pi) = \max \{ \pi - \frac{1}{1-\beta} E[\max(\pi - \pi_b, 0)] \}$$ ，其中

π 表示任意的银行利润阈值，π_b 为银行的期望利润，置信水平 β 表示银行的风险规避度。由银行的风险规避特性决定，β 值越大，银行对风险越规避。

情形 1：零售商盈亏平衡点小于实物购买量 $x_0 < q$。此时，零售商的贷款肯定有剩余（没有实施看涨期权），对应的盈亏平衡点为零售商销售收入与贷款本息和相等的需求量，即银行的贷款本息为 $(1+r)(wq_c^* + w_0 q_{c0}^* + w_c q_{c0}^*)$，当零售商盈亏平衡点小于实物购买量时，贷款的剩余量为 $w_c q_{c0}^*$，处理剩余商品，则可得零售商的盈亏平衡点为 $x_0 = \dfrac{-vq_c^* + rw_c q_{c0}^* + (1+r)(wq_c^* + w_0 q_{c0}^*)}{p-v}$。

此时，银行的利润为：$\pi_b = \begin{cases} (p-v)x + vq_c^* - wq_c^* - w_0 q_{c0}^*, & x < x_0 \\ (p-v)x_0 + vq_c^* - wq_c^* - w_0 q_{c0}^*, & x \geq x_0 \end{cases}$。

定理 4.3 看涨期权和零售商盈亏平衡点小于实物购买量时（$x_0 < q$），对于给定的置信水平 β 及任意给定的利率 $0 \leq r \leq 1$，银行的 $CVaR$ 最优的利润阈值 π^* 满足：

$\pi^* = \begin{cases} (p-v)F^{-1}(1-\beta) - (w-v)q_c^* - (w_0 - w_c)q_{c0}^*, & F(x_0) \geq 1-\beta \\ (p-v)x_0 - (w-v)q_c^* - (w_0 - w_c)q_{c0}^*, & F(x_0) < 1-\beta \end{cases}$。银行基于 $CVaR$ 的最优利率满足下列等式：

$$\left\{ w_c q_{c0}^* + (wq_c^* + w_0 q_{c0}^*) + ((1+r)w - v)\frac{dq_c^*}{dr}\bigg|_{r=r^*} + ((1+r)w_0 + rw_c)\frac{dq_{c0}^*}{dr}\bigg|_{r=r^*} \right\} \left(1 - \frac{F(x_0)}{1-b} \right)$$

$$= (w-v)\frac{dq_c^*}{dr}\bigg|_{r=r^*} + (w_0 - w_c)\frac{dq_{c0}^*}{dr}\bigg|_{r=r^*}$$

其中 $\dfrac{\mathrm{d}q_c^*}{\mathrm{d}r} = \dfrac{w_0 + w_c - w}{(w_c - v)f(q_c^*)}$、$\dfrac{\mathrm{d}q_{c0}^*}{\mathrm{d}r} = -\dfrac{w_0 + w_c}{(p - w_c)f(q_{c0}^* + q_c^*)} - \dfrac{\mathrm{d}q_c^*}{\mathrm{d}r}$。

定理证明见附录。由定理 4.3 可知，看涨期权的零售商盈亏平衡点和置信水平的关系影响银行的利润阈值。置信水平越高，利润阈值越大，银行更加规避贷款风险。零售商的实物订购量随着银行贷款利率的增加而增加，期权购买量随着利率的增加而减少，期权购买量和实物订购量的总和随着利率的增加而减少。银行的最优利率决策与零售商、供应商的决策和银行的风险规避程度有关。

情形 2：零售商盈亏平衡点大于实物购买量但小于实物订购和期权购买总量时，零售商的贷款有可能有剩余。同样盈亏平衡点也是销售收入与贷款本息和相等的商品需求量，即银行的贷款本息为 $(1+r)(wq_c^* + w_0 q_{c0}^* + w_c q_{c0}^*)$。当零售商盈亏平衡点小于实物和期权购买量之和，贷款的剩余量为 $w_c(x - q_c^*)$，商品没有剩余，则可得

零售商的盈亏平衡点为 $x_{01} = \dfrac{r w_c q_{c0}^* + (1+r)(wq_c^* + w_0 q_{c0}^*)}{p + w_c}$。

此时，银行的利润为：

$$\pi_b = \begin{cases} (p-v)x + vq_c^* - wq_c^* - w_0 q_{c0}^*, & x < q_c^* \\ (p - w_c)x + w_c q_c^* - wq_c^* - w_0 q_{c0}^*, & x_0 > x \geqslant q_c^* \\ (p - w_c)x_0 + w_c q_c^* - wq_c^* - w_0 q_{c0}^*, & x \geqslant x_0 \end{cases}$$

定理 4.4　看涨期权且 $x_0 > q$ 时，对于给定的置信水平 β 及任意给定的利率 $0 \leqslant r \leqslant 1$，银行的 $CVaR$ 最优的利润阈值 π^* 满足：

$$\pi^* = \begin{cases} (p-v)F^{-1}(1-\beta) + (v-w)q_c^* - w_0 q_{c0}^*, & F(q_c^*) \geq 1-\beta \\ (p-2w_c)F^{-1}(1-\beta) - (2w_c-w)q_c^* + (w_c-w_0)q_{c0}^*, & F(x_{01}) \geq 1-\beta > F(q_c^*) \\ (p-2w_c)x_{01} - (2w_c-w)q_c^* + (w_c-w_0)q_{c0}^*, & F(x_{01}) < 1-\beta \end{cases}$$

银行基于 $CVaR$ 的最优利率满足下列等式：

$$(p-w_c)\left(1 - \frac{F(x_{01})}{1-\beta}\right)\frac{dx_0}{dr} = (w-w_c)\frac{dq_c^*}{dr} + w_0\frac{dq_{c0}^*}{dr} + \frac{w_c-v}{1-\beta}\frac{dq_c^*}{dr} \text{。其中：}$$

$$\frac{dq_{c0}^*}{dr} = -\frac{w_0+w_c}{(p-w_c)f(q_{c0}^*+q_c^*)} - \frac{dq_c^*}{dr} \text{、} \frac{dq_c^*}{dr} = \frac{w_0+w_c-w}{(w_c-v)f(q_c^*)} \text{。}$$

定理证明见附录。由定理 4.4 可知，在此情况下，同样可以得到，看涨期权的零售商盈亏平衡点和置信水平的关系影响银行的利润阈值。置信水平越高，利润阈值越大，银行更加规避贷款风险。零售商的实物订购量随着银行贷款利率的增加而增加，期权购买量随着利率的增加而减少，期权购买和实物订购量的总和随着利率的增加而减少。银行的最优利率决策与零售商、供应商的决策和银行的风险规避程度有关。与定理 4.3 的情况相比，零售商的盈亏平衡点增加，银行的贷款风险增加、利润阈值降低，银行将更加谨慎。

三、供应商的期权执行价格决策

供应商通过调整期权执行价格，达到供应链协调。

定理 4.5 看涨期权契约下，期权的执行价格

$w_c \in (\max(v, w-w_0), \min(U_c, p))$ 时，供应商提供看涨期权能够提高供应链的绩效，其中：

$$U_c = \frac{(1+r)(pw - pw_0 + w_0 v) - pv}{(1+r)(w-v) + rp}。$$

证明：具有资金约束的零售商仅采用实物订购方式时，其最优

订购量为 $q^{k*} = F^{-1}(\frac{p-(1+r)w}{p-v})$。当市场售价 p 外生给定时，供应

链的绩效仅取决于零售商的最优订货量。若 $w_c < U_c$ 时，　存在

$q_{c0}^* + q_c^* > q^{k*}$，即看涨期权契约下的订购量大于具有资金约束的零

售商实物订购量。证毕。

定理 4.6　　看涨期权契约下，期权的执行价格

$w_c = \frac{p(c-v) - (1+r)w_0(p-v)}{(1+r)(p-v) - (p-c)}$ 时，看涨期权契约能够协调供应链至

无资金约束时的集中式供应链的绩效。

证明：根据报童模型，无资金约束下集中式供应链的最优订购

量为：$q^{c*} = F^{-1}(\frac{p-c}{p-v})$。当市场售价 p 外生给定时，供应链的绩效

仅取决于零售商的最优订货量，　$q_{c0}^* + q_c^* = q^{c*}$ 时供应链即可协调，

即 $\frac{p-(w_c + w_0)(1+r)}{p - w_c} = \frac{p-c}{p-v}$，化简可得

$w_c = \frac{p(c-v) - (1+r)w_0(p-v)}{(1+r)(p-v) - (p-c)}$。证毕。

由定理 4.6 可知：存在资金约束的零售商选择看涨期权和实物

组合的方式规避需求分险时，供应商可以调整看涨期权售价、执行价格和实物的批发价格，以便有效地协调供应链。

第三节　看跌期权契约下各方利润决策模型

一、零售商的最优订购和融资决策

供应商采用看跌期权契约时，商品需求量影响零售商的利润及执行期权情况，此时零售商的利润函数为：

$$\pi_{pr}(q,q_0|w_p,r,\pi) = \begin{cases} px+v(q-x)+w_pq_0-(1+r)(wq+w_0q_0), x<q-q_0 \\ px+w_p(q-x)-(1+r)(wq+w_0q_0), q-q_0 \leqslant x<q \\ pq-(1+r)(wq+w_0q_0), x \geqslant q \end{cases}$$

从而得到零售商的期望利润为：

$$\Pi_{pr}(q,q_0|w_p,r,\pi)=pq-(1+r)(wq+w_0q_0)-\int_0^{q-q_0}(p-v)F(x)\mathrm{d}x-\int_{q-q_0}^q(p-w_p)F(x)\mathrm{d}x \text{ 。}$$

定理4.7　看跌期权契约时，零售商存在唯一的最优实物订购量 q_p^* 和期权购买量 q_{p0}^* ，使得自身利润最大化，其中

$$q_p^* = F^{-1}(\frac{p-(w_0+w)(1+r)}{p-w_p}), \quad q_{p0}^* = q_p^* - F^{-1}(\frac{w_0(1+r)}{w_p-v}) \text{ 。}$$

由定理4.7容易看出，在看跌期权契约下，零售商的最优实物订购量与看跌期权的销售价格、实物的订购价格及银行利率均成反比例关系，与看跌期权的执行价格成正比例关系。这是因为：看跌期权的销售价格、实物订购价格和银行利率增大时，将导致零售商订购商品的成本增大，从而引起实物订购量的降低；相反，看跌期

权的执行价格越高,执行看跌期权后滞销品的损失越小,零售商实物订购量越大。

此外,零售商的看跌期权购买量随着期权的购买价格和融资利率的增大而减少。这是因为随着期权购买价格和利率的增加,零售商购买看跌期权的成本增加,看跌期权购买量随看跌期权执行价格的增大而增大。这是由于看跌期权执行价格增大时,执行看跌期权时零售商拥有的剩余商品的补偿越高,零售商抵御需求风险的能力越强。

定理 4.8 银行利率满足 $r \in (0, \frac{w_p - w_0 - v}{w_0})$ 时,零售商将通过融资的方式购买看跌期权。

证明:为确保银行的利润为正,因此银行的贷款利率 $r \in (0, +\infty)$。由于商品需求分布的值分布在[0,1]之间,根据定理4.8可得:$0 \leqslant \frac{p - (1+r)(w_0 + w)}{p - w_p} \leqslant 1$ 且 $0 \leqslant \frac{(1+r)w_0}{w_p - v} \leqslant 1$。

由于 $r \in (0, +\infty)$ 且 $w + w_0 > w_p$,因此 $p - (1+r)(w + w_0) < p - w_p$,从而不等式 $0 \leqslant \frac{p - (1+r)(w_0 + w)}{p - w_p} \leqslant 1$ 恒成立。对于不等式

$0 \leqslant \frac{(1+r)w_0}{w_p - v} \leqslant 1$,由于 $w_p - w_0 > v$,从而得到银行的利率

$r \in (0, \frac{w_p - w_0 - v}{w_0})$。 证毕。

由定理 4.8 可以发现，对于存在资金约束的零售商，合适的融资利率能够确保其订购商品并获益。此外，$w_p - w_0 - v$ 为执行看跌期权挽回的损失，w_0 为订购看跌期权的成本，当两者大小较为接近时，看跌期权规避风险的能力较小，零售商将缺乏动机购买看跌期权，此时零售商接受的融资利率区间变小。当银行提供的利率 $r < \dfrac{w_p - w_0 - v}{w_0}$ 时，零售商选择融资手段购买看跌期权有利可图。否则只会选择订购实物，即供应商提供的看跌期权只有在特定的银行利率范围内才会被零售商采用。

二、银行的最优决策和供应链协调

银行和供应商的期望利润受零售商决策影响。同时，银行基于 CVaR 风险度量准则，决策最优利润阈值和贷款利率。

定理 4.9 在看跌期权时，对于给定的置信水平 β 及任意给定的利率 $0 \leqslant r \leqslant 1$，银行的 $CVaR = \max F(r, \pi)$ 最优利润阈值 π^* 满足：

$$\pi^* = \begin{cases} (p-v)F^{-1}(1-\beta) + (v-w)q_p^* + (w_p-w_0-v)q_{p0}^*, & F(x_0) \geqslant 1-\beta \\ (p-v)x_0 + (v-w)q_p^* + (w_p-w_0-v)q_{p0}^*, & F(x_0) < 1-\beta \end{cases};$$

银行基于 CVaR 的最优利率满足下列等式：

$$\left\{ (wq_p^* + w_0 q_{p0}^*) + ((1+r^*)w - v)\frac{\mathrm{d}q_p^*}{\mathrm{d}r}\bigg|_{r=r^*} + ((1+r^*)w_0 - w_p + v)\frac{\mathrm{d}q_{p0}^*}{\mathrm{d}r}\bigg|_{r=r^*} \right\} [1 - \frac{F(x_0)}{1-\beta}]$$

$$= (w-v)\frac{\mathrm{d}q_p^*}{\mathrm{d}r}\bigg|_{r=r^*} + (w_0 + v - w_p)\frac{\mathrm{d}q_{p0}^*}{\mathrm{d}r}\bigg|_{r=r^*} \circ$$

其中 $x_0 = \dfrac{(1+r)(wq_p^* + w_0 q_{p0}^*) - w_p q_{p0}^* - v(q_p^* - q_{p0}^*)}{p - v}$ ；

$$\dfrac{\mathrm{d}q_p^*}{\mathrm{d}r} = -\dfrac{w_0 + w}{(p - w_p)f(q_p^*)} \text{、} \quad \dfrac{\mathrm{d}q_{p0}^*}{\mathrm{d}r} = \dfrac{\mathrm{d}q_p^*}{\mathrm{d}r} - \dfrac{w_0}{(w_p - v)f(q_p^* - q_{p0}^*)} \text{。}$$

证明见附录。由定理 4.9 可知，看跌期权的零售商盈亏平衡点和置信水平的关系影响银行的利润阈值。置信水平越高，利润阈值越大，银行更加规避贷款风险。零售商的实物订购量随着银行贷款利率的增加而减少，实物和期权购买量之差与银行贷款利率成正比。最优利率决策与各方决策及银行自身的风险规避程度有关。

定理 4.10 在看跌期权契约下，期权的执行价格 $w_p \in (\max(U_p, w_0 + v), \min(w + w_0, p))$ 时，供应商提供看跌期权能够提高供应链的绩效，其中 $U_p = v + \dfrac{(p - v)(1 + r)w_0}{p - (1 + r)w}$ 。

证明与定理 4.5 类似，省去。

定理 4.11 在看跌期权契约下，期权的执行价格 $w_p = \dfrac{(1 + r)(w_0 + w)(p - v) - p(c - v)}{p - c}$ 时，看跌期权契约能够协调供应链至无资金约束时的集中式供应链的绩效。

证明与定理 4.6 类似，省去。

第四节　双向期权契约下各方利润决策模型

一、零售商的最优订购和融资决策

供应商提供双向期权契约时，商品需求量影响零售商期权执行量及利润，零售商的利润函数为：

$$\pi_{br}(q,q_0|w_p,w_c,r,\pi)=\begin{cases}px+v(q-q_0-x)+w_pq_0-rw_cq_0-(1+r)(wq+w_0q_0),0\leqslant x<q-q_0\\px+w_p(q-x)-rw_cq_0-(1+r)(wq+w_0q_0),q-q_0\leqslant x<q\\px-w_c(x-q)-rw_cq_0-(1+r)(wq+w_0q_0),q\leqslant x<q+q_0\\p(q+q_0)-(1+r)[wq+(w_0+w_c)q_0],x\geqslant q+q_0\end{cases},$$

进而得到零售商的期望利润为：

$$\Pi_{br}(q,q_0|w_p,w_c,r,\pi)=p(q+q_0)-(1+r)[wq+(w_0+w_c)q_0]-\int_0^{q+q_0}pF(x)\mathrm{d}x$$
$$+\int_0^{q-q_0}vF(x)\mathrm{d}x+\int_{q-q_0}^q w_pF(x)\mathrm{d}x-\int_0^{q+q_0}w_cF(x)\mathrm{d}x_\circ$$

定理4.12　双向期权契约时，零售商存在唯一的最优实物订购量 q_b^* 和期权购买量 q_{b0}^*，满足：

$$q_{b0}^*=F^{-1}(\frac{p-(1+r)(w_c+w_0)+(w_p-v)F(q_b^*-q_{b0}^*)}{p-w_c})-q_b^*,$$

$$q_b^*=F^{-1}(\frac{(1+r)(w_c+w_0-w)}{w_c-w_p})_\circ$$

由定理4.12容易发现，双向期权契约下，零售商的实物订购量与双向期权的看涨方向期权执行价格、双向期权销售价格及银行利率成正比例关系。与看跌方向期权执行价格及实物销售价格成反比例关系；零售商的总订购量与银行利率及双向期权销售价格成反比例关系，与看跌期权执行价格成正比例关系。

定理 4.13　银行利率满足

$$r \in (0, \min(\frac{w - w_p - w_0}{w_c + w_0 - w}, \frac{p - w_c - w_0 + (w_p - v)F(q_b^* - q_{b0}^*)}{w_c + w_0}))$$ 时，零售商

利用融资购买双向期权。

证明：类似定理 4.2 的证明，可得不等式组：

$$\begin{cases} 0 \leqslant \dfrac{(1+r)(w_c + w_0 - w)}{w_c - w_p} \leqslant 1 \\ 0 \leqslant \dfrac{p - (1+r)(w_c + w_0) - (w_p - v)F(q_b^* - q_{b0}^*)}{p - w_c} \leqslant 1 \end{cases},$$

对 于 不 等 式 $0 \leqslant \dfrac{(1+r)(w_c + w_0 - w)}{w_c - w_p} \leqslant 1$ ， 可 以 解 得：

$$r \leqslant \frac{w - w_p - w_0}{w_c + w_0 - w}。$$

因 为 $F(q_b^* - q_{b0}^*) \geqslant 0$ 且 $w_p > v$ ， 可 知

$(1+r)(w_c + w_0) - (w_p - v)F(q_b^* - q_{b0}^*) \geqslant w_c$ 恒 成 立 ， 因 此 不 等 式

$\dfrac{p - (1+r)(w_c + w_0) - (w_p - v)F(q_b^* - q_{b0}^*)}{p - w_c} \leqslant 1$ 成 立 ； 为 确 保

$\dfrac{p - (1+r)(w_c + w_0) - (w_p - v)F(q_b^* - q_{b0}^*)}{p - w_c} \geqslant 0$ ，则有，

$$r \leqslant \frac{p - w_c - w_0 - (w_p - v)F(q_b^* - q_{b0}^*)}{w_c + w_0}。 \qquad 证毕。$$

二、银行的最优决策和供应链协调

银行和供应商的期望利润受零售商决策影响。同时，银行基于 $CVaR$ 风险度量准则，决策最优利润阈值和贷款利率。

定理 4.14 双向期权契约时，对于给定的置信水平 β 及任意给定的利率 $0 \leqslant r \leqslant 1$ ，银行的 $CVaR = \max F(r,\pi)$ 最优的利润阈值 π^* 满足：

$$\pi^* = \begin{cases} (p-v)F^{-1}(1-\beta)+(v-w)q_b^*+(w_c+w_p-w_0-v)q_{b0}^*, & F(x_0) \geqslant 1-\beta \\ (p-v)x_0+(v-w)q_b^*+(w_c+w_p-w_0-v)q_{b0}^*, & F(x_0) < 1-\beta \end{cases};$$

银行基于 $CVaR$ 的最优利率满足下列等式：

$$\left\{ wq_b^*+(w_0+w_c)q_{b0}^*+\left[(1+r^*)w-v\right]\frac{dq_b^*}{dr}\bigg|_{r=r^*}+\left[(1+r^*)w_0-w_p+r^*w_c+v\right]\frac{dq_{b0}^*}{dr}\bigg|_{r=r^*} \right\}\left[1-\frac{F(x_0)}{1-\beta}\right]$$
$$=(w-v)\frac{dq_b^*}{dr}\bigg|_{r=r^*}+(w_c+w_p-w_0-v)\frac{dq_{b0}^*}{dr}\bigg|_{r=r^*}$$

其中 $x_0 = \dfrac{\left[(1+r)w-v\right]q_b^*+\left[(1+r)w_0-w_p+rw_c+v\right]q_{b0}^*}{p-v}$ 、

$$\frac{dq_b^*}{dr} = \frac{w_0+w_c-w}{(w_c-w_p)f(q_b^*)} \text{、}$$

$$\frac{dq_{b0}^*}{dr} = \frac{(w_p-v)f(q_b^*-q_{b0}^*)-(p-w_c)f(q_b^*+q_{b0}^*)}{(w_p-v)f(q_b^*-q_{b0}^*)+(p-w_c)f(q_b^*+q_{b0}^*)}\frac{dq_b^*}{dr} \text{。}$$

证明：由前面假设可知，零售商的贷款总额为：

$L = wq+(w_0+w_c)q_0$ ，即融资量满足零售商订购实物、订购期权和实施期权全部需要。本章只考虑 $0 \leqslant x_0 < q_b^* - q_{b0}^*$ 情景，零售商盈亏平衡点为：

$$x_0 = \frac{[(1+r)w - v]q_b^* + [(1+r)w_0 - w_p + rw_c + v]q_{b0}^*}{p - v} \text{。}$$

证明类似定理 4.3，此处省略。

由定理 4.14 可知，双向期权下的零售商盈亏平衡点和置信水平的关系影响银行的利润阈值。置信水平越高，利润阈值越大，银行更加规避贷款风险。零售商的实物订购量随着银行贷款利率的增加而增加，期权购买量随着利率的增加而减少，银行的最优利率决策与零售商、供应商的决策有关。

定理 4.15　双向期权契约下，供应链成员及银行的相关决策参数满足等式

$$(p-v)[(1+r)(w_c + w_0) - (w_p - v)F(q_b^* - q_{b0}^*)] = p(w_c - v) - c(p - w_c) \text{ 时，}$$

双向期权契约能够协调供应链至无资金约束时的集中式供应链的绩效。

证明与定理 4.6 类似省去。

第五节　三种期权契约的比较分析

由上述分析可知，看涨期权、看跌期权和双向期权的实施过程中，由于供应商期权的权力及零售商对需求风险的规避方向及程度的不同，从而引起三种期权方式对存在资金约束的零售商的融资决

策也不同。本章将对三种期权契约下的银行利率、零售商的实物订货量、零售商的期权订货量、零售商的利润以及零售商的破产临界点进行比较分析。由于模型的复杂性以及需求函数的一般性，因此我们采用理论分析和数值模拟的形式进行分析。参考 Kouvelis 和 Zhao（2012）的相关参数取值，并考虑本章第 4.1.3 部分对相关参数的大小关系和取值区间的限定，我们假定需求服从 $U(\mu - \sqrt{3}\sigma, \mu + \sqrt{3}\sigma)$ 的均匀分布，且满足 $\mu \geqslant \sqrt{3}\sigma$（商品需求一定大于零）。其中，$\mu = 1000$ 为需求的均值，σ 为需求的标准差（波动），并且相关参数取为：$w = 10$，$w_0 = 1$，$w_c = 11$，$w_p = 6$，$p = 20$，$c = 5$，$v = 2$，当不设为变量时 $\sigma = 300$，$\beta = 0.4$，$r = 0.45$。

本章将从市场需求波动、银行风险规避变化和银行利率变化对各方决策的影响进行分析。

一、市场需求波动对各方决策的影响

市场需求波动较大时，零售商面对的需求风险较大。由于三种期权契约对风险规避的程度不同，各方决策必然不同。

结论 4.1　市场需求波动时：

（1）看跌期权契约时银行利润最低，看涨期权契约时银行利润最高。

（2）看跌期权契约时零售商的实物订货量最大，看涨期权契约时零售商的实物订货量最小。

（3）看跌期权契约时零售商的期权订货量最小，看涨期权契约时零售商的期权订货量最大。

（4）双向期权契约时零售商的破产临界点最低，看涨期权契约时零售商的破产临界点最高。

（5）双向期权契约时的零售商利润最高，看跌期权契约时的零售商利润最低。

（一）市场需求波动对银行利润的影响

对比在看涨期权契约、看跌期权契约、双向期权契约下银行利润达式，我们可以发现，$\Pi_{bp}^* < \Pi_{bb}^* < \Pi_{bc}^*$。这是由于在看跌期权契约下，零售商增加了实物订购量而使银行的贷款风险增加，使银行的贷款风险增加，而在看涨期权契约下零售商可以通过减少实物订购量和增加期权订货量来规避需求风险，进一步，双向期权契约下零售商由于受双向需求风险保护而使购买行为的稳健性低于看涨期权，因此看涨期权契约下银行的利润最高。

把相关参数代入 Π_{bc}^*、Π_{bp}^*、Π_{bb}^*，我们可以得到需求波动对银行最优融资利润的影响，如图 4.1 所示：

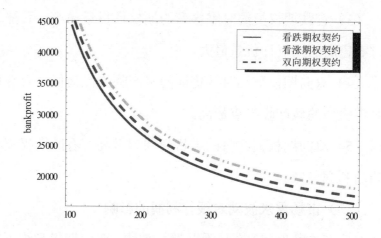

图 4.1   需求波动对三种契约下银行融资利润的影响

资料来源：作者绘制

图 4.1 验证了结论 4.1 的第一个结论。同时我们可以发现，在三种契约下，银行的利润都随需求波动的上升而下降，这是因为随着波动的上升，零售商的经营风险变大，银行贷款风险增加，从而导致银行融资利润降低。

（二）市场需求波动对实物订货量的影响

对比在看涨期权契约、看跌期权契约、双向期权契约下零售商的实物订货量表达式，我们可以发现：$q_c^* < q_b^* < q_p^*$。这是由于在看跌期权契约下，零售商可以通过向供应商退货以规避市场需求过低的风险；而在看涨期权契约下零售商可以通过增加订货量以满足更多的市场需求，为了规避需求过低的风险，只能降低实物的订购量；双向期权享有看涨期权与看跌期权的双重优势，因而实物订货量也处于看涨期权与看跌期权之间。

把相关参数代入 q_b^*、q_c^*、q_p^*，我们可以得到需求波动对零售商的实物订货量的影响，如图 4.2 所示：

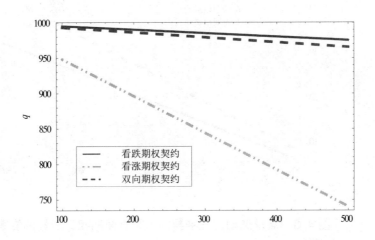

图 4.2 需求波动对三种契约下零售商实物订货量的影响

资料来源：作者绘制

图 4.2 验证了结论 4.1 的第二个结论。同时我们可以发现，在三种期权契约下，零售商的实物订货量都随需求波动的上升而下降。这是因为随着波动的上升，零售商的经营风险变大，零售商有动机通过减少实物订货量来规避风险。

（三）市场需求波动对期权订货量的影响

对比在看涨期权契约、看跌期权契约、双向期权契约下零售商的期权订货量表达式，我们可以发现：$q_{p0}^* < q_{b0}^* < q_{c0}^*$。为了获得更多利润，同时规避需求不足的风险，看涨期权时期权订货量最高，看跌期权的期权订货量最低，双向期权情况处于两者之间。

把相关参数代入 q_{b0}^*、q_{c0}^*、q_{p0}^*，我们可以得到需求波动对零售商的期权订货量的影响，如图 4.3 所示：

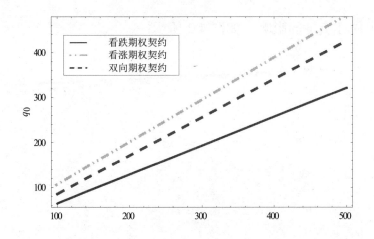

图 4.3　需求波动对三种契约下零售商期权订货量的影响

资料来源：作者绘制

图 4.3 验证了结论 4.1 的第三个结论。同时我们可以发现，在三种契约下，零售商的期权订货量都随需求波动的上升而上升。这是因为随着波动的上升，零售商的经营风险变大，零售商通过增加期权订货量来应对商品需求变动，证明了期权应对需求风险波动的作用。

（四）市场需求波动对零售商的破产临界点的影响

只考虑需求波动情况下，对比在看涨期权契约、看跌期权契约、双向期权契约下零售商的破产临界点表达式，我们可以发现：$x_{c0} > x_{p0} > x_{b0}$。这是由于破产风险是由市场需求过低带来的风险，看跌期权契约可以规避部分需求过低风险，而在看涨期权契约无法规避市场需求过低的风险，双向期权享有看涨期权与看跌期权的双重优势，零售商抵御风险的能力最强。

把相关参数代入 x_{c0}、x_{p0}、x_{b0}，我们可以得到需求波动对零售商的破产临界销售量的影响，如图 4.4 所示：

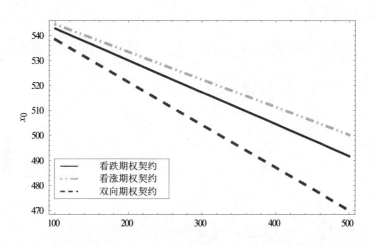

图 4.4　需求波动对三种契约下零售商破产临界销售量的影响

资料来源：作者绘制

图 4.4 验证了结论 4.1 的第四个结论。同时我们可以发现，在三种契约下，零售商的破产临界点都随需求波动的上升而下降。这是因为随着波动的上升，零售商的经营风险变大，零售商会降低期权和实物订购总量来规避贷款风险，使融资额下降，从而导致零售商的破产临界点下降。另一方面在只考虑需求波动时，看涨期权下的零售商破产风险最大，双向期权破产风险最小。

（五）市场需求波动对零售商利润的影响

对比在看涨期权契约、看跌期权契约、双向期权契约下银行利润达式，我们可以发现，$\Pi_{rp}^* < \Pi_{rc}^* < \Pi_{rb}^*$。在看跌期权契约下，零

售商无法获得需求增加的利润。而在看涨期权契约下零售商，零售商可以通过调整实物订货量和增加期权订货量来获得更多的利润。双向期权享有双重优势，因而能最大程度地规避市场风险，而使零售商利润最大。

把相关参数代入 Π_{rc}^*、Π_{rp}^*、Π_{rb}^*，我们可以得到需求波动对零售商利润的影响，如图 4.5 所示：

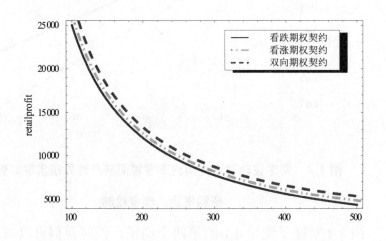

图 4.5 需求波动对三种契约下零售商利润的影响

资料来源：作者绘制

图 4.5 验证了结论 4.1 的第五个结论。同时我们可以发现，在三种契约下，零售商的利润都随需求波动的上升而下降。这是因为随着波动的上升，零售商的经营风险变大，从而使利润下降。

二、银行风险规避程度对各方决策的影响

银行风险规避程度越大，银行贷款决策越谨慎，在其他条件相

同时，银行风险规避程度影响各方最优决策。

结论 4.2　银行风险规避程度变化时，

（1）看涨期权契约时，银行的利润最高；看跌期权契约时，银行的利润最低。

（2）双向期权契约时，零售商的实物订货量最大；看涨期权契约时，零售商的实物订货量最小。

（3）看涨期权契约和双向期权契约时，零售商的期权订货量随着银行风险规避程度的增加而减少；看跌期权契约时，零售商的期权订货量几乎不变。

（4）双向期权契约时，零售商的破产风险最高；在银行风险规避程度较低时，看涨期权契约时，零售商最不容易破产；当银行风险规避程度较高时，看跌期权契约时，零售商最不容易破产。

（5）看涨期权契约时，银行的最优利率决策最高；在银行风险规避程度较低时，双向期权契约时，银行的最优利率决策最低；而银行风险规避程度较高时，看跌期权契约时银行的最优利率决策最低。

（一）银行风险规避程度对银行利润的影响

只考虑银行风险规避程度情况下，三种期权契约下的银行利润关系为 $\Pi_{bp} < \Pi_{bb} < \Pi_{bc}$，这是因为银行利率决策是在综合考虑了零售商行为的决策。同时，本章研究的是具有高利润的商品，破产压力相对较小，看涨期权稳健的订货策略使银行利润最高，且银行风险规避程度对没有需求不足保护的看涨期权影响最大。

把相关参数代入 Π_{bb}、Π_{bp}、Π_{bc}，我们可以得到银行风险规避程度对银行最优利率决策的影响，如图 4.6 所示：

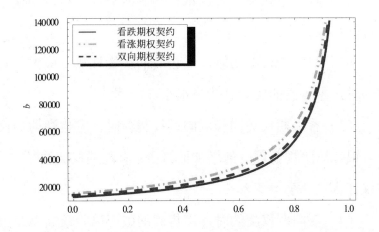

图 4.6　银行风险规避程度对银行利润的影响

资料来源：作者绘制

图 4.6 验证了结论 4.2 的第一个结论。同时我们可以发现，在三种契约下，银行的利润都随风险规避程度的增加而增加。这是因为随着风险规避程度的增加，银行规避贷款风险的能力增加，银行的融资利率会增加从而使银行的利润增加。

（二）银行风险规避程度对实物订货量的影响

对比在三种期权契约下零售商的实物订货量表达式，我们可以发现：$q_c^* < q_p^* < q_b^*$。这是因为银行利用提高风险利润的利率来规避需求不足风险，而看跌期权可以较好覆盖需求不足的风险，受银行风险规避程度的影响最小，看涨期权和双向期权下的零售商只能通过增加实物订货量来降低融资成本。

把相关参数代入 q_b^*、q_c^*、q_p^*，我们可以得到风险规避波动对零售商的实物订货量的影响，如图 4.7 所示：

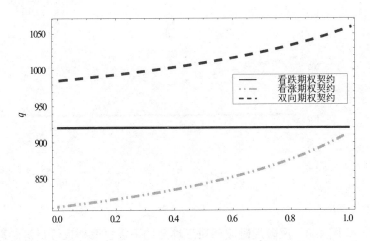

图 4.7 风险规避波动对三种契约下零售商实物订货量的影响

资料来源：作者绘制

图 4.7 验证了结论 4.2 的第二个结论。同时我们可以发现，在看涨和双向期权契约下，零售商的实物订货量都随银行风险规避程度的上升而上升。这是因为随着银行风险规避性的上升，零售商的融资环境变差，零售商在通过增加实物订货量以应对融资成本的上升。看跌期权几乎不受银行风险规避程度的影响。

在看涨和双向期权下，零售商只能通过减少期权购买量来缓解由于银行风险规避程度增加提高的融资成本，看跌期权由于可以有效规避需求不足的风险，受银行风险规避程度影响程度最低。

（三）银行风险规避程度对期权订货量的影响

把相关参数代入 q_{b0}^*、q_{c0}^*、q_{p0}^*，我们可以得到风险规避波动对零售商的期权订货量的影响，如图 4.8 所示：

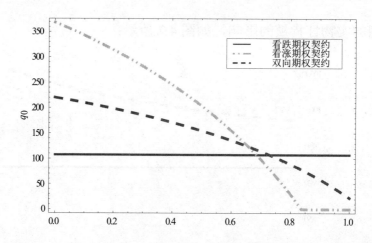

图 4.8　风险规避波动对三种契约下零售商期权订货量的影响

资料来源：作者绘制

图 4.8 验证了结论 4.2 的第三个结论。同时我们发现，在双向和看涨契约下，零售商的期权订货量随银行风险规避程度的上升而下降，从而降低总的融资额，缓解融资成本的增加。

（四）银行风险规避程度对零售商破产临界值的影响

将银行最优利率决策代入看涨期权契约、看跌期权契约、双向期权契约下破产临界值，我们可以发现，双向期权的破产风险最高。在银行风险规避程度很低时，看涨期权破产临界点最低，当银行风险规避程度很高时，看跌期权的破产临界点最低。

把相关参数代入 x_{b0}^*、x_{c0}^*、x_{p0}^*，我们可以得到风险规避波动对零售商的期权订货量的影响，如图 4.9 所示：

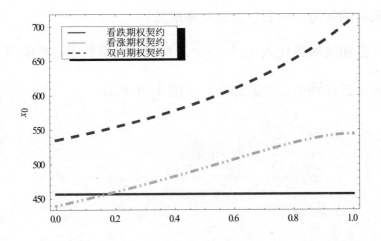

图 4.9　风险规避波动对三种契约下零售商破产销售临界值的影响

资料来源：作者绘制

图 4.9 验证了结论 4.2 的第四个结论。同时我们发现，由于银行的风险规避不同，银行的最优利率决策和零售商的订购策略都会改变。三种契约下的零售商的破产风险不同，由于双向期权下，零售商将扩大订购数量，因此破产临界值最高；在看涨期权下，较低贷款额度和较高的利率，受风险规避程度低的银行喜欢；当银行风险规避程度高时，银行就更倾向于有需求不足保护，且贷款额度相对低的看跌期权契约下的零售商作为借贷对象。

（五）银行风险规避程度对银行利率决策的影响

在综合考虑零售商的购买行为之后，只考虑银行风险规避程度情况下，看涨期权由于其贷款风险最高而使利率最高；当银行的风险规避程度不高时，双向期权的双重风险规避优势而使利率最低；当银行的风险规避程度较高时，看涨期权的稳健订货决策和需求不足风险的规避，使其获得的利率最低。

把相关参数代入 r_{b0}、r_{p0}、r_{c0}，我们可以得到银行风险规避程度对银行最优利率决策的影响，如图 4.10 所示：

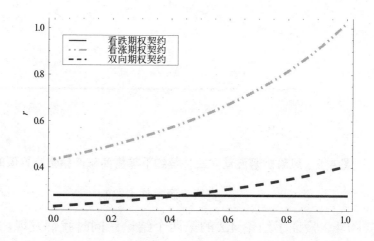

图 4.10　银行风险规避程度对三种契约下银行利率制定的影响

资料来源：作者绘制

图 4.10 验证了结论 4.2 的第五个结论。我们发现，在三种契约下，银行的最优利率决策都随风险规避程度的提高而上升。这是因为风险规避程度越大，银行越想通过提高利率来降低贷款风险。看涨期权契约下这种变化最大，有双重风险规避的双向期权次之，稳健的看跌期权由于其较好需求风险规避特性和相对较低的融资额而受银行风险规避程度影响最小。

三、银行利率决策对各方决策的影响

银行利率不同，则零售商的购买成本不同，零售商和银行的利润发生改变。

结论 4.3 只考虑银行利率决策时：

（1）随着利率的升高，首先双向期权契约最不容易破产，其次是看涨期权契约最不容易破产，到利率很高时看跌期权契约最不容易破产。

（2）看跌期权契约的实物订购量随着利率的增加而降低，看涨期权契约和双向期权契约的实物订购量随着利率的增加而增加。

（3）三种期权的期权购买量随着利率的增加而降低；随着利率的增加，看跌期权契约最先放弃利用期权购买商品，其次是看涨期权契约放弃期权购买。

（4）在银行利率较低时，双向期权契约时零售商的利润最高，随着利率的增加，双向期权契约时零售商利润最低。

（一）银行利率决策对零售商破产临界值的影响

把相关参数代入 x_{b0}^*、x_{c0}^*、x_{p0}^*，我们可以得到不同融资成本对零售商破产率的影响，如图 4.11 所示：

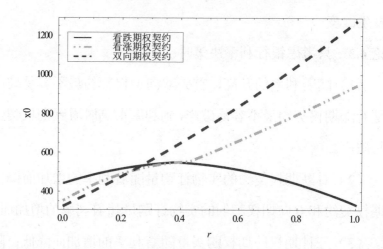

图 4.11 银行利率决策对三种契约破产销售临界值的影响

资料来源：作者绘制

图 4.11 验证了结论 4.3 的第一个结论。同时我们可以发现，三种契约下的零售商的破产风险不同，利率较低时，双向期权最不容易破产，而看跌期权最容易破产；利率较高时，看涨期权最不容易破产；而利率最高时，看跌期权最不容易破产，双向期权最容易破产。

（二）银行利率决策对零售商实物订货量的影响

把相关参数代入 q_b^*、q_c^*、q_p^*，我们可以得到风险规避波动对零售商的实物订货量的影响，如图 4.12 所示：

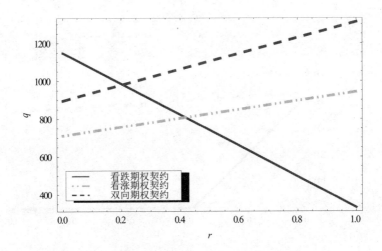

图 4.12　银行利率决策对三种契约下实物订货量的影响

资料来源：作者绘制

图 4.12 验证了结论 4.3 的（2）。同时我们发现，在双向和看涨契约下，零售商的实物订货量随银行利率的上升而上升，看跌期权随着利率的上升而实物订货量下降从而降低总的融资额，来缓解融资成本的增加。

（三）银行利率决策对零售商期权订货量的影响

把相关参数代入 q_{b0}^*、q_{c0}^*、q_{p0}^*，我们得到风险规避波动对零售商的期权订货量的影响，如图 4.13 所示：

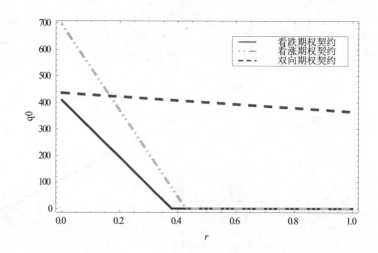

图 4.13　银行利率对三种契约下零售商期权订货量的影响

资料来源：作者绘制

图 4.13 验证了结论 4.3 的第三个结论。同时我们发现，在三种期权契约下，零售商的期权订货量都随银行利率的上升而下降，从而降低总的融资额，来缓解融资成本的增加。

（四）银行利率决策对零售商利润的影响

在看跌期权契约下，零售商无法获得需求增加的利润。而在看涨期权契约下零售商，零售商可以通过调整实物订货量和增加期权订货量来获得更多的利润，双向期权享有双重优势，但由于融资成本的上升，而使期权购买成本上升，导致零售商利润不同。

把相关参数代入 Π_{rc}^*、Π_{rp}^*、Π_{rb}^*，我们得到银行利率对零售商利润的影响，如图 4.14 所示：

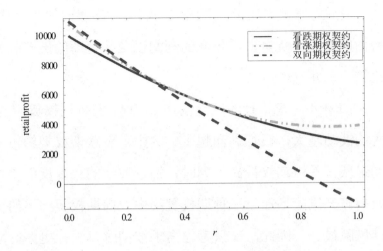

图 4.14 银行利率对三种契约下零售商利润的影响

资料来源: 作者绘制

图 4.14 验证了结论 4.3 的第四个结论。同时我们发现, 在三种契约下, 零售商的利润都随利率的上升而下降。这是因为随着利率的上升, 零售商成本加大, 从而使利润下降。

第六节 研究结论与启示

本章研究由一个由单供应商和单零售商组成的两级供应链系统, 零售商受资金约束, 但是可以获得银行无额度限制的贷款。

一、研究结论

建立了看涨、看跌和双向期权契约下银行及链上成员的利润模型, 得出银行的最优利率、三种契约下零售商的最优实物订购量和期权购买量以及供应商的批发价格区间。供应商能够实现供应链的协调。最后对三种期权契约下的银行利率、零售商的实物订货量、零售商的期权订货量、零售商的利润以及零售商的破产临界点进行比较分析并发现：

（1）在不考虑银行的风险偏好情况时，三种期权契约条件下，需求的波动越大，银行利润越少。其中，看跌期权契约下银行的利润最低，看涨期权最高。同时，需求波动的减少反而会导致零售商的破产风险增加，三种期权契约中双向期权契约下的零售商破产风险最小。因此，在只考虑需求波动时，银行更偏好双向期权契约下的零售商。

（2）在只考虑商品需求的波动情况下，随着商品需求的波动增加，零售商的实物订购量减少，期权购买量增加。其中，实物订购量看跌期权下最大，看涨期权下最小；相反，看涨期权下期权购买量最大，看跌期权下期权购买量最小。在一定条件下，三种期权都可以激励零售商的订购行为，并改善零售商的融资环境；零售商采用看涨期权契约时，增加了投资的风险，极易引起破产，而采用双向期权契约时，较好地规避了需求风险，出现破产情况最低。因此零售商可以根据自身能够承担风险的程度及所经营商品的实物需求情况，选择相应的期权契约。

（3）CVaR 风险度量可以帮助银行权衡风险和利润，并可通过设定不同的置信水平来影响银行的利率决策；零售商的期权契约是银行追求利润和规避风险时的重要考虑因素，不同的期权契约，银行给出了不同的利润阈值和利率决策，双向期权下银行的利润阈值最低，而看涨期权利润阈值最高。对于不同的风险规避银行，不同期权契约下的零售商的贷款风险不同，银行的风险规避程度影响借贷对象的选择。

（4）只考虑银行利率决策时，随着利率的升高，最不容易破产的契约从双向期权契约、看涨期权契约至看跌期权契约变化。看跌期权契约的实物订购量随着利率的增加而降低，看涨期权契约和双向期权契约的实物订购量随着利率的增加而增加。三种期权的期权购买量随着利率的增加而降低。随着利率的增加，看涨期权契约最优选择放弃利用期权购买商品，其次是看跌期权契约放弃期权购买。在银行利率较低时，双向期权契约时零售商的利润最高，随着利率的增加，双向期权契约时零售商利润最低。

（5）供应商提供的期权契约，三种期权契约改善中小企业融资环境的有效性受不同的商品需求波动和银行的风险规避性影响。在中小企业受资金约束时，综合考虑商品需求波动和银行的风险规避性后，可以选择对自己有利的期权契约+实物的订购模式。

二、管理启示

通过对供应商提供期权契约下的零售商融资决策的分析，得到如下管理启示：

（1）供应商提供的三种期权契约对零售商的融资决策影响不同，商品的需求波动性影响不同的期权契约各方决策。因此，为了降低中小企业的融资成本，供应商可以采取分担零售商需求风险或者风险规避银行偏好的契约，承担部分需求风险和融资风险，改善中小企业的融资环境。同时，还可以根据经营商品的需求波动性及银行的风险规避性，选择恰当的契约方式，提高供应链管理的有效性。

（2）零售商在选择期权契约时，不能只是出于对需求波动预测的角度，而应对需求的波动与银行的风险规避程度进行综合考虑，权衡需求波动和银行的风险规避程度，选择对自己有利的期权契约。

（3）银行贷款决策者的风险规避程度影响利率决策和借贷对象的选择，最终对银行的利润产生影响。银行在选聘贷款决策人需要考虑其风险偏好。

本章以供应商提供的期权契约为代表，研究了核心企业利用运营决策分担部分需求风险的供应链融资决策，具有部分分担需求风险的期权契约被广泛使用，并且根据需求的波动、银行的风险规避和银行的利率波动情况，零售商可以从看涨期权、看跌期权或者双向期权中选择最优的契约方式。实践中，供应商与零售商分担融资风险的契约有很多种，如数据折扣契约、回购契约等，不同契约对供应链各方的融资决策影响不同。

第五章　基于需求信息更新的看涨期权融资决策

第四章研究了供应商利用期权契约分担零售商需求风险的运营决策问题，发现在一定条件下可以降低零售商的融资成本。期权契约下的零售商首先决策期权和实物购买量，然后根据市场状况决策期权的实现量，第四章假设零售商和供应商对于需求信息的掌握程度没有变化。但是，相对于上游企业，零售商更加接近顾客，且随着销售季节的临近，可以收集到更多的需求信息，需求信息更新下的期权契约融资决策问题不容忽视，因此，本章针对有需求信息更新的看涨期权进行研究。

本章主要研究了需求信息更新下供应商采用看涨期权契约分担零售商的需求风险的融资决策问题，帮助资金约束的零售商解决融资成本高的难题。全章共分为六节，在第一节问题提出和描述的基础上，提出零售商和银行的决策模型（第二节），进而分析零售商和银行的决策（第三节和第四节），并通过数值仿真（第五节）分析融资成本和需求波动对各方决策的影响，得到管理启示（第六节）。

第一节　问题提出与描述

相对于上游企业，零售商更加接近顾客，并且随着销售季节的临近，可以收集到更多的需求信息。沃尔玛的调查结果显示：服装行业的零售商越接近销售季节，收集到的需求信息越准确(Heys，2004)。商品交易中常常利用信息更新来调整需求（Choi，2006），很多学者研究也指出：期权契约可以提高整个供应链和各成员的绩效，特别是具有信息更新的期权可以增加销售的灵活性和预测的准确性，有效规避需求不确定性，因此被广泛应用于经营短生命周期商品的零售商的订货策略中。

一、问题提出

期权契约一般有两个阶段：第一阶段零售商决策初始订购量，第二阶段零售商利用期权调整自身的订货量。由于第二个阶段更加接近销售期，零售商常会收集更多的市场需求信息，来更正最初的预测，防范由于信息不准确带来的超储或者缺货成本。Wang 和 Tsao（2006）指出，对于由单零售商和单供应商组成的供应链和由单零售商和多个供应商组成的供应链系统，有信息更新的期权都提高了参与者的利益。由于期权契约制定时，信息的对称性将导致参与期权契约双方决策不同，当供应链成员间存在信息不对称时，期权契约对提高整个供应链绩效作用更加显著。Li 等（2009）证明在信息不对称条件下，期权契约相对于传统契约有更多的优势。

信息更新可以减少零售商面对的需求风险。由于本章研究的是具有较长提前期和较短销售期的短生命周期商品，信息更新在减少零售商风险的同时，必然使供应商承担更多的需求风险，对此，学术界并没有形成统一的定论。事实上，商品的需求不确定性必然导致整个供应链的利益波动,供应链参与者如何快速响应需求是一个至关重要的问题。现有文献主要研究有信息更新的零售商决策或期权契约对零售商决策的影响,较少同时考虑信息更新和期权契约对资金约束零售商决策影响进行分析,这必然引起理论上的不完善。此外,现有文献关注于信息更新对各方决策的影响,并没有考虑信息更新与期权契约结合的订货模式。信息更新下的期权契约可以有效规避需求风险,而且有信息更新时,企业更偏向使用期权契约。以信息更新的期权契约为基础,讨论有资金约束的零售商的最优融资策略,丰富了对期权契约这一基础性契约的研究。与本研究问题最接近是 Wang 和 Tsao(2006)的研究,但本章研究与其最大的区别是考虑零售商的资金约束问题以及银行的决策行为。通过银行借贷解决融资问题是普遍采用的一种融资方式。银行权衡收益和零售商的违约风险进行利率决策,而零售商依据银行的利率进行订购决策(融资决策)。需求信息更新的期权契约会降低零售商所面临的需求风险,进而影响其违约风险和银行的决策。通过模型构建和分析,本章得出了零售商资金约束下,不同市场随机需求信息期权的实施决策的更一般解。

本章以有需求信息更新的期权契约为基础,建立资金约束零售商和银行的利润模型,得出零售商的最优购买策略和期权执行策略及银行的最优贷款利率决策,并分析了银行利率对各决策变量的影响,特别是融资成本对零售商决策的影响。

二、问题描述

单供应商和单零售商组成单一短生命周期商品的供应链系统，其中，供应商提供"看涨期权契约+实物购买"模式批发商品，零售商为受资金约束的中小企业，所需资金全部来源于银行贷款。为了保证零售商所需贷款全部用于购买商品，规避零售商将贷款挪为他用的风险，假设零售商在两个时点上需要注入资金。第一个时点，是期权契约购买时，零售商需要资金购买实物和期权；第二个时点，是期权契约执行时，销售季节到来之前，零售商需要资金执行期权。因此，假设在两个时点上，银行以相同的利率分两次提供贷款，即期权购买时和期权执行时。参与各方均基于利润最大化进行决策。决策过程为：期初零售商基于利润最大化决策实物购买量、看涨期权购买量，销售季节到来前，根据更新后的市场需求信息，零售商决策期权执行量；银行可以无限满足零售商的资金需求，但基于利润最大化决策贷款利率。

三、参数定义

表5.1 参数定义

参 数	参 数 定 义
p	单位商品的零售价格
v_b	销售期后单位商品的残值
w	单位商品的批发价格
w_0	单位期权的批发价格
w_e	看涨期权契约下单位商品的执行价格

参　数	参　数　定　义
t_0	零售商订购初期
t_1	零售商期权执行时
x	顾客对商品的需求量
i	随机市场需求信号，第二阶段用于更新需求信息
Π_{bj}	供应商的期望利润
Π_{rj}	零售商的期望利润
$h(i)$	市场需求信号 i 的概率密度函数
$H(i)$	市场需求信号 i 的概率分布函数
$f(x|i)$	随机变量 x 在市场需求信号 i 下的条件概率密度函数
$F(x|i)$	随机变量 x 在市场需求信号 i 下的条件概率分布函数
q	零售商订购的实物商品数量
q_0	零售商订购的期权商品数量
q_e	零售商执行的期权商品数量
r	贷款利率

为了保证参与各方的完全理性和利润为正，相关参数应满足：$p > (w_0 + w_e)(1+r) > w(1+r)$，即资金约束的零售商选择有融资成本的期权契约购买商品依然有利可图。$w_0 + w_e > w$，即期权的购买价格高于商品批发价格，保证零售商理性选择购买方式。$w_e > v_b$，即期权的执行价格高于商品的残值，保证零售商可以理性地执行期权。假设对于给定的市场需求信号，当 $i_1 > i_2$ 时，有 $F(x|i_1) < F(x|i_2)$。

第二节　零售商及银行决策模型

一、零售商利润模型

零售商的最优决策由两阶段构成：第一阶段决策初始的实物订购量和看涨期权购买量，第二阶段是在市场需求信息更新后决策看涨期权的实现数量。为了计算零售商的期望利润应采用逆序的分析方法，即先求解第二阶段的期权执行量问题，然后逆序至第一阶段。

零售商第二阶段期望利润包括两部分，第一部分为支付给银行的本息，第二部分是在销售季节到来之前，零售商收集到更多的需求信息，更新市场需求信息后，零售商基于第二阶段期望利润决策期权执行量。如果更新后的市场需求信号为 i_1，那么在整个销售季节里，商品最大需求量也会小于或等于零售商实物订购量；如果更新后的市场需求信号为 i_2，则销售季节里，商品最小需求量也会大于或等于零售商实物订购量和实施全部看涨期权量之和。销售季节结束后，如果销售利润大于银行本息，零售商还款。如果销售利润低于银行本息，零售商破产。其中 q_e 为第二阶段决策的期望实现量，其大小与第二阶段观测到的市场需求信号有关。

零售商第二阶段期望利润：

$$\Pi_{r1}(q,q_0,q_e \,|\, i) = -(w_e q_e + wq + w_0 q_0)(1+r) + E(p\min(q+q_e,x) + v_b(q+q_e-x)^+ \,|\, i)$$

$$(5.1)$$

零售商第一阶段期望利润为：

$$\Pi_{t0}(q,q_0) = E(\Pi_{t1}(q,q_0,q_e|i)) \qquad (5.2)$$

零售商基于第一阶段期望利润最大决策期权和实物的购买量。第一阶段期望利润是使第二阶段期望利润在市场需求信号的分布的期望利润。

二、银行利润模型

如果销售量超过贷款违约临界销售量，零售商肯定还款。否则，零售商违约，银行获得零售商所有销售收入，并承担部分贷款损失。因此，银行的利润也为基于第二阶段收集到的市场需求信息的函数，零售商的贷款违约临界销售量与第二阶段收集到的市场需求信号有关，令 x_{0k} 为零售商的贷款违约临界销售量，则银行的利润为：

$$\Pi_b(r) = \int_{x_{0k}}^{+\infty} (wq + w_0q_0 + w_eq_e)rf(x|i)dx - \int_0^{x_{0k}} [E(\Pi_{t1}(q,q_0,q_e|i)) - (wq + w_0q_0 + w_eq_e)]f(x|i)dx.$$

当零售商的销售收入足以偿还贷款本息时，零售商肯定还款，银行获得贷款本息；当零售商的销售收入不足以偿还贷款本息时，零售商破产，银行获得零售商的全部销售所得，承担部分贷款损失。银行基于其利润最大化决策利率。

第三节　零售商和银行决策

在这部分，分析在一般情况下的零售商及银行的最优决策，为下一节分析需求服从均匀分布的情况做好铺垫。

一、零售商最优决策

需求分布和市场需求信号分布已知，零售商基于第一阶段利润最大化决策实物和期权购买量，第二阶段更新市场需求信息后，决策期权执行量。

（一）零售商的期权执行决策

零售商依据更新后的市场需求信息决策期权执行量。

定理 5.1 存在市场需求信息更新时，零售商最优期权执行量 q_e^* 满足：

$$q_e^* = \begin{cases} q_0, & i \geqslant i_2 \\ q_{e1}^*, & i_2 > i > i_1 \\ 0, & i \leqslant i_1 \end{cases},$$

其中 $\qquad q_{e1}^* = F^{-1}(\frac{p - w_e(1+r)}{p - v_b}|i) - q$;

$$i_1 = \arg\max_i F(q|i) - \frac{p - w_e(1+r)}{p - v_b}$$;

$$i_2 = \arg\max_i F(q + q_0|i) - \frac{p - w_e(1+r)}{p - v_b} 。$$

证明：由(5.1)式可知，期权执行量为 q_e 时，零售商第二阶段的期望利润：

$$\Pi_{rt1}(q,q_0,q_e|i) = -(w_e q_e + wq + w_0 q_0)(1+r) + \int_0^{q+q_e} (px + v_b(q+q_e-x))f(x|i)dx$$
$$+ \int_{q+q_e}^{+\infty} p(q+q_e)f(x|i)dx$$

对上式关于期权执行量求一阶、二阶导数，则有：

$$\frac{\partial \Pi_{rt1}(q,q_0,q_e|i)}{\partial q_e} = (p - w_e(1+r)) - (p - v_b)F(q+q_e|i) ;$$

$$\frac{\partial \Pi_{rt1}^2(q,q_0,q_e|i)}{\partial q_e^2} = -(p-v_b)f(q+q_e|i) < 0 ;$$

令 q_{e1}^* 满足 $\dfrac{\partial \Pi_{rt1}(q,q_0,q_e|i)}{\partial q_e} = 0$，可得 $q_{e1}^* = F^{-1}(\dfrac{p - w_e(1+r)}{p - v_b}|i) - q$。

由于看涨期权的执行量小于等于看涨期权的购买量，即

$0 \leqslant q_{e1}^* \leqslant q_0$，由 $q_{e1}^* \leqslant q_0$ 可得 $F(q+q_0|i) \leqslant \dfrac{p - w_e(1+r)}{p - v_b}$；由 $0 \leqslant q_{e1}^*$ 可

得 $F(q|i) \leqslant \dfrac{p - w_e(1+r)}{p - v_b}$。

由于 $F(q|i)$ 是关于 i 的减函数，令

$i_1 = \arg\max_i F(q|i) - \dfrac{p - w_e(1+r)}{p - v_b}$，则 i_1 为市场需求临界信号满足商

品需求量最大值为实物订购量的最小值；令

$i_2 = \arg\max_i F(q+q_0|i) - \dfrac{p - w_e(1+r)}{p - v_b}$，则 i_2 为市场需求临界信号满

足商品最大值为实物和全部看涨期权量的最小值。

当 $i \leqslant i_1$ 时，$q_e^* \leqslant 0$，对应的最优期权量小于零，零售商放弃全部期权；当 $i \geqslant i_2$ 时，$q_e^* \geqslant q_0$，对应的最优期权量大于期初的购买量，基于利润最大化，零售商行使全部期权；当 $i_2 > i > i_1$ 时，$q_e^* = q_{e1}^*$，零售商行使 q_{e1}^* 的期权量，期权量的大小与收集的市场需求信号有关。 证毕。

期权执行由 i_1 和 i_2 表达式可知，市场需求信息更新后期权执行临界点与商品的批发价格和期权的购买价格无关。这是因为相对于期权执行决策，实物和期权的初始购买成本是沉没成本，因此不会影响零售商第二阶段决策。当单位商品的零售价格不变时，零售商期权决策的临界信号点随着 w_e 和 r 的增加而升高，随着 v_b 的增加而降低。因为随着期权执行价格或者融资利率的增加，零售商执行期权后成本增加，利润减少。另一方面随着商品残值减少，执行期权后商品的剩余损失增加，这都降低了零售商应对需求风险能力，为了获得更高的利润。当期权的执行价格升高、融资利率增加、商品残值减少时，零售商会提高放弃所有期权和实现所有期权的市场需求信息的阈值，变得更加谨慎以规避需求风险。

（二）零售商的期望利润

零售商期望利润受第二阶段商品需求信号更新后的期权执行决策影响。当随机信号 $i \leqslant i_1$ 时，零售商在第二阶段放弃执行全部期权，因此第二阶段不存在融资问题，只在第一阶段申请贷款用于购买实物和期权，处理未售出商品，支付购买实物和期权的贷款本息，获得销售收入和剩余商品残值；当随机信号 $i \geqslant i_2$ 时，零售商在第二阶段执行全部期权，在第一阶段申请贷款用于购买实物和期权，第二阶段申请贷款用于执行全部期权，支付给银行全部贷款本息，获得销售收入和剩余商品残值。当随机信号 $i_1 < i < i_2$ 时，零售商执行部分看涨期权，零售商承担初期期权的订购成本，实物订购成本和部分期权的执行成本，获得销售收入和剩余商品残值。因此，零售商第一阶段的利润也为分段函数。

（1）当 $i \leqslant i_1$ 时，商品的市场需求不大于零售商实物订购量，将放弃执行全部看涨期权，零售商的利润为：

$$\pi_{rt0}^1(q, q_0) = -(wq + w_0 q_0)(1 + r) + (p - v_b)q - \int_0^q (p - v_b)F(x|i)\mathrm{d}x \ ;$$

（2）当 $i_1 < i < i_2$ 时，零售商实物和期权购买量足以满足市场需求，将执行部分期权，零售商的利润为：

$$\pi_{rt0}^2(q, q_0) = -(wq + w_0 q_0 + w_e q_{e1}^*)(1 + r) + (p - v_b)(q + q_{e1}^*) - \int_0^{q + q_{e1}^*} (p - v_b)F(x|i)\mathrm{d}x \ ;$$

（3）当 $i \geqslant i_2$ 时，零售商实物和期权购买量小于等于市场需求，将执行全部期权，零售商的利润为：

$$\pi_{rt0}^3(q, q_0) = -(wq + w_0 q_0 + w_e q_0)(1 + r) + (p - v_b)(q + q_0) - \int_0^{q + q_0} (p - v_b)F(x|i)\mathrm{d}x \ 。$$

综上所述，零售商第一阶段的期望利润为：

$$\Pi_{rt0}(q, q_0) = \int_{-\infty}^{i_1} \pi_{rt0}^1(q, q_0)h(i)\mathrm{d}i + \int_{i_1}^{i_2} \pi_{rt0}^2(q, q_0)h(i)\mathrm{d}i + \int_{i_2}^{+\infty} \pi_{rt0}^3(q, q_0)h(i)\mathrm{d}i$$

$$（5.3）$$

定理 5.2 在有需求信息更新的期权契约下，零售商存在唯一的最优实物订购量 q^* 与最优期权购买量 q_0^* 使其利润最大化，其中 q^*, q_0^* 分别满足下面等式：

$$-w(1+r)+\int_{-\infty}^{i_1}(p-(p-v_b))F(q^*|i)h(i)\mathrm{d}i+\int_{i_1}^{i_2}w_e(1+r)h(i)\mathrm{d}i+\int_{i_2}^{+\infty}(p-(p-v_b)F(q^*+q_0^*|i))h(i)\mathrm{d}i=0,$$

$$-w_0(1+r)+\int_{i_2}^{+\infty}(p+w_e(1+r)-(p-v_b)F(q^*+q_0^*|i)h(i)\mathrm{d}i=0。$$

证明：对式 5.3 关于期权 q 和实物订购量 q_0 求一阶、二阶导数，则有

$$\frac{\partial\Pi_{rt0}(q,q_0)}{\partial q}=-w(1+r)+\int_{-\infty}^{i_1}(p-(p-v_b))F(q|i)h(i)\mathrm{d}i+\int_{i_1}^{i_2}w_e(1+r)h(i)\mathrm{d}i$$
$$+\int_{i_2}^{+\infty}(p-(p-v_b)F(q+q_0|i))h(i)\mathrm{d}i;$$

$$\frac{\partial\Pi_{rt0}(q,q_0)}{\partial q_0}=-w_0(1+r)+\int_{i_2}^{+\infty}(p+w_e(1+r)-(p-v_b)F(q+q_0|i))h(i)\mathrm{d}i;$$

$$\frac{\partial\Pi^2_{rt0}(q,q_0)}{\partial q^2}=-\int_{-\infty}^{i_1}(p-v_b))f(q|i)h(i)\mathrm{d}i-\int_{i_2}^{+\infty}(p-v_b)f(q+q_0|i))h(i)\mathrm{d}i;$$

$$\frac{\partial\Pi^2_{rt0}(q,q_0)}{\partial q_0^2}=-\int_{i_2}^{+\infty}(p-v_b)f(q+q_0|i))h(i)\mathrm{d}i;$$

$$\frac{\partial\Pi^2_{rt0}(q,q_0)}{\partial q_0\partial q}=-\int_{i_2}^{+\infty}(p-v_b)f(q+q_0|i))h(i)\mathrm{d}i。$$

$$\left| \begin{array}{cc} \dfrac{\partial \Pi^2_{rt0}(q,q_0)}{\partial q^2} & \dfrac{\partial \Pi_{rt0}(q,q_0)}{\partial q_0 \partial q} \\ \dfrac{\partial \Pi_{rt0}(q,q_0)}{\partial q \partial q_0} & \dfrac{\partial \Pi^2_{rt0}(q,q_0)}{\partial q_0^2} \end{array} \right| = \int_{-\infty}^{i_1} (p-v_b)) f(q|i) h(i) \mathrm{d}i \int_{i_2}^{+\infty} (p-v_b) f(q+q_0|i)) h(i) \mathrm{d}i > 0,$$

$$\frac{\partial \Pi^2_{rt0}(q,q_0)}{\partial q^2} = -\int_{-\infty}^{i_1} (p-v_b)) f(q|i) h(i) \mathrm{d}i - \int_{i_2}^{+\infty} (p-v_b) f(q+q_0|i)) h(i) \mathrm{d}i < 0 \text{。}$$

可知，海森矩阵负定又因为 $\dfrac{\partial \Pi^2_{rt0}(q,q_0)}{\partial q^2} < 0$，$\dfrac{\partial \Pi^2_{rt0}(q,q_0)}{\partial q_0^2} < 0$，

因此存在唯一的最优值使得式 5.3 最大。令 $\dfrac{\partial \Pi_{rt0}(q,q_0)}{\partial q_0} = 0$ 和

$\dfrac{\partial \Pi_{rt0}(q,q_0)}{\partial q} = 0$，可得定理 5.2。证毕。

由定理 5.2 可知，在需求信息更新的期权契约下，零售商的最优期权和实物订购量与银行的贷款利率、供应商的商品批发价格、期权的销售价格和执行价格有关。银行可以通过利率决策影响零售商的行为，进而调整贷款风险。

二、银行的最优决策

银行最优利率决策受零售商决策的影响，银行以期望利润最大化为目标进行利率决策。银行的利润为：

（1）当第二阶段观察到市场需求信号 $i \leqslant i_1$ 时，即使商品需求出现最好的状态，零售商实物订购量也足以满足商品需求，零售商将放弃执行所有期权，零售商的贷款总额仅为第一阶段用于购买实

物和期权的资金。零售商的贷款违约临界需求量对应全部收入与贷款本息相等的需求量为:

$$x_{01} = \frac{(1+r)(qw + q_0 w_0) - q v_b}{p - v_b}。$$

银行的期望利润为 :

$$\pi_b^1(r) = \int_{x_{01}}^{+\infty} (wq + w_0 q_0) r f(x|i) dx - \int_0^{x_{01}} (px + v_b(q-x) - (wq + w_0 q_0)) f(x|i) dx。$$

（2）当第二阶段观察到市场需求信号 $i_1 < i < i_2$ 时，实物和期权购买量大于市场需求，依据收集到的市场需求信号，零售商将执行部分期权。第二阶段零售商会获得执行期权的贷款额，零售商需要支付第一阶段用于购买实物和期权以及第二阶段用于执行期权的本息和，获得销售收入和剩余商品的残值，零售商的贷款违约临界需求量为全部收入与本息相等的需求量，零售商的贷款违约临界需求量:

$$x_{02} = \frac{(1+r)(qw + q_0 w_0 + w_e q_{e1}) - (q + q_{e1}) v_b}{p - v_b}，$$

银行的期望利润为:

$$\pi_b^2(r) = \int_0^{x_{02}} (px + v_b(q + q_{e1} - x) - (wq + w_0 q_0 + w_e q_{e1})) f(x|i) dx \\ + \int_{x_{02}}^{+\infty} (wq + w_0 q_0 + w_e q_{e1}) r f(x|i) dx。$$

（3）当第二阶段观察到的市场需求信号满足 $i \geqslant i_2$ 时，实物和期权购买量之和小于市场需求，零售商将执行全部期权。第二阶段零售商会获得执行全部期权的贷款额，零售商需要支付第一阶段用于购买实物和期权、第二阶段用于执行全部期权的本息和，获得销售收入和剩余商品的残值收入，零售商的贷款违约临界需求量为全部收入与本息相等的需求量。零售商的贷款违约临界需求量为

$$x_{03} = \frac{(1+r)(qw + q_0 w_0 + w_e q_0) - (q + q_0)v_b}{p - v_b} \quad ;$$

银行的利润为：

$$\pi_b^3(r) = \int_0^{x_{03}} (px + v_b(q + q_0 - x) - (wq + w_0 q_0 + w_e q_0))f(x|i)\mathrm{d}x$$
$$+ \int_{x_{03}}^{+\infty} (wq + w_0 q_0 + w_e q_0)rf(x|i)\mathrm{d}x \qquad 。$$

综上所述，银行的期望利润为：

$$\Pi_b(r) = \int_{-\infty}^{i_1} \pi_b^1(r)h(i)\mathrm{d}i + \int_{i_1}^{i_2} \pi_b^2(r)h(i)\mathrm{d}i + \int_{i_2}^{+\infty} \pi_b^3(r)h(i)\mathrm{d}i \quad 。$$

银行基于其利润最大化决策利率。

定理 5.3　需求信息更新情况下，零售商使用看涨期权时，银行的最优利率 r^* 满足：

$$\int_{-\infty}^{i_1} \left\{ \frac{(q^*w + q_0^*w_0)^2 f(x_{01}|i)}{p - vb} + \int_{x_{01}}^{\infty} (q^*w + q_0^*w_0)f(x|i)\mathrm{d}x \right\}h(i)\mathrm{d}i$$
$$+ \int_{i_1}^{i_2} \left\{ \int_{x_{02}}^{\infty} \left(q^*(w - w_e) + q_0^*w_0 + w_e q_{e1}^* - \frac{r^*w_e^2}{(p - vb)f(q_{e1}^*|i)} \right)f(x|i)\mathrm{d}x + \int_0^{x_{02}} \frac{w_e(-v_b + w_e)}{(p - v_b)f(q_{e1}^*|i)}f(x|i)\mathrm{d}x \right\}h(i)\mathrm{d}i$$
$$+ \int_{i_2}^{\infty} \int_{x_{03}}^{\infty} (q^*w + q_0^*(w_0 + w_e))f(x|i)h(i)\mathrm{d}x\mathrm{d}i = 0$$

由定理 5.3 可知，银行的最优利率与需求信号、需求信息的条件分布、供应商的决策变量有关。银行可以通过调整利率来实现与零售商的利润分配，实现自身利润最大化。

第四节　均匀分布条件下零售商和银行决策

一、均匀分布条件下零售商最优决策

为了更加具体地分析零售商和银行基于期权契约的决策,本节假设商品的需求量和市场需求信号都服从均匀分布。具体为,假设 t_0 时刻为最初订购时刻,商品的需求 D 服从 $[i-m, i+m]$ 均匀分布,市场需求信号 i 未知,但已知其服从均匀分布,且 $b \geq 0$、$m \geq 0$、$n \geq 0$；在 t_1 时刻,零售商更新市场需求信息,决策看涨期权的执行量。即商品需求分布满足：

$$h(i) = \frac{1}{2n}, \quad i \in [b-n, b+n] ;$$

$$H(i) = \frac{1}{2n}(i-b-n), \quad i \in [b-n, b+n] ;$$

$$f(x|i) = \frac{1}{2m}, \quad x \in [i-m, i+m] ;$$

$$F(x|i) = \frac{1}{2m}(x-i+m), \quad x \in [i-m, i+m] 。$$

(一)零售商期权执行决策

零售商第二阶段的利润与观察到的市场需求信号有关, $i \in [b-n, b+n]$,与上一节分析类似。同时,由于观察到的随机需求市场需求信号及考虑到均匀分布的需求信号边界,将零售商利润分为以下三种情景进行研究。

情景 1： $b+n \geq i \geq q+q_0+m$ 。将最差的市场需求信号

$i = q + q_0 + m$ 代入商品的需求分布，可得 $x \in [q + q_0, q + q_0 + 2m]$，即使需求市场出现最坏的状况，商品的需求量最小值也等于零售商购买的期权和实物总量，在此情景下，零售商行使全部的看涨期权也不能满足需求。显然，为了获得最大的利润，零售商最优决策为行使全部期权 $q_e = q_0$，商品无剩余，零售商的期望利润为：

$$U_{t1}^1(q, q_0, q_0|i) = p(q + q_0) - (w_e q_0 + w_0 q_0 + wq)(1 + r)。$$

情景 2：$q - m > i \geqslant b - n$。将最好的市场需求信号 $i = q - m$ 代入商品的需求分布，可得 $x \in [q - 2m, q]$，在此情景下，需求市场即使达到最优的状态，零售商购买的实物量也能满足商品的销售最大需求。显然，为了获得最大的利润，最优决策为放弃执行全部期权，即 $q_e = 0$，但商品有可能剩余，因此，零售商的期望利润为：

$$U_{t1}^2(q, q_0, 0|i) = pq - (w_0 q_0 + wq)(1 + r) - (p - v_b)\int_{i-m}^{i+m} \frac{1}{2m}(x - i + m)\mathrm{d}x。$$
$$= ip - iv_b + qv_b - (w_0 q_0 + wq)(1 + r)$$

情景 3：$q + q_0 + m > i > q - m$。在此情景下，需求市场达到最优状态时，零售商购买的商品和期权的总量能满足需求。需求市场处于最差的状态时，零售商购买的实物量能满足需求，实施部分看涨期权后，零售商还要面对商品剩余风险。这时，零售商会根据收集到的市场需求信号，来决策实现部分看涨期权，实现的看涨期权量与更新后的市场需求信号有关。零售商的期望利润为：

$$U_{t1}^3(q, q_0, q_e|i) = \int_{i-m}^{q+q_e} \frac{px + v_b(q + q_e - x)}{2m}\mathrm{d}x + \int_{q+q_e}^{i+m} \frac{p(q + q_e)}{2m}\mathrm{d}x - (w_e q_e + w_0 q_0 + wq)(1 + r)。$$

根据期权执行量的不同，此情景又可分为以下三种情况：

（1）当 $q+q_0+m>i\geq i_0+q_0$ 时，最优期权执行量为 $q_e=q_0$，零售商执行全部看涨期权，但是销售季节到来后，零售商依然面对商品剩余的风险，零售期望利润为：

$$U_{t1}^3(q,q_0,q_0|i)=\int_{i-m}^{q+q_e}\frac{px+v_b(q+q_0-x)}{2m}\mathrm{d}x+\int_{q+q_e}^{i+m}\frac{p(q+q_0)}{2m}\mathrm{d}x-(w_eq_0+w_0q_0+wq)(1+r)。$$

（2）当 $i_0+q_0>i\geq i_0$ 时，零售商执行部分看涨期权，零售商同样面对商品剩余风险，依据定理 5.1，将市场需求信号和商品需求分布代入可得，最优期权执行量为 $q_e=q_{e2}^*=i-i_0$，其中

$$i_0=q+\frac{-m(p+v_b-2w_e(1+r))}{p-v_b}，$$ 对应的零售商的利润为：

$$U_{t1}^3(q,q_0,q_e|i)=\int_{i-m}^{q+q_e}\frac{px+v_b(q+q_e-x)}{2m}\mathrm{d}x+\int_{q+q_e}^{i+m}\frac{p(q+q_e)}{2m}\mathrm{d}x-(w_eq_e+w_0q_0+wq)(1+r)。$$

（3）当 $i_0>i\geq q-m$ 时，最优期权执行量为 $q_e=0$，零售商同样面对商品剩余风险，零售商的利润为：

$$U_{t1}^3(q,q_0,0|i)=\int_{i-m}^{q}\frac{px+v_b(q-x)}{2m}\mathrm{d}x+\int_{q}^{i+m}\frac{pq}{2m}\mathrm{d}x-(w_0q_0+wq)(1+r)。$$

综上所述，在 t_0 时刻，零售商决策最优期权和实物购买量以获得最大利润。根据零售商第二阶段利润模型，可知，零售商期望利润为：

$$U_{t0}(q,q_0)=\int_{b-n}^{q-m}U_{t1}^2(q,q_0,0|i)h(i)\mathrm{d}i+\int_{q-m}^{i_0}U_{t1}^3(q,q_0,0|i)h(i)\mathrm{d}i+\int_{i_0}^{i_0+q_0}U_{t1}^3(q,q_0,q_{e2}^*|i)h(i)\mathrm{d}i$$
$$+\int_{i_0}^{q+q_0+m}U_{t1}^3(q,q_0,q_0|i)h(i)\mathrm{d}i+\int_{q+q_0+m}^{b+n}U_{t1}^1(q,q_0,q_0|i)h(i)\mathrm{d}i$$

定理 5.4 零售商第二阶段的期望利润和期权执行决策分别满足:

$$U_{t1}(q,q_0,q_e^* | i) = \begin{cases} U_{t1}^1(q,q_0,q_0 | i), & b+n \geq i \geq q+q_0+m \\ U_{t1}^3(q,q_0,q_0 | i), & q+q_0+m > i \geq i_0+q_0 \\ U_{t1}^3(q,q_0,q_{e2}^* | i), & i_0+q_0 > i \geq i_0 \\ U_{t1}^3(q,q_0,0 | i), & i_0 > i \geq q-m \\ U_{t1}^2(q,q_0,0 | i), & q-m > i \geq b-n \end{cases} ;$$

$$q_e^* = \begin{cases} q_0, & r+n \geq i \geq q+q_0+m \\ q_0, & q+q_0+m > i \geq i_0+q_0 \\ q_{e2}^*, & i_0+q_0 > i \geq i_0 \\ 0, & i_0 > i \geq q-m \\ 0, & q-m > i \geq r-n \end{cases} ,$$

其中, $q_{e2}^* = i-i_0$; $i_0 = q + \dfrac{-m(p+v_b-2w_e(1+r))}{p-v_b}$ 。

证明见附录。

由该定理可知,零售商的期望利润,除了和传统报童模型各变量有关外,还与市场需求信号的分布和商品需求分布有关。

(二)零售商最优实物和期权购买决策

零售商以期望利润最大化为目标决策实物和期权购买量,并分析购买实物和期权的利率范围。

定理 5.5 当商品需求和市场需求信号服从均匀分布时,零售商的最优决策为:

情景 1: 如果 $\dfrac{E-B}{A-C} \geq 0$, $\dfrac{BC-EA}{(A-C)A} \geq 0$ 时, $q^* = \dfrac{E-B}{A-C}$,

$$q_0^* = \frac{BC-EA}{(A-C)A} ;$$

情景 2：如果 $\dfrac{E-B}{A-C} \geq 0$ ，$\dfrac{BC-EA}{(A-C)A} \leq 0$ ，$\dfrac{E}{C} < 0$ 时，$q^* = -\dfrac{E}{C}$ ，

$q_0^* = 0$ ；

情景 3：如果 $\dfrac{E-B}{A-C} \geq 0$ ，$\dfrac{BC-EA}{(A-C)A} \leq 0$ ，$\dfrac{E}{C} > 0$ 时，$q^* = 0$ ，

$q_0^* = 0$ ；

情景 4：如果 $\dfrac{E-B}{A-C} \geq 0$ ，$\dfrac{BC-EA}{(A-C)A} \leq 0$ ，$\dfrac{E}{C} = 0$ 时，

$q^* = b - n - m$ ，$q_0^* = 0$ 。

其中，$A = (p - w_e(1+r))(p - v_b)$ ；$C = 2(p - v_b)^2$ ；

$$B = -2b(p - v_b)(p - (1+r)w_e) - 2m(p + v_b - 2(1+r)w_e)(v_b - (1+r)w_e)$$
$$+ 2n(p - v_b)(-p + (1+r)(2w_0 + w_e)) ;$$

$$E = (p - v_b)(b(p - v_b) + n(p + v_b - 2(1+r)w)) 。$$

证明见附录。

根据定理 5.5 可知，第一种情景下，零售商会采用期权和实物组合的购买方式，这种组合能使零售商规避一定的需求风险，达到总利润最大。第二种情况，零售商随着购买成本的增加，将放弃购买期权，并基于期望利润最大化的原则获得最优的实物订购量；由第三种情况可知零售商的利润随着实物订购量的增加而减少，银行的利率过高时，导致零售商融资后无利可图，零售商将放弃融资，不购买任何商品；第四种情况，零售商的利润不会随

着实物订购量的变化而变化，考虑到零售商是经济人的假设，当零售商多购买一件商品的利润不能提高时，零售商会购买最低量的实物商品。可知在后三种情景中，虽然看涨期权可以规避一定的需求增加风险，但是，由于相对于购买实物，零售商付出了更多的成本来购买看涨期权，如果满足未来需求增加带来的利润并不能弥补付出高成本带来的损失，零售商会选择放弃购买期权。因此，当商品的需求分布和市场需求信号分布已知条件下，零售商可以采用最优实物和期权混合订购决策，但期权契约并不总是为零售商所采用。

定理 5.6　当商品需求和市场需求信号服从均匀分布时，如果银行的利率满足 $r^* > r_1$，融资的零售商将放弃购买期权；如果银行的利率满足 $r^* > r_2$，零售商将放弃融资。其中 r_1、r_2 满足：$\frac{E-B}{A-C}\big|_{r=r_1} = 0$、

$\frac{E}{C}\big|_{r=r_2} = 0$。

　　证明：在均匀分布下，令 r_1 满足 $\frac{E-B}{A-C}\big|_{r=r_1} = 0$、$r_2$ 满足 $\frac{E}{C}\big|_{r=r_2} = 0$。

如果银行的最优利率满足 $r^* > r_1$，则零售商融资后最优期权购买量为负值，此时融资的零售商最优决策是放弃购买期权；如果银行的最优利率满足 $r^* > r_2$ 时，则零售商融资后最优实物订购为负值，零售商的最优决策为放弃融资。　　　　　　　　证毕。

　　由定理 5.6 可知，银行的利率影响零售商的最优订购决策，随

着融资成本的增加，零售商率先放弃期权购买，直至放弃融资决策。

二、均匀分布条件下银行最优决策

当商品需求和市场需求信号服从均匀分布时，观察到的随机市场需求信号不同，零售商的期权决策不同。

（一）零售商的贷款违约临界点

零售商的贷款违约临界点与零售商期权执行决策有关，分为以下三种情况：

（1）当 $q_e = 0$ 时，由于零售商在第二阶段放弃执行所有期权，零售商贷款额为第一阶段购买实物和期权的资金，零售商贷款违约临界需求点为销售收入等于贷款本息时对应的需求点：

$$x_{01} = \frac{(1+r)(qw + q_0 w_0) - q v_b}{p - v_b};$$

（2）当 $q_e = q_{e2}^*$ 时，零售商执行部分期权，期权执行量与第二阶段观察到的市场需求信号有关，零售商贷款额为第一阶段购买实物和期权的资金和第二阶段期权执行时所需的资金总和，贷款违约需求临界点为：

$$x_{02} = \frac{(1+r)(qw + q_0 w_0 + q_{e2}^* w_e) - (q + q_{e2}^*) v_b}{p - v_b};$$

（3）当 $q_e = q_0$ 时，零售商执行全部期权，零售商贷款额为第

一阶段购买实物和期权的资金和第二阶段执行全部期权所需的资金总和。对应贷款违约临界点的销售收入与贷款本息相同。此时，

$$x_{03} = \frac{(1+r)(qw + q_0 w_0 + q_0 w_e) - (q + q_0) v_b}{p - v_b}。$$

显然，$x_{01} \leqslant x_{02} \leqslant x_{03}$。当需求量达到贷款违约临界销售点时，零售商选择还款；否则，零售商销售所得全归银行所有，银行承担部分贷款损失。

（二）不同期权执行量下的银行利润

在每种的期权执行量下，银行的利润均分为以下三种情况，其中，当零售商放弃执行所有期权时，$x_{0k} = x_{01}$；当零售商实施 q_{e2}^* 的期权量时，$x_{0k} = x_{02}$；当零售商实施全部期权时，$x_{0k} = x_{03}$。

（1）$i \leqslant x_{0k} - m$。将最好的市场需求信号 $i = x_{0k} - m$ 代入商品的需求分布，可得 $x \in [x_{0k} - 2m, x_{0k}]$，此时，即使零售商面对最好的市场状态下，最大需求量也小于第二阶段期权决策后的贷款违约临界需求点，销售收入肯定不足以偿还贷款，零售商肯定违约，银行获得零售商全部销售利润，承担部分贷款损失。因此，银行的期望利润为：

$$U_b^1(r, x_{0k} | i) = \int_{i-m}^{i+m} \frac{px + v_b(q + q_{ek} - x) - (w_0 q_0 + wq + w_e q_{ek})}{2m} \mathrm{d}x。$$

（2）$x_{0k} + m > i > x_{0k} - m$，在此情景下，需求有可能超过贷款违约临界需求点，也有可能低于贷款违约临界需求点。当需求量超

过贷款违约临界需求点时，零售商偿还全部贷款，银行获得利息收入；当需求量低于贷款违约临界需求点时，零售商销售所得归银行所有，银行承担部分贷款损失。即银行的期望利润函数为：

$$U_b^2(r, x_{0k} | i) = \int_{i-m}^{x_{0k}} \frac{px + v_b(q + q_{ek} - x) - (w_0 q_0 + wq + w_e q_{ek})}{2m} dx + \int_{x_{0k}}^{i+m} \frac{(w_0 q_0 + wq + w_e q_{ek})r}{2m} dx \qquad (5.4)$$

（3）$i \geqslant x_{0k} + m$。将最差的市场需求信号 $i = x_{0k} + m$ 代入商品的需求分布，可得 $x \in [x_{0k}, x_{0k} + 2m]$，在此情景下，最低需求量也大于贷款违约临界需求点，零售商肯定还款，银行的期望利润为：

$U_b^3(r, x_{0k} | i) = (w_e q_{ek} + w_0 q_0 + wq)r$。

（三）均匀分布情况下的银行利润

银行的利润受零售商贷款违约临界需求点、市场需求信号和需求量影响，由于商品需求在市场需求信号条件分布下的变化幅度不同，导致零售商还款决策不同。因此，根据商品需求波动性的大小（均匀分布商品需求分布的方差为 $m^2/3$，这里用 m 来衡量需求的波动性），将银行的利润分以下三种情景进行分析：

情景 1：$m < \dfrac{pq - (1+r)(qw + q_0 w_0)}{2(p - w_e(1+r))}$。

同样，银行的利润随着市场需求信号和零售商的期权决策变化而变化，具体分为以下三种情况：

（1）当 $b - n \leqslant i < i_0$ 时，零售商的期权决策为放弃执行所有

期权，对应的贷款违约临界需求点为 x_{01}，综合考虑市场需求信号与各决策点的关系来衡量银行利润，即 $x_{01}+m$、$x_{01}-m$、i_0 的大小关系影响银行利润。

由前面的分析可知 $x_{01}+m<i_0$；$x_{01}-m<i_0$。当 $b-n\leqslant i<x_{01}-m$ 时，零售商放弃执行所有期权，销售收入肯定小于银行贷款，银行利润为 $U_b^1(r,x_{01}|i)$；当 $x_{01}-m\leqslant i<x_{01}+m$ 时，零售商依据观察到市场需求信号决策期权执行量，销售收入有可能超过银行贷款，也有可能不足银行贷款，银行利润为 $U_b^2(r,x_{01}|i)$；当 $x_{01}+m\leqslant i<i_0$ 时，零售商销售收入肯定超过银行贷款，银行利润为 $U_b^3(r,x_{01}|i)$。

（2）当 $i_0\leqslant i<i_0+q_0$ 时，零售商依据观察到的市场需求信号决策期权执行量，对应的贷款违约平衡点为 x_{02}，市场需求信号 $x_{02}+m$、$x_{02}-m$ 与 i_0 和 i_0+q_0 的大小关系影响银行利润。令

$$\beta=\frac{w_e(1+r)-v_b}{p-v_b}$$，因 $w_e(1+r)<p$，故 $\beta<1$。由贷款违约平衡点的

公式可知，x_{02} 随着市场需求信号连续变化，且有 $x_{02}=x_{01}+\beta(i-i_0)$。由前一种情况分析得到 $x_{01}+m<i_0$，对于任意市场需求信号，有

$x_{02}+m=x_{01}+\beta(i-i_0)+m<i_0(1-\beta)+\beta i<i$。所以，当 $i\geqslant x_{01}+m$，零售商销售收入都会超过银行贷款总额；当 $i_0\leqslant i<i_0+q_0$ 时，零

售商肯定还款，银行的利润为$U_b^3(r, x_{02}|i)$。

（3）当$i_0 + q_0 \leqslant i < b+n$时，零售商的期权决策为执行所有期权，对应的贷款违约临界需求点为x_{03}，市场需求信号$x_{03}+m$、$x_{03}-m$、$i_0 + q_0$的大小影响银行利润。由定理 5.6 证明可知$x_{03}-m-(i_0+q_0)<0$；$x_{03}+m<i_0+q_0$，即，对于最优的市场需求信号，需求量也超过零售商的贷款违约平衡点，零售商执行所有期权后，销售收入肯定大于银行贷款，银行利润为$U_b^3(r, x_{03}|i)$。

综上所述，可得出在情景 1 下，零售商的期权执行量、需求市场需求信号与还款决策的关系，如图 5.1.

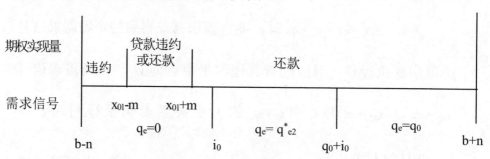

图 5.1　情景 1 下零售商的期权执行和还款决策

资料来源：作者绘制

当市场需求信号为$i_0 \leqslant i < i_0 + q_0$时，零售商选择放弃执行所有期权；当$x_{01}-m>i \geqslant b-n$时，商品的最大需求量也小于零售商的贷款违约临界需求点，零售商贷款肯定违约；当$x_{01}+m>i \geqslant x_{01}-m$时，商品的需求量可能大于零售商的贷款违约临界需求点，也可能小于零售商的贷款违约临界需求点。当需求量小于零售商的贷款违约临界需求点时，零售商贷款违约，销售收入归银行所有，但不足弥补贷款总额。当需求量大于零售商的贷款违约临界需求点时，零售商还款，银行获得利息收入；当 $i_0 > i \geqslant x_{01} + m$ 时，商品的最低需求量也大于零售商的贷款违约临界需求点，零售商肯定还款，银行获得贷款利息收入。

当市场需求信号为 $i_0 + q_0 > i \geqslant i_0$ 时，零售商将根据市场需求信号决策最优的期权执行量，但由于在此市场需求信号下，最优的需求量也大于零售商的贷款违约临界需求点，银行肯定获得贷款本息。同样，当市场需求信号为 $b + n \geqslant i \geqslant i_0 + q_0$ 时，零售商将执行全部期权，最低的需求量也大于零售商的贷款违约临界需求点，银行肯定全部获得贷款利息收入。因此，银行的利润函数为：

$$U_{b1}(r \,|\, i) = \begin{cases} U_b^1(r, x_{01} \,|\, i), & x_{01} - m > i \geqslant b - n \\ U_b^2(r, x_{01} \,|\, i), & x_{01} + m > i \geqslant x_{01} - m \\ U_b^3(r, x_{01} \,|\, i), & i_0 > i \geqslant x_{01} + m \\ U_b^3(r, x_{02} \,|\, i), & i_0 + q_0 > i \geqslant i_0 \\ U_b^3(r, x_{03} \,|\, i), & b + n \geqslant i \geqslant i_0 + q_0 \end{cases} ;$$

其中：

$$U_b^1(r, x_{01} \,|\, i) = \int_{i-m}^{i+m} \frac{px + v_b(q - x) - (w_0 q_0 + wq)}{2m} \mathrm{d}x$$

$$U_b^2(r, x_{01} \,|\, i) = \int_{i-m}^{x_{01}} \frac{px + v_b(q - x) - (w_0 q_0 + wq)}{2m} \mathrm{d}x + \int_{x_{01}}^{i+m} \frac{r(w_0 q_0 + wq)}{2m} \mathrm{d}x ;$$

$$U_b^3(r, x_{01} \,|\, i) = (w_0 q_0 + wq)r ;$$

$$U_b^3(r, x_{02} \,|\, i) = (w_0 q_0 + w_e q_{e2}^* + wq)r ;$$

$$U_b^3(r, x_{03} \,|\, i) = ((w_0 + w_e)q_0 + wq)r ;$$

对于所有的市场需求信号，银行的期望利润为：

$$U_{b1}(r)=\int_{b-n}^{x_{01}-m}U_b^1(r,x_{01}|i)h(i)di+\int_{x_{01}-m}^{x_{01}+m}U_b^2(r,x_{01}|i)h(i)di+\int_{x_{01}+m}^{i_0}U_b^2(r,x_{01}|i)h(i)di$$
$$+\int_{i_0}^{i_0+q_0}U_b^2(r,x_{02}|i)h(i)di+\int_{i_0+q_0}^{b+n}U_b^2(r,x_{03}|i)h(i)di \qquad (5.5)$$

$$st. \quad r>\frac{(q-2m)p}{(qw+q_0w_0-2mw_e)}-1$$

情景 2：

$$\frac{pq-(1+r)(qw+q_0w_0)+q_0(p-w_e(1+r))}{2(p-w_e(1+r))}>m>\frac{pq-(1+r)(qw+q_0w_0)}{2(p-w_e(1+r))}$$

用与情景 1 相同的方法，可得在情景 2 下，零售商的期权执行量与
还款决策与需求市场需求信号的关系，如图 5.2。

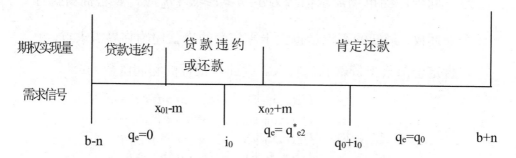

图 5.2 情景 2 下售商的期权执行和还款决策

资料来源：作者绘制

当市场需求信号为 $b-n\leq i<i_0$ 时，零售商选择放弃执行所有
期权，其中当 $x_{01}-m>i\geq b-n$ 时，商品的最大需求量也小于零售
商的贷款违约临界需求点，零售商贷款肯定违约；当 $x_{01}+m>i\geq i_0$
时，商品的需求量可能大于零售商的贷款违约临界需求点，也可能

小于零售商的贷款违约临界需求点；当需求量小于零售商的贷款违约临界需求点时，零售商贷款违约，销售收入归银行所有，但不足弥补贷款总额；当需求量大于零售商的贷款违约临界需求点时，零售商还款，银行获得利息收入。

当市场需求信号为 $i_0 + q_0 > i \geq i_0$ 时，零售商将根据市场需求信号决策最优的期权执行量，其中当市场需求信号为 $i_{01} > i \geq i_0$ 时，商品的需求量可能大于零售商的贷款违约临界需求点，也可能小于零售商的贷款违约临界需求点；当需求量小于零售商的贷款违约临界需求点时，零售商贷款违约，销售收入归银行所有，但不足弥补贷款总额；当需求量大于零售商的贷款违约临界需求点时，零售商还款，银行获得利息收入；当 $i_0 + q_0 > i \geq i_{01}$ 时，最悲观的需求量也大于零售商的贷款违约临界需求点，银行肯定全部获得贷款利息收入。

同样，当市场需求信号为 $b + n \geq i \geq i_0 + q_0$ 时，零售商将实施全部期权，在此市场需求信号下，最优的需求量也大于零售商的贷款违约临界需求点，银行肯定全部获得贷款利息收入。因此，银行的利润函数和期望利润为：

$$U_{b2}(r|i) = \begin{cases} U_b^1(r, x_{01}|i), & x_{01} - m > i \geq b - n \\ U_b^2(r, x_{01}|i), & i_0 > i \geq x_{01} - m \\ U_b^2(r, x_{02}|i), & i_{01} > i \geq i_0 \\ U_b^3(r, x_{02}|i), & i_0 + q_0 > i \geq i_{01} \\ U_b^3(r, x_{03}|i), & b + n \geq i \geq i_0 + q_0 \end{cases} \quad ; \text{其中：}$$

$$U_b^1(r,x_{01}|i)=\int_{i-m}^{i+m}\frac{px+v_b(q-x)-(w_0q_0+wq)}{2m}\mathrm{d}x$$

$$U_b^2(r,x_{01}|i)=\int_{i-m}^{x_{01}}\frac{px+v_b(q-x)-(w_0q_0+wq)}{2m}\mathrm{d}x+\int_{x_{01}}^{i+m}\frac{r(w_0q_0+wq)}{2m}\mathrm{d}x$$

$$U_b^2(r,x_{02}|i)=\int_{i-m}^{x_{02}}\frac{px+v_b(q+q_{e2}^*-x)-(w_0q_0+wq+w_eq_{e2}^*)}{2m}\mathrm{d}x+\int_{x_{02}}^{i+m}\frac{r(w_0q_0+wq+w_eq_{e2}^*)}{2m}\mathrm{d}x$$

$$U_b^3(r,x_{02}|i)=(w_0q_0+wq+w_eq_{e2}^*)r$$

$$U_b^3(r,x_{03}|i)=(w_0q_0+wq+w_eq_0)r$$

综合考虑所有市场需求信号，可得银行的期望利润：

$$U_{b2}(r)=\int_{b-n}^{x_{01}-m}U_b^1(r,x_{01}|i)h(i)\mathrm{d}i+\int_{x_{01}-m}^{i_0}U_b^2(r,x_{01}|i)h(i)\mathrm{d}i+\int_{i_0}^{x_{02}+m}U_b^2(r,x_{01}|i)h(i)\mathrm{d}i$$

$$+\int_{x_{02}+m}^{i_0+q_0}U_b^3(r,x_{02}|i)h(i)\mathrm{d}i+\int_{i_0+q_0}^{b+n}U_b^3(r,x_{03}|i)h(i)\mathrm{d}i$$

$$s.t.\quad\frac{(q-2m)p}{(qw+q_0w_0-2mw_e)}-1>r>\frac{(2m-q_0-q)}{(2mw_e-wq-(w_0+w_e)q_0)}p-1\qquad（5.5）$$

情况3：$m>\dfrac{q\big(p-w(1+r)\big)+q_0\big(p-(w_0+w_e)(1+r)\big)}{2\big(p-w_e(1+r)\big)}$

可得出在情景3情况下，零售商的期权执行量与还款决策与需求市场需求信号的关系，如图5.3。

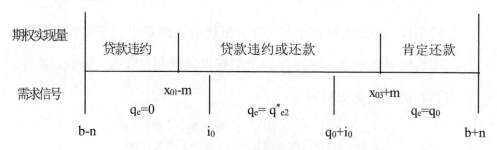

图5.3　情景3下零售商的期权执行和还款决策

资料来源：作者绘制

当市场需求信号为$b-n\leqslant i<i_0$时，零售商选择放弃执行所有

期权，其中当 $x_{01} - m > i \geq b - n$ 时，商品的最大需求量也小于零售商的贷款违约临界需求点，零售商贷款肯定违约；当 $x_{01} + m > i \geq i_0$ 时，商品的需求量可能大于零售商的贷款违约临界需求点，也可能小于零售商的贷款违约临界需求点；当需求量小于零售商的贷款违约临界需求点时，零售商贷款违约，销售收入归银行所有，但不足弥补贷款总额；当需求量大于零售商的贷款违约临界需求点时，零售商还款，银行获得利息收入。

当市场需求信号为 $i_0 + q_0 > i \geq i_0$ 时，零售商将根据市场需求信号决策最优的期权执行量，商品的需求量可能大于零售商的贷款违约临界需求点，也可能小于零售商的贷款违约临界需求点；当需求量小于零售商的贷款违约临界需求点时，零售商贷款违约，销售收入归银行所有，但不足弥补贷款总额；当销售量大于零售商的贷款违约临界需求点时，零售商还款，银行获得利息收入

同样，当市场需求信号为 $b + n \geq i \geq i_0 + q_0$ 时，零售商将实施全部期权，其中当市场需求信号为 $x_{03} + m > i \geq i_0 + q_0$ 时，商品的需求量可能大于零售商的贷款违约临界需求点，也可能小于零售商的贷款违约临界需求点。当需求量小于零售商的贷款违约临界需求点时，零售商贷款违约，销售收入归银行所有，但不足弥补贷款总额；当需求量大于零售商的贷款违约临界需求点时，零售商还款，银行获得利息收入；当 $b + n > i \geq x_{03} + m$ 时，最悲观的需求量也大于零

售商的贷款违约临界需求点，银行肯定全部获得贷款利息收入。

此时银行的期望利润函数为：

$$U_{b3}(r) = \int_{b-n}^{x_{01}-m} U_b^1(r, x_{01}|i)h(i)\mathrm{d}i + \int_{x_{01}-m}^{i_0} U_b^2(r, x_{01}|i)h(i)\mathrm{d}i + \int_{i_0}^{i_0+q_0} U_b^2(r, x_{02}|i)h(i)\mathrm{d}i$$

$$+ \int_{i_0+q_0}^{x_{03}+m} U_b^2(r, x_{03}|i)h(i)\mathrm{d}i + \int_{x_{03}+m}^{b+n} U_b^3(r, x_{03}|i)h(i)\mathrm{d}i$$

$$s.t. \quad r < \frac{(2m-q_0-q)}{(2mw_e - wq - (w_0+w_e)q_0)}p - 1$$

（5.6）其中：

$$U_b^1(r, x_{01}|i) = \int_{i-m}^{i+m} \frac{px + v_b(q-x) - (w_0q_0 + wq)}{2m}\mathrm{d}x$$

$$U_b^2(r, x_{01}|i) = \int_{i-m}^{x_{01}} \frac{px + v_b(q-x) - (w_0q_0 + wq)}{2m}\mathrm{d}x + \int_{x_{01}}^{i+m} \frac{r(w_0q_0 + wq)}{2m}\mathrm{d}x$$

$$U_b^2(r, x_{02}|i) = \int_{i-m}^{x_{02}} \frac{px + v_b(q + q_{e2}^* - x) - (w_0q_0 + wq + w_e q_{e2}^*)}{2m}\mathrm{d}x + \int_{x_{02}}^{i+m} \frac{r(w_0q_0 + wq + w_e q_{e2}^*)}{2m}\mathrm{d}x$$

$$U_b^2(r, x_{03}|i) = \int_{i-m}^{x_{02}} \frac{px + v_b(q + q_0 - x) - (w_0q_0 + wq + w_e q_0)}{2m}\mathrm{d}x + \int_{x_{02}}^{i+m} \frac{r(w_0q_0 + wq + w_e q_0)}{2m}\mathrm{d}x$$

$$U_b^3(r, x_{03}|i) = r(w_0q_0 + wq + w_e q_0)$$

由图5.1~图5.3可得到定理5.7。在需求波动最小的情况（情景1）下，如果市场需求信号满足 $x_{01} + m > i$，零售商肯定还款，而在需求波动最大的情况下（情景3），只有当市场需求信号满足 $x_{03} + m > i$，零售商才会还款。零售商的违约风险和银行的贷款风险都随着需求波动的增大而增大。

定理5.7 银行最优利率决策为分段函数，满足以下条件：

$$r^* = \begin{cases} \max(r_1^*, r_3), & m < m_1 \\[2mm] r_4, & r_2^* > r_4 \text{且} m_2 > m > m_1 \\[2mm] r_2^*, & r_3 < r_2^* < r_4 \text{且} m_2 > m > m_1 \\[2mm] r_3, & r_2^* < r_3 \text{且} m_2 > m > m_1 \\[2mm] \min(r_3^*, r_4), & m > m_2 \end{cases} ,$$

其 中 ， $r_3 = \dfrac{(q-2m)p}{\left(qw+q_0w_0-2mw_e\right)}-1$ ；

$r_4 = \dfrac{(2m-q_0-q)}{(2mw_e-wq-(w_0+w_e)q_0)}p-1$ ； $m_1 = \dfrac{pq-(1+r)(qw+q_0w_0)}{2(p-w_e(1+r))}$ ；

$$m_2 = \frac{q\left(p-w(1+r)\right)+q_0\left(p-(w_0+w_e)(1+r)\right)}{2(p-w_e(1+r))} ;$$

$\dfrac{\partial U_{b1}(r_1^*)}{\partial r_1^*}=0$ ； $\dfrac{\partial U_{b2}(r_2^*)}{\partial r_2^*}=0$ ； $\dfrac{\partial U_{b3}(r_3^*)}{\partial r_3^*}=0$ 。

证明：对（5.4）、（5.5）、（5.6）式求一阶导数，且令 r_1^*、

r_2^* 和 r_3^* 满足 $\dfrac{\partial U_{b1}(r_1^*)}{\partial r_1^*}=0$ ， $\dfrac{\partial U_{b2}(r_2^*)}{\partial r_2^*}=0$ ， $\dfrac{\partial U_{b3}(r_3^*)}{\partial r_3^*}=0$ 。

令 $r_3 = \dfrac{(q-2m)p}{\left(qw+q_0w_0-2mw_e\right)}-1$ 、

$r_4 = \dfrac{(2m-q_0-q)}{(2mw_e-wq-(w_0+w_e)q_0)}p-1$ 、 $m_1 = \dfrac{pq-(1+r)(qw+q_0w_0)}{2(p-w_e(1+r))}$ 、

$$m_2 = \frac{q\left(p-w(1+r)\right)+q_0\left(p-(w_0+w_e)(1+r)\right)}{2(p-w_e(1+r))} 。$$

由于银行的利率决策为有约束条件下的最优决策,分为三种情景:

情景 1: $m < m_1$ 时,银行的最优利率为: $r^* = \max(r_1^*, r_3)$。

情况 2: $m_2 > m > m_1$ 时,银行的最优利率分为三种情况:当 $r_2^* > r_4$ 时,$r^* = r_4$;当 $r_2^* < r_3$ 时,$r^* = r_3$;当 $r_3 < r_2^* < r_4$ 时,$r^* = r_2^*$。

情况 3: $m > m_2$ 时,银行的最优利率 $r^* = \min(r_3^*, r_4)$。

故银行的最优利率决策为:

$$r^* = \begin{cases} \max(r_1^*, r_3), & m < m_1 \\ r_4, & r_2^* > r_4 \text{且} m_2 > m > m_1 \\ r_2^*, & r_3 < r_2^* < r_4 \text{且} m_2 > m > m_1 \\ r_3, & r_2^* < r_3 \text{且} m_2 > m > m_1 \\ \min(r_3^*, r_4), & m > m_2 \end{cases}$$

证毕。

银行的最优利率决策与商品需求变化波动、市场需求信号的分布有关,银行有最优利率决策。

第五节 数值分析

本节利用数值仿真的方法,分析不同参数变化对看涨期权下零售商的利润影响。假定商品需求量 D 服从 $[i-m, i+m]$ 的均匀分布,市场需求信号 i 服从 $[b-n, b+n]$ 的均匀分布,参数设置参考 Wang

和 Tsao（2006），结合市场实际情况，设定如下：$b=1000$、$n=200$、$m=150$、 $p=200$、 $w=100$、 $w_0=10$、 $w_e=120$、 $v_b=30$ ，并假定当研究的参数变化时，其他参数恒定。

一、相关参数对决策的影响

结论 5.1 零售商的实物订购量随着银行的利率的增加而降低，期权购买量随着银行利率的增加而增大。

由于在期权契约下，零售商可以通过增加订货量获得更多的利润。由于看涨期权不允许退货，零售商无法规避市场需求过低的风险，因此，当银行利率增加时，市场需求过低的损失增加，为了追求更多的利润，零售商将降低实物购买量；同时为了满足市场需求，将增加期权购买量。

把相关参数代入 q_0^*、 q^*，我们可以得到银行利率变化对零售商购买决策的影响，如图 5.4、5.5 所示：

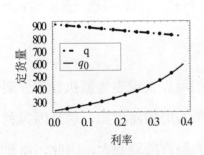

图 5.4 利率对零售商最优订购
决策的影响
资料来源：作者绘制

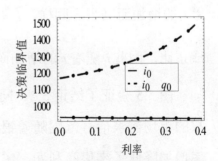

图 5.5 利率对零售商期权决策
临界值的影响
资料来源：作者绘制

图 5.4 验证了结论 5.1，同时，我们也可以发现，在利率可以接受的范围内，零售商的实物订购量总是要超过期权的订购量，因为实物订购成本小于期权购买成本，在给定的市场需求风险不高的条件下（ $m < \dfrac{pq - (1+r)(qw + q_0 w_0)}{2(p - w_e(1+r))}$ ），零售商更倾向于购买实物。

结论 5.2 看涨期权契约下，零售商放弃执行所有期权的决策临界点随着银行利率的增加而小幅降低，执行所有期权的临界点随着银行利率的增加而增加。

对比零售商执行所有期权决策的临界点和实现所有期权决策的临界点的表达式，可以发现： i_0 与 r、q 成正比，但 r 是以 $\dfrac{2mw_e}{p - v_b}$ 的速度影响 i_0，且 r 值较小；q 是以 1 的速率影响 i_0，同时，q 与 r 成反比，因此 r 对于 i_0 的影响更多的是表现 r 对于 q 的影响。即 i_0 随着 r 的增加而减少。同样，$i_1 = i_0 + q_0$ 与 r、q_0 成正比，而 q_0 与 r 也成正比，因此 i_1 随着 r 的增加而增加。

图 5.5 验证了结论 5.2。同时我们可以发现零售商执行部分期权的市场需求信号范围随着银行利率的增加而增加，这是因为利率增加降低了零售商利润，零售商的经营风险变大，因此，需要通过减少期权执行量来规避风险。

二、相关参数对利润的影响

结论5.3　零售商的利润随着银行利率的增加而降低，银行利润随着利率先增加后减少，银行可以得到唯一的利率最优解。

由零售商的利润表达式可以发现，零售商的利润随着利率的增加而减少，因为利率增加了零售商的购买成本如图5.7，同时，使零售商决策更加谨慎；银行可以获得最优的利率决策如图5.6。

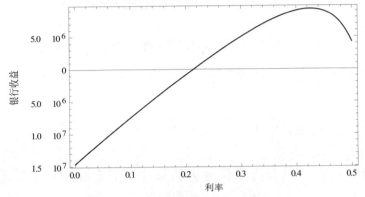

图5.6　利率对银行利润的影响
资料来源：作者绘制

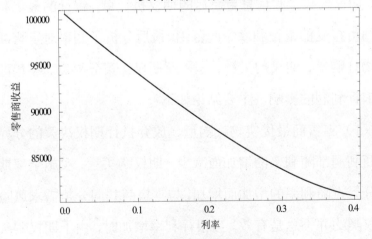

图5.7　利率对零售商利润的影响
资料来源：作者绘制

图 5.6 和图 5.7 验证了结论 5.3。同时，我们可以看出，过低的利率将使银行无利可图，因此，银行只提供对应利润大于零的利率。零售商的利润随着利率的增加而减少，选择融资手段的零售商将部分利润让渡给银行，实现双方共赢。

第六节　研究结论与启示

本章研究了由单供应商和单零售商组成供应链系统，其中零售商存在资金约束，可以获得银行无限额的贷款。

一、研究结论

首先建立了具有需求信号更新条件下的看涨期权契约零售商和银行的利润模型，然后分析得到期权契约下零售商的最优实物订购量、期权购买量和信息更新后的期权执行量，银行的最优利率和零售商可接受的银行利率空间范围。最后分析了利率对零售商的最优实物订购量、期权购买量、零售商期权决策分界点、零售商的利润和银行利润的影响。主要结论如下：

（1）零售商最优实物订购量、放弃执行期权决策的分界点、零售商利润都随利率的增加而减少，期权购买量、实施全部期权决策的分界点随利率的增加而增加，与零售商共同分担需求风险的看涨期权契约并不总是有效。当银行利率增加时，由于期权购买相对于实物购买成本更高，零售商会先放弃利用期权购买商品，最后放弃融资。因此，当零售商受资金约束时，如果零售商的融资环境较差，即利率较高时，零售商可能不会采用看涨期权契约规避需求波动风险。只有当零售商的融资环境达到一定条件后，看涨期权契约才会被零售商采用。

（2）商品需求的波动影响银行的贷款风险和利率决策。商品需求波动越大，零售商的违约风险和银行的贷款风险越大，零售商倾向购买更多的期权来规避风险。即使零售商采用期权和实物联合购买方式。可以规避部分需求风险，但是银行进行利率决策时，还需要根据商品需求条件分布和需求信号的分布来做出决策，以规避贷款风险。只有当商品需求分布条件和需求信号分布条件满足一定条件时，看涨期权契约的风险规避作用才能体现出来。

（3）具有信息更新看涨期权决策，在零售商在决策期权执行量时，因更接近市场实际情况而降低零售商所面临的需求风险。这种对需求量的再修正方式，看涨期权契约只有在商品需求分布条件和需求信号分布条件满足一定条件时，才能发挥灵活购买契约的作用，才能规避一部分需求增加风险。同时，也只有在商品需求分布条件和需求信号分布条件满足一定条件时，才能影响零售商和银行的决策。

二、管理启示

由以上结论，可以得到如下管理启示：

（1）零售商在选择看涨期权规避需求风险时一定不能盲目购买，需要综合考虑各种因素，比如市场价格、融资成本、期权价格等，因为虽然看涨期权能规避需求风险，但并不一定总是能带来利润的提高。

（2）银行在做决策时要权衡收益和风险控制，同时要考虑零售商的决策行为。如果所制定的利率过高，零售商会放弃融资或不购买期权，但如果制定的利率过低，零售商选择了融资和期权，但银行的利润可能减少。此外，银行需要考虑其决策对零售商不同阶段的融资量分配问题，即高的利率会使零售商减少第一阶段的融资，而增大第二阶段的融资。也就是说，零售商会根据银行的利率调整两阶段的融资量，进而应对融资成本和融资风险对收益的影响。

对信息更新下期权契约的中小企业融资决策研究中，本章针对看涨期权研究了资金约束零售商和提供融资的银行的决策。由于看跌期权可以规避需求降低的风险，双向期权可以很好地规避需求变动的风险，而且对于中小企业融资成本问题时，这两种信息更新下期权的中小企业融资决策应有所不同。

第六章　资本信息对称和不对称下融资决策

第五章研究了在信息更新条件下的中小企业看涨期权融资决策，信息更新的加入使零售商更接近企业的实际情况，伴随着销售季节的来临，零售商更新市场需求信号，降低需求预测误差，并得到了零售商和银行的最优决策。但是这种期权契约提供方需要承担部分需求风险，这常常只有在供应链内处于核心地位的较大企业才有能力承担。对于都是由较小企业组成的供应链系统，这些中小企业本身有资金约束问题，他们融资成本问题的解决方式必然不同。

本章研究都受资金约束的零售商和供应商融资问题，全章共分为四节，在第一节问题提出和问题描述的基础上，分析资本信息对称（第二节）和资本信息不对称（第三节）下的各方融资决策，并对资本信息对称和不对称对各方决策的影响进行分析，得到本章的研究结论与管理启示（第四节）。

第一节　问题描述及基础模型

一、问题描述

研究一个由单供应商和单零售商组成的二级供应链，供应商向零售商提供一种不确定需求的商品，供应商要在零售商提供准确订购前采购商品，供应商和零售商都只有一次采购商品的机会。由于供应商和零售商都较小，因此他们的决策无法改变商品的销售价格、批发价格和售价。此商品只是两个企业经营商品中的一部分，如果供应商的采购量无法满足零售商的订货需求，零售商采购到同样的商品所付出的搜寻成本超过商品销售利润。如果供应商的采购量超过零售商的订货需求，供应商销售剩余商品付出的成本也大于获得的利润。同时两个企业都面临资金约束而无法达到最优提供量和订购量，均可以向银行申请短期融资，两个企业可以分别向银行进行短期融资或相互协调后再融资。

银行基于信用评级确定贷款对象，在过去的几十年里，理论界和实践中提出并实施了非常有效地融资评级模型（Crouhy等，2000）针对每个企业的破产风险评估模型（Gordy，2000），一般认为企业的破产风险由企业全部资产现值、资产波动性、企业负债三个因素影响。评级机构如穆迪、惠誉等为资本市场中的贷方提供借款企业评级。据中国公司信用统计数据显示，3A公司五年的平均违约概率为0.0000、2A的公司是0.0000、1A的公司是0.0008。

当企业拥有一系列商品时，企业的破产风险不但与现金流的情况有关，也与企业的融资决策、资本负债管理等多种战略有关，一部分交易产生的现金流并不能对企业的破产风险有显著影响。因此，本章假设企业的破产风险与短生命周期的商品需求无关，银行通过综合信用评级，得到供应商和零售商的破产概率分别为

ϕ_s、ϕ_r，根据企业的破产概率，银行外生给定企业融资利率，供应商和零售商的共同拥有短期商品信息，但这部分信息银行很难获得。债务人可以估计其破产后债权人期望损失，从而修正自身的期望利润，且借款者承担有限责任。

二、参数定义

表 6.1 参数定义

参　数	参　数　定　义
w	单位商品的批发价格
c	供应商进货成本
p	单位商品的零售价格
r_i	融资利率
B_i	自有资金数量
x	商品的实际需求
EBL_i	银行期望损失
Π_{scj}	供应链期望利润
Π_{sj}	供应商的期望利润
Π_{rj}	零售商的期望利润
$f(y)$	商品需求的条件概率密度函数
$F(y)$	商品需求的条件概率分布函数
q_s	供应商采购的商品数量
q_r	零售商订购的商品数量

为了保证参与各方的完全理性和利润为正，相关参数应满足：

$p > w(1+r_r)$ 有资金约束的零售商选择融资购买商品依然有利可

图；$w > c(1+r_s)$ 资金约束供应商有动机选择融资购买商品；商品需

求的密度函数和分布函数为 $f(y) > 0$，$F(y) = p(\xi < y)$，分布函数满足增效失败率。

三、基础模型

（一）零售商决策模型

零售商根据自身资金状况和融资成本决策最优订购量。

定理 6.1 给定融资利率 r_r，受资金约束的零售商的最优订购量为：

$$
q_0 = \begin{cases}
F^{-1}(\dfrac{p-w}{p}), & B_r \geq wF^{-1}(\dfrac{p-w}{p}) \\
\dfrac{B_r}{w}, & wF^{-1}(\dfrac{p-w(1+r_r)}{p}) < B_r < wF^{-1}(\dfrac{p-w}{p}) \\
F^{-1}(\dfrac{p-w(1+r_r)}{p}), & B_r \leq wF^{-1}(\dfrac{p-w(1+r_r)}{p})
\end{cases} \quad 。
$$

证明见附录。资金约束零售商的最优订购量与初始的资金情况、融资成本有关，当零售商的自有资金满足最优订购需求时，零售商实现无资金约束的最优订购量；当零售商自有资金无法满足最优的订购需求时，选择融资手段会增加零售商的购买成本，从而使其最优决策发生变化。此时又分为两种情况，第一种是如果融资后零售商最优订购量小于使用全部自有资金的订购量，出于利润最大化考虑，零售商会放弃融资，并用全部自有资金购买商品，实现自有资金最大订购量；第二种情况，融资后零售商的最优订购量大于全部自有资金的订购量，基于利润最大化，零售商会选择融资，实现有资金约束的最优订购量。

定理 6.2　当融资利率满足 $r_r \in [0, F(\frac{B_r}{w})\frac{p}{w} - 1]$ 时，资金约束的零售商选择融资。

证明：根据定理 6.1，当 $F^{-1}(\frac{p - w(1 + r_r)}{p}) > \frac{B_r}{w}$ 时，零售商会选择融资购买商品，化简可得 $r_r < F(\frac{B_r}{w})\frac{p}{w} - 1$；另一面，只有当

$$\frac{p - w(1 + r_r)}{p} > 0$$ 时，零售商贷款后购买商品才能获得利润，化简可

得 $r_r \in [0, \frac{p - w}{w}]$。由于 $F(\frac{B_r}{w}) < 1$，故 $F(\frac{B_r}{w})\frac{p}{w} - 1 < \frac{p - w}{w}$。只有当

$r_r \in [0, F(\frac{B_r}{w})\frac{p}{w} - 1]$ 时，有资金约束的零售商才能选择融资的方式

购买商品。　　　　　　　　　　　　　　　　　　　　　　证毕。

由定理 6.2 可以看出，当 $r_r \in [0, F(\frac{B_r}{w})\frac{p}{w} - 1]$ 时，选择融资后的零售商最优购买决策大于利用自有资金的购买决策，零售商的最优决策是融资；当 $r_r \in [F(\frac{B_r}{w})\frac{p}{w} - 1, 1]$ 时，融资后的成本大于商品的销售价格，零售商的最优决策是放弃融资，并利用全部自有资金购买商品。同时，很容易得出当自有资金为零时，$r_r \in [0, \frac{p - w}{w}]$ 融资后零售商的成本小于销售价格时，只要能获得融资，零售商就会选择融资购买商品。

只有当融资利率满足一定条件时，受资金约束的零售商利用融资手段购买商品才是有利可图的。当融资利率过高时，理性的零售商将放弃融资，利用所有自有资金购买商品。

（二）供应商决策模型

在不了解零售商资金情况时，供应商依据预测到无资金约束的零售商订购情况及自身的资金情况决策商品的供应量。

定理 6.3 在给定融资利率 $r_s \in [0, \dfrac{w-c}{c}]$ 情况下，资金约束供应商的最优供应量为：$q_s = F^{-1}(\dfrac{p-w}{p})$。

证明：与定理 6.1 证明类似，供应商的最优供应量依据其初始的资金状况不同而不同：

第 1 种情况，当自有资金大于所需资金时，供应商会依据零售商资金充足的情况最优订购量来决策商品采购量，此时供应商的期望利润为：

$$\Pi_s^1 = E[w\min(q_0,q) - cq]。$$

由于假设零售商资金充足（现实中，企业谈判时都会选择表现资金充足），因此，为了获得最大的利润，此时供应商会订购 $F^{-1}(\dfrac{p-w}{p})$ 商品。

第 2 种情况，供应商利用融资手段，由于融资提高了采购成本。此时供应商的期望利润为：

$$\Pi_s^2 = E[w\min(q_0,q) - B_s - (cq - B_s)(1+r_s)]$$
$$s.t : B_s < cq_0$$

由于 $r_s \in [0, \dfrac{w-c}{c}]$，融资后供应商的期望利润一定大于融资前供应商的期望利润，供应商一定会采购到零售商需要的商品量，

即 供 应 商 会 选 择 融 资 ， 并 将 订 购 $F^{-1}(\dfrac{p-w}{p})$ 商 品 。

证毕。

本研究假设无论选择哪种方式进行融资，零售商（供应商）自有资金都属于资金不足的情况，即融资可以提高其订购量（供应量）。

第二节　资本信息对称下的融资决策

供应链内部共享信息，是指供应商和零售商共有的信息，在本节研究中，供应商和零售商的共享信息包括：供应商、零售商的资金状况、短期商品的需求信息。银行不了解短期零售商品的需求信息，依据借款者的固定资产、盈亏平衡表等多种指标组成的评价体系来综合评价其破产风险，依破产风险大小确定融资利率，利率大小与短期商品的销售无关。即银行只是根据供应商和零售商的综合财务状态及以往的信誉水平确定其融资违约率和融资利率。供应商和零售商如果能获得融资，将根据其修正银行期望损失后的期望利润决策商品购买量。由于贷款对象的不同导致各方决策不同，依据银行贷款对象，本部分将分别分析双方均可获得融资、只有供应商获得融资和只有零售商获得融资时各方决策问题。

具体的决策过程为：银行不能获得商品的销售信息，只是基于信用评级做出贷款决策；供应链内资本信息对称时，供应商依据银行贷款利率、商品需求情况、自身和零售商资本状况，决策商品的采购量；零售商依据银行利率、商品需求情况、自身和供应商的资金状况，决策商品的订购量。由于银行不能获得商品的需求信息，贷款对象基于修正银行期望损失的期望利润最大化做出决策。

一、供应商和零售商均可以获得融资的情形

当银行融资对违约率在一定限度内的企业融资无限额时，满足融资条件的企业可以按着商品的需求情况获得足额的融资。

（一）零售商决策模型

假设银行可以无限满足信用评级合格的零售商融资需求，由于自有资金不能满足最优订购需求，为了达到最优订购量，零售商向银行申请总量为 $wq - B_r$ 的贷款。零售商在销售季节结束后还贷，如果销售收入不足以偿还贷款，零售商以 $1 - \phi_r$ 的概率选择利用其他收入还款。银行因为不了解短期商品的需求情况无法估计期望利润，只是根据融资企业的信用评级来决策是否融资。

1.银行贷款给零售商的期望损失

依据短期商品的需求信息，零售商对银行融资后的期望利润和期望损失进行估计，以修正自己的期望利润，并基于修正后的期望利润最大化决策商品订购量。

（1）银行的期望利润

银行的期望利润由两种情况组成：一是当零售商实际销售的商品利润大于银行贷款本息时，零售商肯定选择还款，银行获得全部融资利润；二是当实际销售的商品利润小于银行贷款本息时，银行只获得零售商全部销售收入，承担部分贷款损失。银行期望利润为：

$$\Pi^1_{bR1} = (wq - B_r)r_r - p\int_0^{(wq-B_r)(1+r_r)/p} F(y)\mathrm{d}y \ 。$$

银行期望利润的第一项为零售商正常还款时银行的融资收入，第二项表示的是零售商出现破产情况时银行利润的损失。

（2）银行的期望损失

银行的期望损失由以下内容构成：当利润小于贷款本息时，零售商以概率 ϕ_r 违约，银行的损失为根据商品需求情况确定的银行期望利润与正常还款的差值；如果零售商不违约，银行获得全部贷款本息，损失为零。由前面的分析可知，零售商以概率 ϕ_r 违约时银行的损失为：

$$EBL^1_{r1} = \phi_r[(wq - B_r)r_r - \Pi^1_{br1}(R)] = \phi_r p\int_0^{(wq-B_r)(1+r_r)/p} F(y)\mathrm{d}y \quad 。$$

2.修正后的零售商期望利润

零售商基于修正银行期望损失的期望利润决策最优订购量。由于银行无法获得商品的需求信息，零售商在修正基于需求的银行的期望损失中获益，即修正后的零售商期望利润是根据银行期望损失修正后的零售商的期望利润。

$$\Pi_{r1} = E\{p\min(x,q) - B_r - [(wq-B_r)(1+r_r) - EBL_r]\}$$
$$= pq - p\int_0^q F(y)\mathrm{d}y - (wq-B_r)(1+r_r) + \phi_r p\int_0^{(wq-B_r)(1+r_r)/p} F(y)\mathrm{d}y - B_r \quad (6.1)$$

定理 6.4 当零售商的融资风险 $\phi_r > \phi_r^1$ 时，银行拒绝贷款；当零售商的融资风险 $\phi_r < \phi_r^1$ 时，银行提供贷款。其中

$$\phi_r^1 = \frac{p^2 f(q)}{w^2(1+r_r)^2 f((wq-B_r)(1+r_r)/p)}。$$

证明：对（6.1）式求订购量 q 的一阶导数和二阶导数为：

$$\frac{\partial \Pi_{r1}}{\partial q} = p - pF(q) - w(1+r_r) + \phi_r(1+r_r)wF((wq-B_r)(1+r_r)/p)；$$

$$\frac{\partial^2 \Pi_{r1}}{\partial q^2} = -pf(q) + \phi_r(1+r_r)^2 \frac{w^2}{p} f((wq-B_r)(1+r_r)/p)；$$

令 $$\phi_r^1 = \frac{p^2 f(q)}{w^2(1+r_r)^2 f((wq-B_r)(1+r_r)/p)},$$

$z_1 = (wq-B_r)(1+r_r)/p$ ，可得银行的期望损失为：

$$EBL_r^1 = \frac{f(q)p^2 \int_0^{z_1} F(y)\mathrm{d}y}{w^2(1+r_r)f(z_1)}。$$

当 $\phi_r > \phi_r^1$ 时，$\frac{\partial^2 \Pi_{r1}}{\partial q^2} > 0$。此时零售商的利润随着订购量的增加而增加；

当 $\phi_r < \phi_r^1$ 时，此时 $\frac{\partial^2 \Pi_{r1}}{\partial q^2} < 0$，对应最大利润，零售商有最优

订 购 量 ， 并 且 在 $\dfrac{\partial \Pi_{r1}}{\partial q}=0$ 时 ， 实 现 最 大 利 润 。

证毕。

由定理 6.4 可知，当 $\phi_r > \phi_r^1$ 时，零售商修正后的期望利润会随着购买数量的增加而增加。但是，这部分增加是由修正银行期望利润而获得，银行融资风险较大。因此对于违约风险大于 ϕ_r^1 的零售商，银行融资期望损失加大。为了规避由于零售商只是基于不还款时利润增加而增加融资数额的动机，银行拒绝提供融资。

当 $\phi_r < \phi_r^1$ 时，零售商融资动机是基于对商品销售前景乐观的估计，这时银行的融资风险较小，零售商可以得到银行融资，并且可以得到最优的商品订购量。

银行只会给信用评级满足一定条件的零售商提供融资，而将风险较大的借贷者排除在外。这也印证了在实际操作中，银行信用评级在一定程度上规避了融资风险。

3.融资后零售商的最优决策

当零售商的违约风险小于银行的贷款阈值时，获得融资后的零售商基于修正后的期望利润最大化决策最优订购量。

定理 6.5　当零售商的融资违约率 $\phi_r < \phi_r^1$ 时，可以获得银行融资，最优订购量为：

$$q_1 = F^{-1}(\frac{[p-w(1+r_r)(1-\phi_r^1 F(z_1))]}{p})。其中 z_1 = (wq - B_r)(1+r_r)/p。$$

证明，由定理 6.4 可知，当

$$\frac{\partial \Pi_{r1}}{\partial q} = p - pF(q) - w(1+r_r) + \phi_r(1+r_r)wF((wq - B_r)(1+r_r)/p) = 0$$

时，解得：$q_1 = F^{-1}(\frac{[p - w(1+r_r)(1 - \phi_r^! F(z_1))]}{p})$，其中

$z_1 = (wq - B_r)(1+r_r)/p$。 证毕。

由定理 6.5 可知，满足一定条件的零售商融资后有最优的商品订购量。零售商的最优订购量与其违约率风险有关，违约风险越小，零售商投资会越谨慎，商品订购量越小。最优订购量还与售价成正比、与商品的批发价格和融资利率成反比。

（二）供应商决策模型

同样，供应商依据零售商的资本状况和融资状况决策商品采购量，且获得融资的供应商也在修正银行贷款期望损失中获益。

1.贷款给供应商的银行的期望利润

供应商自有资金为 B_s，由于供应商也受到资金约束，为了达到最优供应量，供应商选择向银行进行总量为 $cq_1 - B_s$ 的融资，银行依据供应商的综合财务状况决策其违约概率和融资利率。

由于资本信息对称，供应商完全了解零售商的资金状况和融资情况，供应商提供的商品量与零售商的需求量完全相同，供应商向零售商销售所有商品，银行融资无风险。此时，银行融资给供应商的期望利润为：

$$\Pi_{bs1}^1 = (cq - B_s)r_s \text{。}$$

$$s.t \quad q \leqslant q_1$$

2.银行期望损失

在信息对称下，如果银行同时融资给供应商和零售商，供应商融资完全没有风险，银行融资给供应商的期望损失为：

$$EBL_{s1}^1 = 0 \text{。}$$

3. 修正银行期望损失后供应商的期望利润

选择融资的供应商也通过估算银行的期望损失来修正期望利润，且修正的供应商期望利润也为供应商期望利润与银行期望损失之和，即：

$$\Pi_{s1}^1 = wq - B_s - (cq - B_s)(1 + r_s) + EBL_{s1}^1 \text{；}$$

$$s.t \quad q \leqslant q_1 \text{；}$$

则修正后的供应商的期望利润为：

$$\Pi_{s1}^1 = (w - c)q - (cq - B_s)r_s \tag{6.2}$$

$$s.t \quad q \leqslant q_1$$

4.供应商决策

供应商基于修正后的期望利润最大化决策最优采购量。

定理 6.6 当零售商的融资违约概率 $\phi_r < \phi_1^1$ 时，银行贷款给零售商和供应商，供应商的最优订购量为：$q_{1s} = q_1$，其中

$$q_1 = F^{-1}(\frac{[p - w(1 + r_r)(1 - \phi_r^1 F(z_1))]}{p})\text{。}$$

证明：对（6.2）式求一阶导数，很容易得到 $\partial \Pi_{s1}^1 / \partial q = w - c(1 - r_s) > 0$。在供应商购买商品能全部售出的前提下，供应商的修正后的期望随着供应商的订购量的增加而增加，供应商会采购到零售商的最优订购量 q_1。　　　　　　证毕。

在资本信息共享条件下，银行贷款给供应商的期望损失为零，银行贷款无风险。

供应商的最优利润为供应商最优采购量下对应的修正后的期望利润。供应商的期望利润为：

$$\Pi_{s1}^1 = (w - c)q_1 - (cq - B_s)r_s\text{。}$$

（三）贷款决策对供应链的影响

1.银行贷款决策总的期望损失

由前面的分析可知，银行分别融资给信息对称的零售商和供应商后，银行的期望损失为：

$$EBL_{sc1}^1 = \phi_r p \int_0^{z_1} F(y)\mathrm{d}y \tag{6.3}$$

2.银行总的期望利润为：

$$\Pi_{bSC1}^1 = (wq_1 - B_r)r_r - \phi_r p \int_0^{(wq_1 - B_r)(1 + r_r)/p} F(y)\mathrm{d}y + (cq_1 - B_s)r_s \tag{6.4}$$

3.供应链总的期望利润

获得融资后，整个供应链的期望利润为零售商和供应商修正银行期望损失后的期望利润和：

$$\Pi_{sc1} = (p-c)q_1 - p\int_0^{q_1} F(y)dy - (wq_1 - B_r)r_r + \phi p\int_0^{(wq_1 - B_r)(1+r_r)/p} F(y)dy - (\alpha q_1 - B_s)r_s \quad (6.5)$$

二、只有供应商可以获得融资的情形

对于原始交易规模或信用不能达到银行要求的零售商，银行为了规避融资违约风险，拒绝提供融资。但处于同一供应链的供应商相对信用较高，且达到银行融资条件时，银行只向供应商提供贷款。

本部分与前一部分研究背景不同的是只有供应商可以获得融资，而零售商无法获得融资的情况。

（一）零售商决策模型

根据定理 6.1，由于自有资金达不到最优订购量要求，零售商的资金约束为紧约束，零售商的期望利润会随着商品订购量的增加而增加，基于期望利润最大化，零售商将用尽自有资金进行订购，达到最大订购量，即资金约束零售商的最优订购量 $q_1^2 = \dfrac{B_r}{w}$。这时零售商的期望利润为：

$$\Pi_{r1}^2 = (p-w)\frac{B_r}{w} - p\int_0^{B_r/w} F(y)dy \; 。$$

（二）供应商决策模型

供应商可以获得融资，决策过程为，供应商掌握零售商的资本状况，预测到零售商的最优订购量为 q_1^2，供应商是基于订购量约束下修正后期望利润最大化的最优采购决策。与前一部分分析类似，可得：

1. 银行只贷款给供应商的期望利润

供应商完全了解零售商的资金状况和融资情况，供应商提供的商品量与零售商的需求量完全相同，供应商向零售商销售所有商品，银行融资无风险。此时，银行融资给供应商的期望利润为：

$$\Pi_{bs1}^{1} = (cq - B_s)r_s \text{。}$$

$$s.t \quad q \leqslant q_1^2$$

2. 银行期望损失

在资本信息对称条件下，供应商融资完全没有风险，银行融资给供应商的期望损失为：

$$EBL_{s1}^{2} = 0 \text{。}$$

3. 修正银行期望损失后，供应商的期望利润

选择融资的供应商也通过估算银行的期望损失来修正期望利润，且修正的供应商期望利润也为供应商期望利润与银行期望损失之和，即：

$$\Pi_{s1}^{1} = wq - B_s - (cq - B_s)(1 + r_s) + EBL_{s1}^{2} \text{；}$$

$$s.t \quad q \leqslant q_1^2 \text{；}$$

则修正后的供应商的期望利润为：

$$\Pi_{s1}^{1} = (w - c)q - (cq - B_s)r_s \qquad (6.6)$$

$$s.t \quad q \leqslant q_1^2 。$$

4.供应商决策

供应商基于修正后的期望利润决策最优订购量。

定理 6.7　在信息对称条件下，银行只贷款给供应商时，供应商的最优订购量为 $q_1^2 = \dfrac{B_r}{w}$。

类似定理 6.3 证明。

根据定理 6.5 可知，在资本信息对称条件下，供应商明确知道零售商的订购量为 q_1^2。为了获得最大的利润，供应商会调整订购量与零售商的订购量相同，可得供应商修正银行期望损失后的期望利润为：

$$\Pi_{s1}^2 = \frac{B_r}{w}(w-c) - (c\frac{B_r}{w} - B_s)r_s \tag{6.7}$$

（三）供应链的利润及银行总期望损失

1.银行总的期望损失

由前面的分析可知，银行分别融资给信息对称的供应链后银行的期望损失为：

$$EBL_{sc1}^2 = 0 \tag{6.8}$$

2.银行总的期望利润

由前面的分析可知，银行只向供应链内的供应商融资后，银行的期望利润为：

$$\Pi_{bSC1}^2 = \frac{(cB_r - wB_s)}{w} r_s \qquad （6.9）$$

3.供应链总的期望利润

供应商获得融资后，整个供应链的期望利润为：

$$\Pi_{sc1}^2 = \frac{B_r}{w}(w-c) - (c\frac{B_r}{w} - B_s)r_s + (p-w)\frac{B_r}{w} - p\int_0^{B_r/w} F(y)\mathrm{d}y \qquad （6.10）$$

三、只有零售商可以获得融资的情形

与只有供应商可以获得融资类似，对于原始交易规模或信用不能达到银行要求的供应商，由于银行规避融资风险，拒绝提供融资。而在同样供应链的零售商由于相对信用较高，达到银行融资条件，可以获得银行无限额的融资。

（一）零售商决策模型

由于假设零售商和供应商都是受资金约束的，零售商基于自身条件可以获得银行融资，供应商却因为无法达到银行要求不能获得融资。零售商清楚地了解供应商的资金状况和融资状况。零售商自有资金也不足以购买供应商在利用自有资金供应的全部商品，利用融资零售商的期望利润也为修正银行期望损失后的所得。

1.银行的期望利润

由于零售商的自有资金不能满足在有限资金的供应商提供商品的最优订购需求，即在约束条件 $q \leqslant B_s/c$ 下，为了达到最优订购量，零售商向银行申请总量为 $wq - B_r$ 的融资。当零售商的销售收入不足以偿还贷款时，零售商以 $1-\phi_r$ 的概率选择利用其他收入还款。零售商在进行决策时，根据短期商品的需求分布，利用银行的期望利润来修正自己的期望利润。银行的期望利润为当实际销售的商品利润大于银行贷款本息和时，零售商肯定选择还款，银行获得全部融资利润；当实际销售的商品利润小于银行贷款本息和时，银行只获得全部销售收入，并承担部分贷款损失。银行期望利润为：

$$\Pi_{bR1}^3 = (wq - B_r)r_r - p\int_0^{(wq-B_r)(1+r_r)/p} F(y)\mathrm{d}y$$

。

$$\text{s.t:} \quad q \leqslant \frac{B_s}{c}$$

。

2.银行的期望损失

当只有零售商获得融资时，可知银行的期望损失为：

$$EBL_{r1}^3 = \phi_r[(wq - B_r)r_r - \Pi_{b1}^3(R)] = \phi_r p\int_0^{\frac{(wB_s-cB_r)(1+r_r)}{cp}} F(y)\mathrm{d}y$$

。

3.修正银行期望损失后零售商的期望利润

在供应商的供应量的约束下，修正银行期望损失后，零售商期望利润为：

$$\Pi_{r1}^3 = E\left\{ p\min(\xi, B_s/c) - B_r - [(wB_s/c - B_r)(1+r_r) - EBL_{r1}^3] \right\}$$

。

4.零售商决策

零售商基于修正后的期望利润决策最优订购量。

结论 6.1　银行只贷款给零售商时，零售商最优订购量为：

$$q_1^3 = \frac{B_s}{c} \text{。}$$

类似定理 6.3，对（6.7）求有订购量约束的最优订购量，很容易得到。

零售商最优期望利润：

将定理 6.7 得到的最优订购量代入（6.7）很容易得到零售商修正后的期望利润为：

$$\Pi_{r1}^3 = pB_s / c - p\int_0^{\frac{B_s}{c}} F(y)\mathrm{d}y - (wB_s / c - B_r)(1+r_r) + \phi_r p\int_0^{\frac{(wB_s - cB_r)(1+r_r)}{cp}} F(y)\mathrm{d}y - B_r \text{。}$$

（二）供应商决策模型

由于信息对称，零售商可以获得无限额的融资是供应链的共同信息，因此供应商在制定采购决策时，是针对零售商的融资情况和短期商品的需求情况下的各方决策。即知道零售商的最优订购量 q_1^3。供应商自有资金为 B_s，由于供应商得不到融资，供应商的期望利润为在自有资金约束下的期望利润，即：

$$\Pi_{s1}^3 = (w-c)B_s / c \text{。}$$

（三）银行总的期望损失和利润及供应链总利润

1.银行总的期望损失

由前面的分析可知，银行只向供应链内零售商提供融资后银行的期望损失为：

$$EBL_{sc1}^3 = \phi_r p\int_0^{\frac{(wB_s - cB_r)(1+r_r)}{cp}} F(y)\mathrm{d}y \tag{6.11}$$

2.银行总的期望利润

银行只向供应链内零售商提供融资后，银行总的期望利润为：

$$\Pi_{bSC1}^3 = (wB_s / c - B_r)r_r - \phi_r p \int_0^{\frac{(wB_s - cB_r)(1+r_r)}{cp}} F(y)\mathrm{d}y \qquad (6.12)$$

3.供应链总的期望利润

银行只向供应链内零售商提供融资后，供应链总的期望利润为：

$$\Pi_{sc1}^3 = \frac{B_s}{c}(p-c) - (wq - B_r)r_r + \phi_r p \int_0^{\frac{(wB_s - cB_r)(1+r_r)}{cp}} F(y)\mathrm{d}y \qquad (6.13)$$

四、三种融资情形比较分析

在信息对称条件下，银行只向供应商提供贷款、银行只向零售商提供贷款和银行向双方提供贷款时，各方利润有所不同。

结论 6.2 信息对称条件下，银行只向供应商提供融资方式的期望损失最小；选择同时向双方都提供融资方式的期望损失最大。

由三种情况下的银行期望损失表达式（6.3）、（6.8）、（6.11）很容易得到这个结论。由于向两者都提供融资后，零售商和供应商的订购量最优，融资额度也最大，但同时融资风险也最大。在信息对称条件下，供应商掌握了零售商的资金状况及订购信息，供应商的融资无风险。这表明在信息对称条件下，销售的风险被更多的转移到了供应链的下游企业。

结论 6.3 当零售商的融资违约率 $\phi_r < \phi_r^2$ 时，银行向双方同时提供

融资的银行期望利润高于只向零售商提供融资的银行期望利润，即 $\Pi_{bSC1}^3 < \Pi_{bSC1}^1$；当零售商的融资违约率 $\phi_r > \phi_r^3$ 时，银行只向供应商提供融资的银行期望利润高于只向零售商提供融资的银行期望利润，即 $\Pi_{bSC1}^3 > \Pi_{bSC1}^2$；当零售商的融资违约率 $\phi_r < \phi_r^1$ 时，银行向双方同时提供融资的银行期望利润高于只向供应商提供融资的银行期望利润，即 $\Pi_{bSC1}^2 < \Pi_{bSC1}^1$。

其中
$$\phi_r^2 = \frac{(cq - B_s)(wr_r + cr_s)}{cp \int_{\frac{(wB_s - cB_r)(1+r_r)}{cp}}^{(wq - B_r)(1+r_r)/p} F(y)\mathrm{d}y}$$ ，

$$\phi_r^3 = \frac{w(wB_s / c - B_r)r_r - (wB_r - cB_s)r_s}{w(p \int_0^{\frac{(wB_s - cB_r)(1+r_r)}{cp}} F(y)\mathrm{d}y} 。$$

证明：令 $\phi_r^2 = \dfrac{(cq - B_s)(w(1+r_r) + c(1+r_s))}{cp \int_{\frac{(wB_s - cB_r)(1+r_r)}{cp}}^{(wq - B_r)(1+r_r)/p} F(y)\mathrm{d}y}$ 、

$$\phi_r^3 = \frac{w(wB_s / c - B_r)r_r - (wB_r - cB_s)r_s}{w(p \int_0^{\frac{(wB_s - cB_r)(1+r_r)}{cp}} F(y)\mathrm{d}y} 。$$ 由公式（6.5）、（6.10）、

（6.13）可知，当 $\phi_r < \phi_r^2$ 时，$\Pi_{bSC1}^3 < \Pi_{bSC1}^1$；由于 $q > \dfrac{cB_s}{w}$，可知 $\Pi_{bSC1}^2 < \Pi_{bSC1}^1$；当 $\phi_r > \phi_r^3$ 时，$\Pi_{bSC1}^3 > \Pi_{bSC1}^2$。证毕。

资本信息对称条件下，当零售商的破产违约概率满足银行融资条件时，同时向供应链上受资金约束企业提供融资时，可以实现各方共赢。

三种贷款决策下银行的期望损失和各方期望利润表达式很容易得出，在资本信息对称条件下，供应链上游企业的信用评级与银行的融资风险无关，需求风险全部转移到供应链的下游企业。银行只需对最下游企业评级就可以控制融资风险。信息对称时，双方都获得融资时的各方利润最大。相对没有融资的情况融资提高了融资对象期望利润。

第三节　资本信息不对称下的融资决策

银行根据借款企业的评级及破产风险确定融资利率，在企业破产之前，资金约束为私人信息，不为对方所获取。另一方面，由于零售商订购商品再融资，供应商能够提供的商品数量为零售商掌握。因此零售商可以获得供应商的资本信息。这里的资本信息不对称是指供应商无法获得零售商的资本信息。根据银行贷款对象的不同，将分为双方均可以获得融资、只有供应商获得融资和只有零售商获得融资情况分析各方决策。

一、供应商和零售商均可以获得融资的情形

零售商资本信息私有情况下，供应商不了解零售商的资金状况，其融资和订购决策完全依赖其掌握的有关商品的信息。

（一）零售商决策模型

由于零售商订购商品再融资，供应商能够提供的商品数量为零售商掌握。因此，获得融资后零售商的决策与资本信息对称时

相同。

1.银行贷款给零售商的期望损失

依据短期商品的需求信息，零售商对银行融资后的期望利润和期望损失进行估计，以修正自己的期望利润。

（1）银行的期望利润为：

$$\Pi_{bR1}^{1} = (wq - B_r)r_r - p\int_{0}^{(wq-B_r)(1+r_r)/p} F(y)\mathrm{d}y \text{ 。}$$

（2）银行的期望损失为：

$$EBL_{r1}^{1} = \phi_r[(wq - B_r)r_r - \Pi_{br1}^{1}(R)] = \phi_r p\int_{0}^{(wq-B_r)(1+r_r)/p} F(y)\mathrm{d}y \quad \text{。}$$

2.零售商修正银行期望损失后的期望利润为

$$\Pi_{r1} = pq - p\int_{0}^{q} F(y)\mathrm{d}y - (wq - B_r)(1+r_r) + \phi_r p\int_{0}^{(wq-B_r)(1+r_r)/p} F(y)\mathrm{d}y - B_r$$

（二）供应商决策模型

1.资本信息不对称下的供应商决策

由于资本信息不对称，零售商的资金情况和融资情况并不为供应商所掌握。供应商以零售商无资金约束为前提条件，决策采购量。决策过程为：利用短期商品的需求情况，得出资金充足零售商的订购决策后，基于自身资金状况决策采购量。

由定理 6.1 可知，资金充足零售商的最优订购量为

$$q_0 = F^{-1}\left(\frac{p-w}{p}\right) \text{ 。}$$

由于供应商是期望零售商无资金约束下所做的决策，即预测

到零售商的最优订购量为 q_0，供应商自有资金为 B_s，可以无限获得融资，银行贷款无损失，供应商修正后的期望利润为：

$$\Pi_{s2}^1 = wq_0 - B_s - (cq_0 - B_s)(1 + r_s) + EBL_{s2}。$$

由于 $w \geq c(1 + r_s)$，有理性的供应商只要获得融资，就会采购到零售商的最优订购量来满足零售商需求，从而获得最大利润。

实际上，由于零售商受资金约束，零售商的资本情况影响供应商贷款风险，从而影响供应商的期望利润。

2.零售商资金约束对供应商决策的影响

供应商面临采购量大于资金约束零售商的定购量。

（1）银行期望利润

银行的期望利润为：

$$\Pi_{b2}^1(S) = \begin{cases} (cq_0 - B_s)r_s, & B_s > cq_0 - wq_1/(1 + r_s) \\ wq_1 - cq_0 - B_s, & B_s < cq_0 - wq_1/(1 + r_s) \end{cases}。$$

当 $q_1 > (cq_0 - B_s)(1 + r_s)/w$ 时，即对于初始资金满足 $B_s > cq_0 - wq_1/(1 + r_s)$ 的供应商，其销售收入大于银行融资，银行融资不存在风险；而对于初始资金为 $B_s < cq_0 - wq_1/(1 + r_s)$ 的供应商，由于高估零售商资金状况，造成商品滞销使销售收入无法偿还融资，银行只获得供应商所有销售收入，承担部分贷款损失。

（2）银行期望损失

综上所述，银行融资给供应商的期望损失：

$$EBL_{s2}^1 = \begin{cases} 0, & B_s > cq_0 - wq_1/(1+r_s) \\ \phi_s[(cq_0 - B_s)r_s - wq_1], & B_s < cq_0 - wq_1/(1+r_s) \end{cases}。$$

（3）修正银行期望损失后，供应商的期望利润

$$\Pi_{s2}^1 = \begin{cases} wq_1 - cq_0 - (cq_0 - B_s)r_s, & B_s > cq_0 - wq_1/(1+r_s) \\ wq_1 - cq_0 - (cq_0 - B_s)r_s + \phi_s[(cq_0 - B_s)r_s - wq_1], & B_s < cq_0 - wq_1/(1+r_s) \end{cases}。$$

（三）银行的期望损失和利润及供应链利润

1. 银行总的期望损失

由前面的分析可知，由于资本信息不对称，银行分别融资给资本信息不对称的供应商和零售商后，银行总的期望损失为：

$$EBL_{sc2}^1 = \begin{cases} \phi_s p \int_0^{(wq-B_s)(1+r_r)/p} F(y)dy, & B_s > cq_0 - wq_1/(1+r_s) \\ \phi_s[(cq_0 - B_s)r_s - wq_1] + \phi_s p \int_0^{(wq-B_s)(1+r_r)/p} F(y)dy, & B_s < cq_0 - wq_1/(1+r_s) \end{cases}$$

（6.14）

2. 银行总的期望利润

$$\Pi_{bSC2}^1 = \begin{cases} (cq_0 - B_s)r_s + (wq - B_r)r_r - p\int_0^{(wq-B_s)(1+r_r)/p} F(y)dy, & B_s > cq_0 - wq_1/(1+r_s) \\ wq_1 - cq_0 - B_s + (wq - B_r)r_r - p\int_0^{(wq-B_s)(1+r_r)/p} F(y)dy, & B_s < cq_0 - wq_1/(1+r_s) \end{cases}$$

（6.15）

3. 供应链的期望利润

$$\Pi_{sc2}^1 = \Pi_{r2}^1 + \Pi_{s2}^1$$ （6.16）

其中：

$$\Pi_{s2}^1 = \begin{cases} wq_1 - cq_0 - (cq_0 - B_s)r_s, & B_s > cq_0 - wq_1/(1+r_s) \\ wq_1 - cq_0 - (cq_0 - B_s)r_s + \phi_s[(cq_0 - B_s)r_s - wq_1], & B_s < cq_0 - wq_1/(1+r_s) \end{cases};$$

$$\Pi_{r2}^{1} = pq - p\int_{0}^{q} F(y)\mathrm{d}y - (wq - B_r)(1+r_r) + \phi_r\, p\int_{0}^{(wq-B_r)(1+r_r)/p} F(y)\mathrm{d}y - B_r。$$

比较各方期望利润表达式很容易得到，与信息对称相比，在双方都可以获得融资时，信息不对称降低了银行和供应商的利润和供应链的整体绩效，但零售商利润没有变化。因此，考虑供应链关系的持续性和供应链整体收益最大化，零售商会选择向供应商公开自己的资本信息，以达到整个供应链期望利润最大化，即银行同时融资给双方有利于实现供应链内资本信息共享。

二、只有供应商可以获得融资的情形

当只有供应商获得融资时，零售商受资金约束。但供应商基于零售商无资金约束的订购量采购商品，分析各方决策问题。

（一）零售商决策

根据定理 6.1，不能获得融资的零售商的利润随着其自有资金的增加而增加。为了获得最大利润，零售商的最优订购量是用全部自有资金购买商品，订购 q_1^2 的商品。

$$\Pi_{r2}^{2} = \Pi_{r1}^{2} = (p-w)\frac{B_r}{w} - p\int_{0}^{B_r/w} F(y)\mathrm{d}y$$

（二）供应商决策

1.供应商决策

由于零售商自有资金数量是私有信息，供应商在制定采购决策时，与信息不对称时双方均可以获得融资相同，仍然是针对没有资金约束零售商的决策。但此时，供应商的实际销售量为 q_1^2。

2.零售商资金约束对各方决策的影响

与资本信息不对称下银行贷款给零售商和供应商的情况分析类似，可得：

（1）银行期望利润：

$$\Pi_{bs2}^2 = \begin{cases} (cq_0 - B_s)r_s, & B_r > cq_0(1+r_s) - B_s \\ (cq_0 - B_s)r_s - \phi_s[(cq_0 - B_s)(1+r_s) - B_r], & B_r < cq_0(1+r_s) - B_s \end{cases}$$

（2）银行期望损失：

对于初始资金满足 $B_s > cq_0 - wq_1^2 / (1+r_s)$ 的供应商，其销售收入大于银行融资，银行融资不存在风险。而对于初始资金为 $B_s < cq_0 - wq_1^2 / (1+r_s)$，供应商利用大量融资来满足没有资金约束零售商的需求；由于高估销售资金状况，造成商品滞销使销售收入无法偿还融资；由于供应商承担有限责任，此时银行的利润为供应商全部所得 wq_1^2。因此，银行融资期望损失：

$$EBL_{s2}^2 = \begin{cases} 0, & B_s > cq_0 - wq_1^2 / (1+r_s) \\ \phi_s[(cq_0 - B_s)(1+r_s) - wq_1^2], & B_s < cq_0 - wq_1^2 / (1+r_s) \end{cases}。$$

其中 $q_1^2 = \dfrac{B_r}{w}$。

（3）修正期望损失后，供应商的期望利润为：

$$\Pi_{s2}^2 = \begin{cases} B_r - B_s - (cq_0 - B_s)(1+r_s), & B_r > cq_0(1+r_s) - B_s \\ B_r(1-\phi_s) - B_s - (cq_0 - B_s)(1+r_s) + \phi_s(cq_0 - B_s)(1+r_s), & B_r < cq_0(1+r_s) - B_s \end{cases}。$$

（三）银行的期望损失和利润及供应链利润

1. 银行总的期望损失

由前面的分析可知，由于资本信息不对称，银行只向供应链内的供应商提供融资后，银行总的期望损失为：

$$EBL_{sc2}^2 = \begin{cases} 0, & B_s > cq_0 - wq_1^2/(1+r_s) \\ \phi_s[(cq_0 - B_s)(1+r_s) - wq_1^2], & B_s < cq_0 - wq_1^2/(1+r_s) \end{cases} \quad （6.17）$$

2.银行总的期望利润

$$\Pi_{bSC2}^2 = \begin{cases} (cq_0 - B_s)r_s, & B_r > cq_0(1+r_s) - B_s \\ (cq_0 - B_s)r_s - \phi_s[(cq_0 - B_s)(1+r_s) - B_r], & B_r < cq_0(1+r_s) - B_s \end{cases}$$

$$（6.18）$$

3.供应链的期望利润：

$$\Pi_{sc2}^2 = \Pi_{r2}^2 + \Pi_{s2}^2 \quad （6.19）$$

其中：

$$\Pi_{s2}^2 = \begin{cases} B_r - B_s - (cq_0 - B_s)(1+r_s), & B_r > cq_0(1+r_s) - B_s \\ B_r(1-\phi_s) - B_s - (cq_0 - B_s)(1+r_s) + \phi_s(cq_0 - B_s)(1+r_s), & B_r < cq_0(1+r_s) - B_s \end{cases};$$

$$\Pi_{r2}^2 = \Pi_{r1}^2 = (p-w)\frac{B_r}{w} - p\int_0^{B_r/w} F(y)\mathrm{d}y 。$$

结论 6.4 对于有资金限制的零售商和供应商，只有供应商获得融资时，供应商的利润随着零售商资金的增加而增加，对于自有资金满足 $B_r < cq_0(1+r_s) - B_s$ 的零售商，银行利润随着零售商的资金的增加而增加；对于自有资金满足 $B_r > cq_0(1+r_s) - B_s$ 的零售商，银行利润与零售商的资金状况无关。

当零售商的自有资金满足 $B_r > cq_0(1+r_s) - B_s$ 时，由供应商的利润函数可知，供应商的利润随着零售商自有资金的增加而增加，银行的利润不受零售商的自有资金数量影响。但对于

$B_r < cq_0(1+r_s) - B_s$ 的零售商,供应商的利润会随着零售商自有资金的增加而增加,且银行的利润也会随着零售商资金数量的增加而增加,因此,作为理性的银行,为了获得最大利润,面对资金约束的零售商和供应商时,如果零售商的自有资金 $B_r < cq_0(1+r_s) - B_s$ 时,此时,零售商的资本状况越好,供应商越容易获得融资。这在一个侧面证明,即使是只有供应商获得融资,其同一供应链内企业的资金状况也会影响到链上成员的融资环境。

与资本信息对称相比,资本信息不对称且只有供应商获得融资时,银行的融资风险增加,供应商融资额增加,零售商利润没有变化。零售商和供应商自有资金对各方决策有影响。

三、只有零售商可以获得融资的情形

由定理 6.1 可知,银行只贷款给零售商时,零售商的最优订购量为 $q_1 = \bar{F}^{-1}(\dfrac{p-w(1+r_r)}{p})$,供应商自有资金为 B_s ,供应商得不到融资,因此零售商能得到的订购量为 $q_1^3 = \dfrac{B_s}{c}$ 。由于零售商的订购量不能超过供应商的供应量,零售商只能定购到供应商能供应的量。在这种情况下供应商的期望利润为:

$$\Pi_{s2}^3 = (w-c)q_1^3 。$$

由于零售商采购商品后再融资,因此,零售商融资时,供应商的资本信息为零售商所有。在只有零售商获得融资时,资本信

息不对称下各方决策与资本对称下各方决策相同。银行总的期望损失、总利润及供应链的总利润由（6.11）、（6.12）、(6.13)确定。

四、供应链联合融资的情形

当供应链成员均受资金约束时，双方可以选择联合融资进地贷款，即当一方违约时，另一方承担连带的还款责任，本部分只分析联合融资对银行贷款阈值和供应链最优定量影响。

结论 6.5 当双方的联合违约概率满足 $\phi_r\phi_s < \phi_2$ 时，银行会选择向其提供融资，供应链有最优订购量为 $q_b{}^*$，其中 ϕ_2、$q_b{}^*$ 分别满足：

$$\phi_2 = \frac{pf(q)}{(w+c)^2(1+r)^2 f[((w+c)q - B_s - B_r)(1+r)/p]};$$

$$p\bar{F}(q_b{}^*) = c + (w+c)r - \phi_r\phi_s(w+c)(1+r)F[((w+c)q_b{}^* - B_s - B_r)(1+r)/p]。$$

证明见附录。供应商、零售商联合融资，双方承担连带的还款责任。如果其中一方收入不足以偿还融资且违约时，另一方承担还款责任。因此，当一方收入不能偿还融资时，只要有一方还款，银行融资无风险。联合融资的违约风险为 $\phi_r\phi_s$，当 $\phi_r\phi_s > \phi_2$ 时，供应链的利润会随着购买数量的增加而增加，这部分增加来源于违约时对银行期望损失的修正，与前面类似，对于这类零售商和供应商，银行将拒绝提供融资；当 $\phi_r\phi_s < \phi_2$ 时，供应链在订购量为 $q_b{}^*$ 时获得最大利润，其中 $q_b{}^*$ 满足：

$$p\overline{F}(q_b{}^*) = c + (w+c)r - \phi_r\phi_s(w+c)(1+r)F[((w+c)q_b{}^* - B_s - B_r)(1+r)/p)]_\circ$$

由于 $\phi_r < 1$、$\phi_s < 1$，所以有 $\phi_r\phi_s < \phi_r$、$\phi_r\phi_s < \phi_s$，即联合融资小于零售商或供应商的违约风险，联合融资降低了银行融资风险。

五、综合比较

本部分，分析资本信息对称与资本信息不对称对银行收益的影响。

结论 6.6 银行只向供应商提供贷款时，当供应商的自有资金满足 $B_s > cq_0 - wq_1/(1+r_s)$ 时，或者供应商的自有资金满足 $B_s < cq_0 - wq_1/(1+r_s)$ 时，且供应商的违约率 $\phi_s < \phi_s^!$ 时，资本信息不对称时银行的期望利润大于资本信息对称时银行的期望利润，即 $\Pi_{bSC2}^2 > \Pi_{bSC1}^2$；相反，当供应商的违约率 $\phi_s > \phi_s^!$ 时，信息不对称的银行的利润小于信息不对称时利润，即 $\Pi_{bSC2}^2 < \Pi_{bSC1}^2$。其中：

$$\phi_s^! = \frac{cr_s(q_0w - B_r)}{w[(cq_0 - B_s)(1+r_s) - B_r]}_\circ$$

证明：令 $\phi_s^! = \dfrac{cr_s(q_0w - B_r)}{w[(cq_0 - B_s)(1+r_s) - B_r]}$，由公式（6.9）和（6.18）可知，当 $B_s > cq_0 - wq_1/(1+r_s)$，$\Pi_{bSC2}^2 > \Pi_{bSC1}^2$；或者当 $B_s < cq_0 - wq_1/(1+r_s)$，且 $\phi_s < \phi_s^!$ 时，$\Pi_{bSC2}^2 > \Pi_{bSC1}^2$；当

$B_s < cq_0 - wq_1 / (1+r_s)$，且 $\phi_s > \phi_s^1$ 时，$\Pi_{bSC2}^2 < \Pi_{bSC1}^2$。   证毕。

结论 6.7 银行向双方都提供贷款时，供应商的自有资金满足 $B_s > cq_0 - wq_1 / (1+r_s)$ 时，资本信息对称时银行的期望利润与信息不对称时银行的期望利润相同，即 $\Pi_{bSC2}^1 = \Pi_{bSC1}^1$；当供应商的自有资金满足 $B_s < cq_0 - wq_1 / (1+r_s)$ 时且供应商的违约率 $\phi_s < \phi_s^2$ 时，资本信息对称时银行的期望利润小于资本信息不对称时银行的期望利润，即 $\Pi_{bSC1}^1 < \Pi_{bSC2}^1$；相反，当供应商的自有资金满足 $B_s < cq_0 - wq_1 / (1+r_s)$，且供应商的违约率 $\phi_s > \phi_s^2$ 时，资本信息对称时银行的期望利润大于资本信息不对称时银行的期望利润，即 $\Pi_{bSC1}^1 > \Pi_{bSC2}^1$。其中：$\phi_s^2 = \dfrac{c(q_0 - q)r_s}{(cq_0 - B_s)r_s - wq_1}$。

证明：令 $\phi_s^2 = \dfrac{c(q_0 - q)r_s}{(cq_0 - B_s)r_s - wq_1}$，由公式（6.4）和（6.15）可知，当 $B_s > cq_0 - wq_1 / (1+r_s)$，$\Pi_{bSC2}^1 = \Pi_{bSC1}^1$；或者当 $B_s < cq_0 - wq_1 / (1+r_s)$，且 $\phi_s < \phi_s^2$ 时，$\Pi_{bSC1}^1 < \Pi_{bSC2}^1$；当 $B_s < cq_0 - wq_1 / (1+r_s)$，且 $\phi_s > \phi_s^2$ 时，$\Pi_{bSC1}^1 > \Pi_{bSC2}^1$。   证毕。

资本信息对称条件下，银行的融资风险只与零售商的违约率有关，且在只有供应商融资时，银行融资无风险；信息不对称，银行融资有风险时，银行融资对象的融资违约率影响银行期望损失。

第四节 研究结论与启示

本章研究了由单零售商和单供应商组成的二级供应链，两者都为中小企业，都受到资金约束。销售价格、采购成本、批发价格、商品需求分布等条件已知，供应商和零售商只有单一的采购和销售渠道。

一、研究结论

银行基于信用评级指标选择贷款对象，在研究资本信息对称与不对称条件下，银行贷款对象决策对各方的影响，研究发现：

（1）当零售商和供应商以自己为单位进行融资时，只有违约概率满足一定条件的零售商或供应商才能获得银行的资金支持；同时，也只有当融资成本满足一定条件时，零售商或供应商才会选择融资手段进行投资。

（2）在资本信息对称条件下，银行只向供应商提供融资的方式期望损失最小；选择向两方都提供融资的方式期望损失最大。银行的融资风险只与零售商的违约率有关，且只向供应商融资时，银行融资无风险；在信息不对称时，银行融资对象的融资违约率影响银行融资风险。

（3）在信息不对称时，只要银行向处于零售商提供资金支持，为了获得更大的利益，零售商就有动机向供应商公布自己的资金状况。但是，如果只选择向供应商融资，则零售商考虑到资金不足有可能带来的负面影响，而选择资本信息私有化。银行向供应商或向双方提供融资时，供应商和零售商的自有资金和双方的违约率影响银行的利润；但只向零售商提供融资时，与信息对称情况下的银行利润相同。

（4）联合融资决策降低了银行对于独自融资的违约率阈值，联合融资决策将需求风险分摊给供应商和零售商，降低了银行的融资风险，因此，在一定程度上解决了同样受资金约束供应商和零售商的融资困境。

二、管理启示

（1）即使双方都受资金约束，为了改善融资状况，供应链内资本信息对称对各方有利。资本信息对称时，银行选择向双方贷款、只向供应商贷款或者只向零售商贷款的方式下供应链参与各方的利润和供应链整体利润都不小于资本信息不对称的情况。

（2）供应商和零售商可以依据自身的违约率和自有资金状况，选择资本信息共享还是资本信息私有。同时，采用联合融资决策，即实现了资本信息对称，又降低了银行对于中小企业违约阈值的要求。既使供应链成员都是中小企业，基于供应链关系的融资也可以部分改善中小企业的融资环境。

本章研究了资本信息对称和不对称条件下，双方都受资金约束的中小企业，银行贷款对象选择和双方融资方式选择对各方决策的影响，得到的结论在一定程度上缓解了都受资金约束供应链企业的融资困难。研究方法同样适用于供应商可以依据自己资本量调整批发价格的情况。另一方面，如果处于同一供应链内受资金约束的两个企业，其中一方可以获得融资，是否会向另一方提供商业信用，还有待进一步研究。

第七章　研究结论与展望

第一节　主要结论与贡献

一、主要结论

本书运用金融学、运筹学、经济学和库存理论等相关理论和方法，研究基于供应链关系的中小企业融资模式，重点解决中小企业融资额不足和融资成本高的难题。

针对经营状态良好中小企业的融资额不足问题，引入零售商的主体不违约概率来刻画这类经营状态良好的中小企业的还款信用，研究了零售商违约时，供应商承担固定比率回购责任的零售商存货质押融资决策模型。考虑质押物有优先售出权和无优先售出权两种情况，探讨了零售商主体违约概率、供应商回购承诺对各方决策的影响；在解决中小企业融资成本问题时，分析了有、无信息更新期权契约下的各方决策模型和资本信息对称和不对称条件下的双方均为资金约束的中小企业的融资决策问题。具体为，分析了在三种期权契约（看涨期权、看跌期权、双向期权）下，风险规避银行和企业的融资决策，进一步分析了需求波动、银行风险规避程度、融资成本对各方决策的影响。同时，考虑需求信息更新对期权契约的重要影响，研究了需求信息更新下购买看涨期权契约的零售商和银行决策问题。在双方都为资金约束时，分析了资本信息对称和资本信息不对称下的融资决策问题。得到如下结论：

（一）核心企业以回购承诺直接参与融资，无论银行对零售商的商品采用哪种监控方式，供应商只对主体违约概率满足一定条件的零售商提供回购担保，且零售商主体违约概率越高，零售商期望质押率越大，银行确定的最优质押率越小。在质押物没有优先售出权，市场销售前景较好且零售商的主体违约概率较高时，供应商回购承诺有利于零售商获得更高的质押率。在市场销售前景不好时，以增加自身销售利润为目标的供应商不会提供回购承诺；质押物有优先售出权时，供应商会提供回购承诺，且质押物有优先售出权的损失临界点低于质押物无优先权情况下的损失临界点。质押物有优先售出权的贷款模式降低了对零售商主体违约概率的要求。

（二）在核心企业期权契约分担风险融资模式下，对比分析了三种期权契约下的融资模式，发现在银行的风险偏好不变时，三种期权契约下银行利润均随着商品需求波动的增加而降低，其中，看涨期权契约下银行的利润最高，看跌期权最低。零售商的破产风险随需求波动的增加而减少，其中，双向期权契约下的零售商破产风险最小，因此银行更偏好零售商选择双向期权契约。无论何种期权契约，在一定条件下均能激励零售商的购买行为，并改善零售商的融资环境。因此，零售商可以根据自身能够承担风险的程度选择相应的期权契约。需求的波动与银行的风险规避程度对零售商的订购决策和破产风险影响不同，零售商需权衡需求波动和银行的风险规避程度来选择对自己有利的订购模式。

CVaR 风险度量准则能够为银行有效地权衡风险和利润，并可通过设定不同的置信水平影响银行的最优利润阈值和最优利率。在 CVaR 风险度量准则下，看涨期权契约时银行利润和利率均最高。银行贷款决策者的风险规避程度影响利率决策和借贷对象的选择，最终对银行的利润产生影响，银行在选聘贷款决策人时，需要考虑其风险偏好。

（三）考虑需求信息更新的看涨期权契约下的融资决策问题，发现零售商最优实物订购量、放弃期权决策的分界点、零售商利润都随利率的增加而减少，但期权购买量、实施全部期权决策的分界点随利率的增加而增加。当银行利率增加时，零售商会先放弃利用期权购买商品，直至放弃融资。因此，当零售商受资金约束时，如果零售商的融资环境较差，即利率较高时，与零售商共同分担需求风险的看涨期权契约并不总是有效。只有当零售商的融资环境达到一定条件后，看涨期权契约才会被零售商采用。

商品需求的波动影响零售商的还款决策和银行的利率决策。虽然零售商采用期权和实物联合购买方式，来规避部分需求风险，但是银行进行利率决策时，还需要根据商品需求条件分布和需求信息的分布来决策利率，以规避贷款风险。只有当商品需求分布条件和市场信息分布条件满足一定条件时，看涨期权契约的风险规避作用才能体现出来。

（四）当供应链成员都受资金约束，零售商和供应商各自通过向银行借贷的方式进行融资时，只有违约概率满足一定条件的零售商或供应商才能获得银行的资金支持；同时，也只有当融资成本满足一定条件时，零售商或供应商才会选择融资手段投资。

在资本信息对称条件下及在银行单独向供应商提供融资的方式下，银行的期望损失最小，选择向两方都提供融资的方式下期望损失最大。银行的融资风险只与零售商的违约率有关，供应商的违约概率不影响银行决策，且只向供应商提供融资时，银行融资无风险。

在资本信息不对称时，只要银行向处于资本信息优势地位的零售商提供资金支持，零售商就有动机向供应商公布自己的资金状况。但是，如果银行只选择向供应商提供融资，则零售商考虑到资金不足有可能带来的负面影响会选择资本信息私有化。银行融资对象的融资违约率影响银行期望损失大小。

与资本信息对称相比，资本信息不对称时银行向供应商或向双方提供融资时，供应商和零售商的自有资金和双方的违约率影响银行的利润；但当银行只向零售商提供融资时，两种情况下零售商利润相同。联合融资决策降低了银行对于独自融资的违约率阈值，将需求风险分摊给供应商和零售商，降低了银行的融资风险，因此，在一定程度上解决了基于供应链关系的中小企业融资困境。

二、创新点

（一）将供应商回购作为融资支持的手段。供应商回购动机是支持中小企业融资决策，并引入了零售商主体违约概率刻画经营前景较好的中小企业

与现在大多数研究中把回购作为运营手段不同，本研究中，供应商的回购承诺作为对银行贷款进行风险分担的一种方式，分析回购承诺对各方融资决策的影响。不是将供应商回购当作扩大销售量的手段，本章回购作为融资支持手段影响了银行的贷款风险。同时，将零售商的主体不违约概率纳入研究中，更好地刻画了企业贷款信用较好的情况，使研究更加符合优质的中小企业实际情况。此外，进一步分析了质押物有优先售出权和质押物没有优先售出权时情况。经过分析得到了两种情况下各决策的定量表达式，并深入讨论了零售商主体违约概率和供应商回购比例及各方利润的影响，指出供应商提供回购承诺的存货质押融资在一定条件上可以解决的中小企业融资可得性。同时，作为核心企业直接参与的融资模式，供应商提供回购承诺只是其中的一种参与方式。对这种融资模式的研究也表明，核心企业采用其他方式直接参与的中小企业融资方式在一定条件下应具有可行性。

（二）引入银行的风险规避性，将三种期权契约下的融资模式进行对比，得到了各期权契约下，不同参与者的最优决策

将资金约束与期权契约结合起来，研究了作为灵活订购模式的期权契约对各方融资决策的影响，与大多数的期权契约只是规避需求风险不同，在考虑到期权契约规避需求风险的同时，与银行的风险规避性相结合。在综合考虑在需求波动性和银行风险规避性两种影响因素的前提下，三种期权契约下的零售商和银行最优决策，为受资金约束的零售商根据自身能够承担风险的程度和银行的风险规避程度，选择相应的期权契约提供建议。与现在大多数文献中较多地关注期权契约下的各方运营决策不同，本章将把研究重点放在看涨、看跌和双向期权契约对各方融资决策的影响以及供应链的协调上，得到了三种期权契约下实物订购量、期权购买量、供应商协调供应链的批发价格区间的表达式及基于CVaR风险度量准则下，银行的利润阈值和最优利率决策表达式。同时，这种研究方法也适用于对供应商提供不同需求风险分担契约下零售商和银行融资决策的分析中。

（三）将需求信息更新纳入到看涨期权决策中，在得到有需求信息更新时，商品需求波动、银行融资成本对各方的融资决策产生影响

考虑需求信息更新对看涨期权契约下各方决策的影响，将信息更新、看涨期权联合起来分析这种情况下资金约束零售商的融资决策，得到了零售商放弃全部看涨期权和实施全部看涨期权时的信息市场信息临界点定量表达式。本章还研究了商品需求信息分布服从均匀分布的情况，得到需求和市场信号不同条件下的零售商还款决策。最后分析了利率对零售商和银行决策的影响。通过研究发现，有信息更新的融资决策更有效地发挥期权规避需求风险的优势，也使研究更加贴近金融实际。

（四）将资本信息对称和不对称及银行的不同贷款决策结合起来，得到银行的不同贷款决策下供应链成员的最优融资决策

研究了在资本信息对称与不对称情况下，受资金约束供应链成员的融资问题。依据在金融实践中，银行并不掌握商品的需求情况，只是利用综合评价指标体系来对借贷企业进行信用评级做出融资决策的这一实际背景，研究了当供应链成员都受资金约束时，融资方可以通过银行的期望损失来修正自己的期望利润。在资本信息对称和资本信息不对称时，银行只单独贷款给供应商、零售商和同时贷款给两个企业时的贷款模式，得到了融资企业的违约率阈值、银行期望损失和各方利润情况表达式，以及联合贷款情况下，即供应商和零售商承担连带还款责任时，银行对企业信用评级的违约率阈值定量表达式，并通过对不同资本信息条件和不同贷款模式下融资决策的分析，为同样受资本约束供应链成员的融资问题提供可行的融资方案。

第二节　研究局限与研究展望

本书针对基于供应链关系的中小企业融资问题进行研究，完成了供应商参与贷款违约回购承诺时的零售商存货质押融资、期权契约下的零售商融资、有信息更新看涨期权契约的零售商融资和双方均受到资金约束时的融资策略，研究了零售商主体违约概率、供应商回购承诺、风险规避银行、信息更新、信息对称等因素对不同情景下中小企业融资决策影响，取得了一定的理论成果。作为运营管理、金融学的交叉学科，基于供应链关系的中小企业融资问题研究的内容还很多，本书只对基于供应链关系融资模型的小部分进行了探讨，未来尚存在进一步研究的空间，主要体现在以下几个方面：

（一）供应链成员的风险偏好问题

关于管理决策的实证研究中，发现企业的实际决策常常会偏离利润最大化决策（Ho，2008），管理者的风险偏好被认为是导致这种偏差发生的原因之一。当受资金约束零售商的决策者为风险追求者时，为了获得更大的效益，其制定的决策将大于最优的需求量；相反，当其为风险规避者时，与利润相同的损失量带给决策者的效用将更低。考虑到供应链成员风险偏好时，供应链成员的决策就是基于效用函数的最大化决策，而不是本书的基于利润最大化，这时，各方决策必然不同。因此基于决策者风险偏好的供应链融资问题是本书进一步研究的方向之一。

（二）模型和实证相结合

本书是基于实际问题，利用模型的分析方法得到了以上结论，并利用数值模拟进行印证。本书所用的建模方法偏重于决策的优化；而另一方面，在研究金融问题规律时，实证的方法应用也较为广泛。如何利用经济数据，结合数量经济的分析方法，分析各融资模式的规律，使模型机理研究与统计规律分析相结合分析基于供应链关系的中小企业融资模式，将是下一步研究的方向。

（三）探究基于电子商务平台的中小企业融资模式

随着电子商务的蓬勃发展，阿里金融等新的外部融资平台的出现，给中小企业开辟了新的融资渠道。这种融资方式，完全基于中小企业在平台上的交易额度、商品和资金流动速度等信息，形成的信用体系评价指标，不需要传统质押物和供应链成员参与，以严厉可行的违约惩罚（网站关停）手段，以及审批较快。完全封闭的资金流动管理等特点，成为现在中小企业融资的重要来源，对这种融资方式的研究，将是对中小企业融资的重要补充。

（四）政府支持下的中小企业融资模式

随着中小企业在中国经济地位的提升，为了解决一定区域范围内一部分发展前景良好的中小企业的融资难题，部分地区的政府也先继出台各种直接帮扶中小企业的融资方式，如包头市青山区政府 2014 年推行的中小企业履约保险贷款，这种融资模式是以政府将一定额度资金存入贷款银行作为启动资金，保险公司参保，银行审批中小企业的贷款模式，一旦出现贷款违约，违约损失由政府、保险公司和银行按约定比例共同承担的融资模式。这种四方参与的融资模式的推广，在解决中小企业融资问题中也发挥了重要的作用。因此，未来可以在这一方面对研究进行进一步深入。

参 考 文 献

中文部分:

[1] 安智宇,周晶.考虑供应商违约风险的 *CVaR* 最优订货模型[J]. 中国管理科学, 2009,17(2):66-70.

[2] 白少布,刘洪,陶厚勇. 供应链融资意义下的企业利润[J],经济管理,2008,30(19):139-143.

[3] 白少布,刘洪. 供应链融资的供应商与制造商委托代理激励机制研究[J].软科学,2010,24(10) :23-29.

[4] 白少布,刘洪. 供应链融资运作中的委托代理激励机制研究[J]. 软科学,2011,25(2):40-46.

[5] 白少布,刘洪. 基于供应链保兑仓融资的企业风险利润合约研究[J]. 软科学,2009,23(10):118-122.

[6] 白世贞,徐娜,章华.基于核心企业回购担保的存货质押融资决策分析[J].中国管理科学,2012,20(11):209-314.

[7] 陈金亮,宋华,徐渝. 不对称信息下具有需求预测更新的供应链合同协调研究[J]. 中国管理科学, 2010, 18 (1):83-89.

[8] 陈庭强,丁韶华,何建敏,李心丹. 风险企业融资中控制权转移与激励机制研究[J]. 系统工程理论与实践, 2014,34(5):1145-1152.

[9] 陈祥锋,石代伦,朱道立.融通仓与物流金融服务创新 [J].科技导报.2005,23(9):30-33.

[10] 陈祥锋,朱道立.现代物流金融服务创新—金融物流 [J].物流技术.2005,3:78-79.

[11] 陈志新.基于动态信用农户供应链融资模式研究[D].杭州:浙江大学,2010.

[12] 戴勇,朱桂龙. 以吸收能力为调节变量的社会资本与创新绩效研究—基于广东企业的实证分析[J].软科学,2011,25(1):80-85.

[13] 窦亚芹,朱金福. 非对称信息下供应链融资优化决策研究[J].管理评论,2012,24(9):170-176.

[14] 韩文强.基于成长的我国中小企业融资结构优化研究[D]. 长沙:中南大学,2008.

[15] 何娟,王建,蒋祥林.存货质押业务质物组合价格风险决策[J].管理评论,2013,25(11):163-176.

[16] 何娟,王欣. 存货质押业务风险因子关系影响分析：基于结构方程模型[J]. 现代管理科学, 2011 (7) :34-37.

[17] 胡本勇,王性玉,彭其渊. 供应链单向及双向期权柔性契约比较分析[J]. 中国管理科学 2007,15 (6):92-95.

[18] 胡海青,崔杰,张道宏,张丹. 中小企业商业信用融资影响因素研究[J]. 管理评论, 2014,34(5):36-48.

[19] 胡君晖.行为金融理论视角下中小企业融资困境研究[D]. 上海:华中科技大学,2011.

[20] 黄金波,李仲飞,姚海祥. 基于 CVaR 核估计量的风险管理[J]. 管理科学学报, 2014,17(3):49-59.

[21] 黄松,杨超,杨珺. 需求和成本同时扰动下双渠道供应链定价与生产决策[J]. 系统工程理论与实践, 2014,34(5):1145-1152.

[22] 贾卓鹏. 供应链融资：抵押品约束与中小企业信贷配给的有效突破[J]. 金融发展研究, 2010, (9)28-32.

[23] 康晶.成长型中小企业融资的理论与实证研究[D]. 长春:吉林大学,2007.

[24] 康蕾.商业银行中小企业服务业务发展策略[D]. 上海:同济大学,2008.

[25] 康立.非对称信息条件下中小企业银行信贷融资研究[D]. 上海:华东师范大学,2007.

[26] 李春光.社会资本视角下的中小企业融资问题研究[D]. 大连:东北财经大学,2010.

[27] 李琳,范体军. 不确定环境下两阶段供应链的期权契约协调[J]. 系统工程学报,2012,27 (6):812-822.

[28] 李卫姣,马汉武. 基于 B2B 的供应链融资模式研究 [J]. 科技与管理,2011,13(4):68-72.

[29] 李毅.不对称信息下中小企业信贷融资问题研究[D]. 重庆:重庆大学,2009.

[30] 李毅学, 冯耕中, 徐渝. 价格随机波动下存货质押融资业务质押率研究[J]. 系统工程理论与实践, 2007, 27(12) : 42- 48..

[31] 李毅学, 徐渝, 冯耕中. 重随机泊松违约概率下库存商品质押业务贷款价值比率研究[J]. 中国管理科学,2007, 15(1) : 21-26.

[32] 李毅学, 徐渝, 冯耕中.标准存货质押融资业务贷款.价值比率研究[J].

运筹与管理, 2006, 15 (6) : 78-82.

[33] 李毅学,冯耕中,张缓缓. 委托监管下存货质押融资的关键风险控制指标[J]. 系统工程理论与实践, 2011,31:588-598.

[34] 李毅学,汪寿阳,冯耕中. 物流融资中季节性存货质押融资质押率决策[J]. 管理科学学报, 2011,14:19-32.

[35] 李毅学,张暖暖,汪寿阳,冯耕中. 物流与供应链融资创新[M]. 北京:科学出版社,2010.

[36] 梁劲锋.茶叶产业特性及融资影响因素研究—以福建为例[D]. 福州：福建农林大学,2009.

[37] 刘成玉,黎贤强,王焕印:社会资本与我国农村信贷风险控制[J]. 社会资本与我国农村信贷风险控制. 浙江大学学报,2010,41(2):106-115.

[38] 刘艳萍,曲蕾蕾. 基于下偏度最小化贷款组合优化模型[J]. 中国管理科学, 2014,22(2):1145-1152.

[39] 刘燕武, 张忠桢,基于实际利润率分布的均—方差—条件风险价值多目标投资优化模型[J]. 系统管理学报 2010,19(4):444-450.

[40] 柳键,罗春林.利润-CVaR 准则下的二级供应链定价与订货策略研究[J]. 控制与决策, 2010,25(1):130-136.

[41] 鲁其辉,曾利飞,周伟华. 供应链应收账款融资的决策分析与价值研究[J]. 管理科学学报,2012,15(5):11-19.

[42] 罗齐,朱道立,陈伯铭.第三方物流创新:融通仓及其运作模式初探[J]. 中国流通经济, 2002, 11 :21-22.

[43] 罗正英,刘焕蕊. 引入贷款需求变动的信贷配给模型分析[J]. 南京财经大学学报,2011, 2:39-45.

[44] 马中华,朱道立. 物流企业在存货质押融资中的决策问题研究[J]. 系统工程学报,2011,26:346-351.

[45] 邱昊等.延期支付条件下的最优付款时间确定：考虑现金折扣情景[J]. 管理学报.2007, 4(2):191-200.

[46] 冉晖. 供应链融资：解决中小企业融资难的金钥匙[J]. 重庆科技学院学报(社会科学版), 2009, (10):99-10.

[47] 人民网.尚福林:深化银行业改革 提升全面风险管理水平[EB/OL].http://finance.people.com.cn/n/2013/0916/c1004-22939195.html, 2013.

[48] 尚文芳,祁明,陈琴. 需求预测更新条件下供应链的三阶段期权协调机制 [J]. 系统工程理论与实践, 2013,6(33):1424-1433.

[49] 尚文芳,祁明,陈琴.需求预测信息即时更新的供应链柔性期权协调契约 [J]. 管理学报,2013, 10(12):1827-1854.

[50] 深圳发展银行,中欧国际工商学院. 供应链融资[M]. 上海:上海远东出 版社,2008.

[51] 谭之博,赵岳. 企业规模与融资来源的实证研究 [J]. 融资研究, 2012,3:166-179.

[52] 王继承.中小企业 2013 年度报告 [EB/OL]. 中国经济报 告,http://guozhicn.cn/a/chubanwu/ zhongguojingjibaogao/ 2014/di2qi/ 2014 / 0210/ 1101.html.

[53] 王霄.我国中小企业融资行为研究[D]. 广州:暨南大学,2005.

[54] 王秀国 邱菀华. 均值方差偏好和下方风险控制下的动态投资组合决策 模型[J]. 数量经济技术经济研究,2005,12:107-115.

[55] 吴庆田. 信用信息共享下农村金融供求均衡与帕累托最优配置的实现 机制[J]. 管理世界, 2012,1:174-175.

[56] 吴小瑾.基于社会资本视角的中小企业集群融资机制研究[D]. 长沙:中 南大学, 2008.

[57] 吴言林.金融发展中区域经济增差异的融资因素研究[D]. 南京：南京大 学,2011.

[58] 香港交易所.国美电器2013公司年报[EB/OL]. 香港交易所.国美电器2013公司年 报.http://www.hkex.com.hk/chi/exchange/invest/finance/2013finstat_c.htm, 2013.

[59] 肖奎喜,邹亚宝,徐世长.面向农户与农村中小企业的微型信贷机制研究 兼论广东小额贷款的存续机制[J]. 华南农业大学学报,2010,9(3):33-40.

[60] 萧端.我国中小企业融资顺序及影响因素研究[D]. 广州:暨南大学,2010.

[61] 徐贤浩,邓晨,彭红霞. 基于供应链金融的随机需求条件下的订货策略[J]. 中国管理科学, 2011, 19 (2):63-71.

[62] 薛群英.走近"M+1+N"供应链金融方案[J]. 中国外汇,2010, 9:34-36.

[63] 晏妮娜等.考虑信用额度的仓单质押融资模式下供应链金融最优策略[J]. 系统工程理论与实践, 2011,31 (9):1675-1685.

[64] 易雪辉,周宗放. 核心企业回购担保下银行的存货质押融资定价决策[J]. 系统工程, 2011,29(1) :38-45.

[65] 殷孟波.民营科技企业融资：理论与实证研究[D]. 成都：西南财经大学,2009.

[66] 尤晓岚,冯耕中,徐金鹏,汪寿阳. 基于期权和 B2B 电子交易的供应链均衡策略[J]. 管理科学学报, 2014,17(6):1-12.

[67] 于辉,甄学平.考虑借款企业决策行为的供应链 CVaR 利率决策模型[J]. 系统科学与数学, 2011,31(10):1269-1278.

[68] 于辉,甄学平.中小企业仓单质押业务的质押率模型[J]. 中国管理科学, 2010, 18(6):104-112.

[69] 张媛媛.库存商品融资业务的贷款价值比的研究[D].北京：中国科学研究生院,2006.

[70] 赵映雪,孟晓阁,张惠,乔晗.双向期权在供应链协调中的应用[J]. 管理评论, 2012,24(7):164-176.

[71] 中国农业银行.回购担保融资[EB/OL]. http://www.abchina.com/cn/businesses/financing/dsttradefinace/ 200909/t20090914_12268.htm.

[72] 中国企业评价协会,国家发改委,国家统计局,国家工商总局,全国工商联,民建中央,中国民营科技实业家协会和深圳证券交易所联合组成的《中小企业发展问题研究》课题组.中国成长型中小企业发展报告.2005.

[73] 中国人民银行.中国人民银行关于进一步推进利率市场化改革的通知[EB/OL].

http://www.pbc.gov.cn/publish/goutongjiaoliu/524/2013/20130720090118342712267/ 20130720090118342712267_.html, 2013.

[74] 中国人民银行滨州市中心支行课题组. 供应链融资中的担保形态与监管设计：华兴案例[J]. 金融发展研究,2010, 8:56-59.

[75] 中国银行业监督管理委员会.商业银行信用风险内部评级体系监管指引[EB/OL].

http://www.cbrc.gov.cn/chinese/home/docView/200810175D0F54B9F73A 65B8FF13C44B69BBBD00.html.

[76] 钟远光,周永务,李柏勋,王圣东. 供应链融资模式下零售商的订货与定价研究[J]. 管理科学学报, 2011,14 (6):57-67.

[77] 周纯敏. 商业银行对供应链融资的风险管理[J]. 山西财经大学学报,2009, 11:115-116.

[78] 周建亨. 供应链中融资与回购决策分析[J]. 工业工程, 2010,13(3):25-28.

[79] 朱文贵.金融供应链分析与决策[D]. 上海:复旦大学,2007.

外文部分：

[1]   Abernathy F H, Dunlop J T, Hammond   J H, Weil D. A Stitch in Time[M]. Oxford University Press, New York, 1999.

[2]   Ai X Z, Ai J C, Zhao H X, Tang X W. Competition among supply chains: Implications of full returns policy[J]. Internation Journal of Production Economics, 2012, (139) 257-265.

[3]   Amram   M, Kulatilaka N. Real Options, Managing Strategic Investment in an Uncertain World[M]. Harvard Business School Press, Cambridge, MA,1999.

[4]   Anand K, Goyal M. Strategic Information Management Under Leakage in a Supply Chain[DB/OL]. The Wharton School of the University of Pennsylvania, Philadelphia , 2006.

[5]   Anupindi R, Bassok Y. Approximations for multiproduct contracts with stochastic demands and business volume discounts: single supplier case[J]. IIE Transactions, 1998b,30 (8):723-734.

[6]   Anupindi R, Bassok Y. Supply contracts with quantity commitments and stochastic demand[M]. In: Tayur, S., Ganeshan, R., Magazine, M. (Eds.), Quantitative Models for Supply Chain Management[C]. Kluwer Academic, New York , 1998a.

[7]   Arcelus F J, Shah N H, Srinivasan G. Retailer's response to special sales: price discount vs. trade credit[J]. Omega,2001,29(5):417-428.

[8]   Arkan A, Seyed R H . Coordinating orders in a two echelon supply chain with controllable lead time and ordering cost using the credit period[J]. Computers & Industrial Engineering, 2012,62(1):56-69.

[9]   Arthur B,Laffer. Trade credit and the money market[J].Journal of Political Economy, 1970, 78(2):239-267.

[10] Aviv Y, FedergruenA. The Operational Benefits of Information Sharing and Vendor Managed Inventory (VMI) Programs[DB/OL]. Working paper. Washington University and Columbia University , 1998.

[11] Azoury K S. Bayes solution to dynamic inventory models under unknown demand distribution[J]. Management Science, 1985, 31: 1150-1160.

[12] Baldwin C Y, Clark K B. Design Rules: The Power of Modularity[M]. Massachusetts Institute of Technology Press,Cambridge, MA, 2000.

[13] Banerjee S, Dasgupta S, Kim Y. Buyer-supplier relationships and Trade Credit[DB/OL].Hong Kong University of Science & Technology. Working Paper. Http://ssrn.com/abstract=590482.

[14] Barnes-Schuster D, Bassok Y, Anupindi R. Coordination and Flexibility in supply contracts with options[J]. Manufacturing and Service Operations Management, 2002, 4: 171-207.

[15] Bauzacott J A, Zhang R Q. Inventory Management by Asset-Based Financing[J]. Management Science, 2004,24(9):1274-1292.

[16] Benjamin S.Wilner.The exploitation of relationships in financial distress: the case of trade credit[J].The Journal of Finance,2002,55(1):153-178.

[17] Besanko D,Thakor A V. Competitive equilibrate in the credit market under asymmetric information[J]. Journal of Economic theory,1987,42:167-182.

[18] Bhunia A K, Maiti M. A two-warehouse inventory model for deteriorating items with a linear trend in demand and shortages[J]. Journal of Operational Research Society, 1998, 49(3): 287-292.

[19] Biais B, Gollier C. Trade credit and credit rationing[J]. The Review of Financial Studies,1997, 10(4): 903-937.

[20] Black F, Scholes M. The pricing of options and corporate liabilities[J]. Journal of Political Economy , 1973,81 (3), 637-654.

[21] Boyabatli O, Toktay L B. Stochastic Capacity Investment and Flexible vs. Dedicated Technology Choice in Imperfect Capital Markets[J]. Management Science, 2011,57(12):2163-2179.

[22] Brennan M J,Trigeorgis L. Real options: development and new contributions[M]. Oxford University Press, New York , 2000.

[23] Brown A,Chou M,Tang C. The implications of pooled returns policies[J]. International Journal of Production Economics , 2008,111 (1), 129-146.

[24] Burkat M, Ellingsen T. In-kind finance: A theory of trade credit[J]. The American Economic Review,2004,94(3):569-590.

[25] Burnetas A, Gillbert S M.Future capacity Procurements under unknown demand and increasing cost[J]. Management Science, 2001, 47:979-992.

[26] Burnetas A, Ritchken P. Option pricing with downward-sloping demand

curves: the case of supply chain options[J]. Management Science , 2005,51 (4), 566-580.

[27] Buzacott J A, Zhang R.　Inventory management with asset-based financing[J].　Management Science, 2004, 50 (9):1274-1292.

[28] Cachon G P, Lariviere M. Contracting to assure supply: how to share demand forecasts in a supply chain[J].　Management Science,2001;47(5):629-46.

[29] Cachon G, Fisher M. Supply chain inventory management and the value of shared information[J]. Management Science, 2000, 46 (8):1032-1048.

[30] Cachon G, Lariviere M A. Contracting to assure supply: how to share demand forecasts in a supply chain[J]. Management Science , 2001,47 (5): 629-646.

[31] Cachon G. Supply chain coordination with contracts[M]. Handbooks in Operations Research and Management Science: Supply Chain Management, North Holland , 2003.

[32] Cakanyidirim M, Feng Q, Gan X H, Sethi P. Contracting and coordination under asymmetric production cost information[J]. Production and Operations Management,2012, (21): 345-360.

[33] Caldentey R, Haugh M. Supply contracts with financial hedging[J]. Operations Research, 2009, 57(1): 47-65.

[34] Camerer C. Prospect theory in the wild: evidence from the field[M]. Choices, Values, and Frames. Cambridge University Press, Cambridge, 2001.

[35] Cerqueti R, Quaranta A. The perspective of a bank in granting credits: an optimization model[J] . Optimization Letters, 2012,6(5): 867-882.

[36] Chand S, Ward J. A note on economic order quantity under conditions of permissible delay in payments[J]. Journal of the Operational Research Society, 1987, 38: 83-84.

[37] Chandra K, Jaggi S K,Goyal S , Goel K. Retailer's optimal replenishment decision with credit-linked demand under permissible delay in payments[J]. European Journal of Operational Research, 2008,190(1):130-135.

[38] Chang H J, Hung C H, Dye C Y. A finite time horizon inventory model with deterioration and time-value of money under the conditions of permissible

delay in payments[J]. International Journal of Systems Science, 2002, 33:141-151.

[39] Chen F.. Information sharing and supply chain coordination[M]. Handbooks in Operation and Managements Science: Supply Chain Management. North-Holland, Amsterdam, 2003.

[40] Chen H, Chen J, Chen F. A coordination   mechanism for a supply chain with demand   information   updating[J]. International Journal   of Production Economics, 2006, 103(1):347-361.

[41] Chen J, Bell P C. Coordinating a decentralized supply chain with customer returns and price-dependent stochastic demand using a buyback policy[J]. European Journal of Operational Research , 2011,212 (2):293-300.

[42] Chen J, Xu L J. Coordination of the supply chain of seasonal products[J]. IEEE Transactions on Systems Man and Cybernetics A Systems and Humans, 2001, 31 (6):524-532.

[43] Chen J. Returns with wholesale-price-discount contract in a newsvendor problem[J]. International Journal of Production Economics , 2011,130 (1):104-111.

[44] Chen X, Cai G. Joint logisiticsandfinancial services by a 3PL firm[J]. European Journal of Operational Research, 2011, 214(3): 579-587.

[45] Cheng F, Ettl M, Lin G Y, Schwarz M, Yao D D. Flexible Supply Contracts via Options. IBM T.J. Working paper.Watson Research Center, Yorktown Heights, NY , 2003.

[46] Choi T M, Li D, Yan H M. Quick response policy with Bayesian information updates[J]. European Journal of Operational Research, 2006,170(3):788-808.

[47] Atanasova C V, Wilson N. Bank borrowing constraints and the demand for trade credit:Evidence from panel data[J]. Managerial and decision economics, 2003, 24:503-514.

[48] Chung K J, Liao J J. The optimal ordering policy of the EOQ model under trade credit depending on the ordering quantity from the DCF approach[J].European Journal of Operational Research ,2009,196 (2): 563-568.

[49] Chung K J, Liao J J. The simplified solution algorithm for an integrated

supplier-buyer inventory model with two-part trade credit in a supply chain system[J]. European Journal of Operational Research, 2011,213(1):156-165.

[50] Chung K J, Lin S D. The inventory model for trade credit in economic ordering policies of deteriorating items in a supply chain system[J]. Applied Mathematical Modelling, 2011, 35(6):3111-3115.

[51] Chung K J. A theorem on the determination of economic order quantity under conditions of permissible delay in payments[J]. Journal of Information & Optimization Sciences, 1998, 25(1): 49-52.

[52] Clarke R. Collusion and incentive for information sharing[J]. Bell Journal of Economics , 1983, 14:383-394.

[53] Cossin D, Hricko T. A Structural Analysis of Credit Risk With Risky Collateral: A Methodology for Haircut Determination[J]. Ecomomic Notes, 2003, 32(2):243-282.

[54] Cox J C, Ross S A, Rubinstein, M. Option pricing: a simplified approach[J]. Journal of Financial Economics , 1979,7:229-263.

[55] Cox J C, Ross S A. A survey of some new results in financial option pricing theory[J]. Journal of Finance, 1976, 31 (2): 383-402.

[56] Cruz B D, Jaros T, Milliot J. Business information markets : The strategic outlook[M]. Stamford: Simba Information, Incorporated, 2002.

[57] Dada M, Hu Q. Financing Newsvendor Inventory[J]. Operations Research Letters, 2008,36(5):569-573.

[58] Dada M, Hu Q. Financing newsvendor inventory . Operations Research Letters[J], 2008,36 (5): 569-573.

[59] Devangan L, Amit R K, Mehta P, Swami S, Shanker K. Individually rational buyback contracts with inventory level dependent demand[J]. International Journal of Production Economics, 2013,142(2):381-387.

[60] Ding D, Chen J. Coordinating a three level supply chain with flexible return policies[J]. Omega , 2008,36 (5): 865-876.

[61] Ding Q, Dong, Kouvelis P. On the integration of production and financial hedging decisions in global markets[J]. Operations Research, 2007,55 (3):470-489.

[62] Dixit A. Entry and exit decisions under uncertainty[J]. The Journal of Political Economy , 1989, 97 (3):620-638.

[63] Donohue K L. Efficient supply contracts for fashion goods with forecast updating and two production modes[J]. Management Science , 2000,46 (11):1397-1411.

[64] Elisa L, Lorenzo P. Some basic problems in inventory theory: The financial perspective[J] . European Journal of Operational Research, 1999, 114 (2):294-303.

[65] Emmons H S, Gilbert M. Note: the role of returns policies in pricing and inventory decisions for catalogue goods[J]. Management Science , 1998,44 (2):276-283.

[66] Erkoc M. Wu S D. Managing high-tech capacity expansion via reservation contracts[J]. Production and Operations Management,2005,14(2):232-251.

[67] Ethiraj S K, Levinthal D. Modularity and innovation in complex systems[J]. Management   Science , 2004,50 (2):159-173.

[68] Ferguson M E, Petruzzi G A, Zipkin P H. Commitment decisions with partial   information updating[J]. Naval Research Logistics, 2005, 52(8):780-795.

[69] Fisher M L. What is the right supply chain for your product[J]. Harvard Business Review , 1997,3: 105-116.

[70] Frazier R M. Quick response in soft lines[J]. The Discount Merchandiser,1986,2:40-56.

[71] Frederic B , Cyril M . Bankruptcy in credit chains[DB/OL]. work paper.European Central Bank, D.G.Research.Friedland, Seymour. The Economics of Corporate Finance Englewood Cliffs. Prentice-Hall, 1966.

[72] Fu Q, Lee C, Teo C. Procurement management using option contracts: random spot price and the portfolio effect[J]. IIE Transaction, 2010,42(11):793-811.

[73] GalOr E. Information sharing in oligopoly[J]. Econometrical , 1985,53(2):329-343.

[74] Gamba A, Fusari N. Valuing modularity as a real option[J]. Management Science, 2009, 55 (11), 1877-1896.

[75] Goyal S K. Economic order quantity under conditions of permissible delay in payments[J]. Journal of the Operational Research Society, 1985, 36(4): 335-338.

[76] Granot D, Yin S. On the effectiveness of returns policies in the price dependent newsvendor model[J]. Naval Research Logistics, 2005, 52 (8):765-779.

[77] Graves S C. A single-item inventory model for a nonstationary demand process[J]. Manufacture and Service Operation Management , 1999,1 (1):50-61.

[78] Guoming L, Laurens G, Katia S. Sharing inventory risk in supply chain: the implication of financial constraint[J]. Omega,2009,37(4):811-825.

[79] Gurnani H, Tang C S. Note: optimal ordering decisions with uncertain cost and demand forecast updating[J]. Management Science , 1999,45 (10):1456-1462.

[80] Ha A Y, Tong S. Contracting and information sharing under supply chain competition[J]. Management Science, 2008, 54 (4):701-715.

[81] Ha, A. Supplier-buyer contracting: asymmetric cost information and cutoff policy for buyer participation[J]. Naval Research Logistics, 2001, 48(1):41-64.

[82] Hadley G, Whitin T. A. Analysis of Inventory Systems[M]. Englewood Cliffs, New. Jersey: Prentice-Hall, 1963.

[83] Haley C W, Higgins R C. Inventory policy and trade financing[J]. Management Science, 1973,20 (4):464-471.

[84] Hartely R V.Opreations Research: A Managerial Emphasis[M]. Goodyear, Pacific Palisades, 1976.

[85] Hays C L. What Wal-Mart knows about customers' habits[N]. New York Times, 2004.

[86] Hill N C, Kenneth D. Determining the cash discount in the firm's credit policy[J]. Financial Management,1979,8(1):68-73.

[87] Ho T H, Zhang J. Designing pricing contracts for boundedly rational customers: Does the framing of the fixed fee matter[J],Management Science, 2008, 54(4): 686-700.

[88] Hu Q, Sobel M. Capital structure and inventory management.Working paper. Weatherhead School of Management, 2005.

[89] Huang Y F. An inventory model under two levels of trade credit and limited storage space derived without derivatives[J]. Applied Mathematical

Modeling, 2006, 30(5):418-436.

[90] Huchzermeier A, Loch C H. Project management under risk: using the real options approach to evaluate flexibility in R&D[J]. Management Science, 2001,47 (1):85-101.

[91] Hunter N A, King R E , Nuttle H L W. Evaluation of traditional and quick-response retailing procedures by using a stochastic simulation model[J]. The Journal of the Textile Institutes , 1996.87 (2):42-55.

[92] Jaggi C K, Aggarwal S P. Credit financing in economic ordering policies of deteriorating items[J]. International Journal of Production Economics, 1994,34(2):151-155.

[93] Jain K, Silver E A. The single period procurement problem where dedicated supplier capacity can be reserved[J]. Naval Research Logistics , 1995,42 (6):915-934.

[94] JamalA M M, Sarker B R, Wang S. An ordering policy for deteriorating items with allowable shortage sand permissible delay in payment[J]. Journal of the Operational Research Society, 1997, 48: 826-833.

[95] Jing B, Chen X, Cai G. Equilibrium financing in a distribution channel with capital constraint[J]. Production and Operations Management, 2012,21(6):1090-1101.

[96] Kahn J A. Why is production more volatile than sales? Theory and evidence on the stockout avoidance motive for inventory holding[J]. Quarterly Journal of Economics, 1992,107(2):481-510.

[97] Kar S, Bhunia A K, Maiti M. Deterministic inventory model with two levels of storage, a linear trend in demand and a fixed time horizon[J]. Computers & Operations Research , 2001,28(13):1315-1331.

[98] Kayis E, Erhun F, Plambeck EL . Delegation vs. Control of Component Procurement Under Asymmetric Cost Information and Simple Contracts[J]. Manufacturing & Service, 2013, 15(1):25-56.

[99] Kouvelis P, Zhao W. Financing the Newsvendor: Supplier vs. Bank and the Structure of Optimal Trade Credit Contracts[J]. Operations Research, 2012,60(3): 566-580.

[100] Lang, Nakamura. Flight to quality's in banking and economic activity[J]. Journal of Monetary Economics, 1995,38(1):145-164.

[101] Lariviere M A, Porteus E L. Selling to the newsvendor: an analysis of price only contracts[J]. Manufacturing and Service Operations Management, 2001,3 (4):293-305.

[102] Lee C H, Rhee B D. Trade credit for supply chain coordination[J]. European Journal of Operational Research, 2011, 214(2):136-146.

[103] Lee H L, So K C, Tang C S. The value of information sharing in a two-level supply chain[J]. Management Science, 2000,46 (5), 626-643.

[104] Li H T, Ritchken P, Wang Y Z. Option and Forward Contracting with Asymmetric Information: Valuation Issues in Supply Chain[J]. European Journal of Operational Research, 2009,197(1):134-148.

[105] Li L. Cournot oligopoly with information sharing[J]. Rand Journal of Economics, 1985,16:521-536.

[106] Li L. Information sharing in a supply chain with horizontal competition[J]. Management Science , 2002, 48 (9):1196-1212.

[107] Liang H C, Fu S K. Integrated vendor-buyer cooperative inventory models with variant permissible delay in payments[J]. European Journal of Operational Research, 2007,183(2):658-673.

[108] Liao H C, Tsai C H, Su C T. An inventory model with deteriorating items under inflation when a delay in payment is permissible[J]. International Journal of Production Economics, 2000, 63(2):207-214.

[109] Lindsay R, Sametz A. Financial management: an analytical approach[M]. Homewood, Illinois: Richard D. Irwin, 1967.

[110] Liu C, Jiang Z, Liu L, Geng N. Solutions for flexible container leasing contracts with options under capacity and order constraints[J]. International Journal of Production Economics, 2013,141 (1), 403-413.

[111] Ma L. Loss-averse newsvendor model with two ordering opportunities and market information updating[J]. International product ion Economics, 2012,140(2):912-921.

[112] Maddah B S, Jaber M Y, Abboud N E. Periodic review(s,S)inventory model with permissible delay in payments[J]. Journal of Operational Research Society, 2004,55:147-159.

[113] Marvel H P, Peck J. Demand uncertainty and returns policies[J]. International Economic Review, 1995,36 (3):691-714.

[114] Matsui K. Returns policy, new model introduction, and consumer welfare[J]. International Journal of Production Economics , 2010,124 (2):299-309.

[115] Mattila H, King R, Ojala N. Retail performance measures for seasonal fashion[J]. Journal of Fashion Marketing and Management , 2002,6 (4):340-351.

[116] Merton R C. Corporation theory of rational option pricing[J]. Bell Journal of Economics and Management Science, 1973,4 (1):141-183.

[117] Milner J M, Rosenblatt M J. Flexible supply contracts for short life-cycle goods: the buyer's perspective[J]. Naval Research Logistics , 2002,49, 25-45.

[118] Min J, Zhou Y W, Zhao J. An inventory model for deteriorating items under stock-dependent demand and two-level trade credit[J]. Applied Mathematical Modeling, 2010, 34: 3273-3285.

[119] Mishra B, Raghunathan S, Yue X. Demand forecast sharing in supply chains[J]. Productions and Operations Management , 2009,18(2):152-166.

[120] Mollenkopf D A, Rabinovich E, Laseter T M, Boyer K K. Managing internet product returns: a focus on effective service operations[J]. Decision Sciences , 2007,38(2):215-250.

[121] Morris G D, Jonathan A. Scott. Bank loan availability and trade credit demand[J]. Financial Review, 2004, 39(4):579-600.

[122] Nadiri. The determinants of trade credit in the U. S total manufacturing sector[J]. Econometrical, 1969, 37(3):408-423.

[123] Niskanen J, Niskanen M. The determinants of corporate trade credit policies in a bank-dominated financial environment :the case of Finnish small firm[J]. European Financial Management,2006,12(1):81-102 .

[124] Novshek W, Sonnenschein H. Fulfilled expectations Cournot duopoly with information acquisition and release[J]. Bell Journal of Economics , 1982,13:214-218.

[125] Ouyang L Y, Teng J T, Goyal S K, Yang C T. An economic order quantity model for deteriorating items with partially permissible delay in payments linked to order quantity[J]. European Journal of Operational Research, 2009, 194(3):418-431.

[126] Özer, Wei W. Strategic commitment for optimal capacity decision under asymmetric forecast information[J]. Management Science , 2006, 52(8):1238-1257.

[127] Padmanabhan V, Png I P L. Manufacturer's returns policies and retail competition[J]. Marketing Science , 1997,16 (1):81-94.

[128] Padmanabhan V. Png I P L. Reply to "Do return policies intensify retail competition?" [J]. Marketing Science, 2004, 23 (4):614-618.

[129] Padmanabhan V. Returns policies: make money by making good[J]. Sloan Management review, 1995,37(1):65-72.

[130] Pakkala T P M, Achary K K. A deterministic inventory model for deteriorating items with two warehouses and finite replenishment rate[J]. European Journal of Operational Research ,1992, 57: 71-76.

[131] Pasternak B A. Optimal pricing and return policies for perishable commodities[J]. Marketing Science Spring, 1985, 4(2): 166-176.

[132] Petersen M, Rajan R. Trade credit: theories and evidence[J]. Rev. Finance Studies, 1997,10: 661-691.

[133] Rachamadugu R. Effect of delayed payments(trade credit) on order quantities[J]. The Journal of the Operational Research Society,1989, 40(9): 805-813.

[134] Raghavan N R S, Mishra V K. Short-term financing in a cash-constrained supply chain[J]. International Journal of Production Economic, 2011, 134(2):407-412.

[135] Raith M. A general model of information in oligopoly[J]. Journal of Economic Theory , 1996,71: 260-288.

[136] Ritchken P H, Tapiero C S. Contingent claims contracting for purchasing decisions in inventory management[J]. Operations Research,1986,34 (6): 864-870.

[137] Robert A, Davis. Norman Gaither. Optimal ordering policies under conditions of extended payment privileges[J]. Management Science, 1985, 31(4):499-509.

[138] Robert A, Schwartz. An Economic Model of Trade Credit[J]. The Journal of Financial and Quantitative Analysis, 1974,9(4):643-657.

[139]Rockafellar R T, Uryasev S. Conditional Value-at-Risk for General Loss Distributions[J]. Journal of Banking and Finance, 2002,26(7):1443-1471.

[140]Rockafellar R T, Uryasev S. Optimization of Conditional Value-at-Risk[J]. The Journal of Risk, 2000,2(3) : 21-41.

[141] Rosenblatt M J. Multi-item inventory system with budgetary constraint: a comparison between the lagrangian and the fixed cycle approach[J]. International Journal of Production Research, 1981, 19(4):331-339.

[142] Roy C, Quaranta A G. The perspective of a bank in granting credits: an optimization model[J]. Optimization Letters,2012,6(5):867-882.

[143] Sao C Y, Sheen G J. A multi-item supply chain with credit periods and weight freight cost discounts[J]. International Journal of Production Economics,2012,135(1):106-115.

[144] Sarma, K V S. A deterministic order-level inventory model for deteriorating items with two storage facilities[J]. European Journal of Operational Research, 1987, 29(1):70-72.

[145] Schaefer,S. Product design partitions with complementary components[J].Journal of Economic Behavior & Organization, 1999, 38 (3): 311-330.

[146] Schweitzer M E, Cachon G P. Decision bias in the newsvendor problem with a known demand distribution: experimental evidence[J]. Management Science, 2000,46, 404-420.

[147] Shamir N. Strategic information sharing between competing retailers in a supply chain with endogenous wholesale price[J]. International Journal of Production Economics, 2012, 136 (2), 352-365.

[148] Shapiro C. Exchange of cost information in oligopoly[J]. Review of Economic Studies, 1986 53(3):433-446.

[149] Shawky A I, Abouelta M O. Constrained production lot-size model with trade-credit policy: a comparison geometric programming approach via Lagrange[J]. Production Planning and Control, 2001, 12(7): 654-659.

[150] Sheen G J, Tsao Y C. Channel coordination, trade credit and quantity discounts for freight cost[J]. Transportation Research Part E: Logistics and Transportation Review. 2007, 43(2):112-128.

[151] Sherbrooke C. Metric: A Multi-Echelon Technique for Recoverable Item

Control[J]. Operations Research, 1968, 16(1): 122-141.

[152] Shinn S W, Hwang H P, Sung S. Joint price and lot size determination under conditions of permissible delay in payments and quantity discounts for freight cost[J]. European Journal of Operational Research,1996, 91(3): 528-542.

[153] Signorelli S, Heskett J L. Benetton (A). Harvard Business School. Case #9-685-014, Cambridge, MA, 1984.

[154]Skinner R C. Fashion Forecasting at Oxford Shirtings, Proceedings of the Quick Response Conference, Chicago, IL, 1992, 3:17-18.

[155] Smith J C W. Option pricing: a review[J]. Journal of Financial Economics , 1976,3 (1-2): 3-51.

[156] Smith J K. Trade credit and informational asymmetry[J]. The Journal of Finance, 1987, 42(4):863-872.

[157] Soni H, Shah N H. Optimal ordering policy for stock-dependent demand under progressive payment scheme[J]. European Journal of Operational Research, 2008, 184(1):91-100.

[158] Spinler S. Capacity reservation for capital-intensive technologies.[M] New York, NY: Springer, 2003.

[159] Stanley D.Longhofer, Santos A C. The paradox of priority[J]. Financilal Management,2003,32(1):69-81.

[160] Stokes J R.Dynamic cash discounts when sales volume is stochastic[J]. The Quarterly Review of Economics and Finance, 2005,45(1):144-160.

[161]Sullivan T A, Warran E, Westbrool J. Financial Difficulties of Small Businesses and Reasons for Their Failure. Business Bankruptcy Project[EB/OL].
http://www.aba.gov/advo/research/ra188tot. pdf, University of Texas at Austin, 1998.

[162]Suresh P. Sethi , Houmin Y , Zhang H Q, Zhou J. A Supply Chain with a Service Requirement for Each Market Signal[J]. Production and Operations Management Society, 2007,16(3):332-342.

[163] Tan B. Managing manufacturing risks by using capacity[J]. Journal of the Operational Research Society , 2002,53 (2), 232-242.

[164] Tan B. On capacity options in lean retailing[M], Research Paper Series,

Center for Textile and Apparel Research. Harvard University , 2001.

[165] Taylor T. Sale timing in a supply chain: when to sell to the retailer[J]. Manufacturing & Service Operations Management ,2006,8(1):23-42.

[166] Teng J T, Krommyda I P, Skouri K, Lou K R. A comprehensive extension of optimal ordering policy for stock-dependent demand under progressive payment scheme[J]. European Journal of Operational Research, 2011, 215(1):97-104.

[167] Teng J T. On the economic order quantity under conditions of permissible delay in payments[J]. Journal of the Operational Research Society, 2002, 53(8): 915-918.

[168] Thomas B, Sanders. A model for credit rationing by international banks[J]. Journal of Multinational Financial Management, 1999 ,9(1):65-77.

[169] Trigeorgis L. Real options and interactions with financial flexibility[J]. Financial Management , 1993,22 (3), 202-224.

[170] Tsay A A, Nahmias S, Agrawal N. Modeling supply chain contracts: a review. In: Quantitative Models for Supply Chain Management[J]. Kluwer, New York,1999,17:300-336.

[171] Vives X. Duopoly information equilibrium: Cournot and Bertrand[J]. Journal of Economic Theory , 1984,34(1):71-94.

[172] Wang C X, Webster S. The loss-averse newsvendor problem[J]. Omega , 2009. 37(1): 93-105.

[173] Wang H. Do return policies intensify retail competition? [J]. Marketing Science, 2004,23 (3): 611-613.

[174] Wang Q Z, Tsao D B. Supply contract with bidirectional options: the buyer's perspective[J].   International Journal of Production Economics, 2006,101(1): 30-52.

[175] Wang Q, Chu B, Wang J. Risk analysis of supply contract with call options for buyers[J]. International Journal of Production Economics, 2012, 139(1): 97-105.

[176] Wang Q, Tang O, Tsao D. A flexible contract strategy in a supply chain with an inflexible production mode[J]. International Journal of Operational Research, 2006,1 (3), 228-248.

[177] Wang Q. Risk analysis of supply contract with call options for buyers[J].

Int. J. Production Economics, 2012,139(1):97-105.

[178] Wang X L, Liu L W. Coordination in a retailer-led supply chain through option contract[J]. International Journal of Production Economics, 2007, 110(1-2):115-127.

[179] Wang Y, Gerchak Y. Supply chain coordination when demand is shelf space dependent[J]. Manufacturing & Service Operations Management , 2001,3 (1):82-87.

[180] Wilmott P, Dewynne J, Howison S. Option Pricing: Mathematical Models and Computation[M]. Oxford Financial Press, 1994.

[181] Wu D J, Kleindorfer P R, Zhang J E. Optimal bidding and contracting strategies for capital-intensive goods[J]. European Journal of Operational Research, 2002, 137(3):657-676.

[182] Wu D J, Kleindorfer P R. Competitive options, supply contracting, and electronic markets[J]. Management Science, 2005, 51 (3):452-466.

[183] Wu D S. Coordination of competing supply chains with news-vendor and buyback contract[J]. Int. J. Production Economics, 2013,144(1):1-13.

[184] Xu X, Birge J R. Equity valuation, production, and financial planning: a stochastic programming approach[J]. Naval Research Logistics, 2006,53(7):641-655.

[185] Xu X, Birge J R. Joint production and financing decisions: Modeling and analysis[[DB/OL]]. Working Paper, Northwestern University, 2004.

[186] Yang S A, Birge J R. How inventory is (should be) Financed: trade credit in supply chains with demand uncertainty and costs of financial distress[DB/OL]. Http://ssrn.com/abstract=1734682.

[187] Yue X, Raghunathan S. The impacts of the full returns policies on supply chain with information asymmetry[J]. European Journal of Operational Research , 2007,180 (2):630-647.

[188] Zhang J, Chen J. Coordination of information sharing in a supply chain[J]. Production Economics,2013, 143(1):178-187.

[189] Zhao Y X, Wang S Y, Cheng T C E, Yang X Q, Huang Z M. Coordination of supply chains by option contracts: a cooperative game theory approach[J]. European Journal of Operational Research , 2010,207 (2): 668-675.

[190] Zhou J, Groenevelt H. Impacts of financial collaboration in a three-party supply chain. Working paper, The Simon School, University of Rochester, Rochester, NY, 2007.

[191] Zhou Y W. The effect of the delayed payment for purchasing cost on the optimal order policy of inventory system[J]. Systems Engineering Theory and Practice, 1997, 17 (4):116-120.

附　　录

定理 3.5 证明：

如果 $\beta > \dfrac{v-s}{w(1+r)}$ ，由（3.3）和（3.7）式联合可将银行的最优

化问题表示为：

$$\max : E\Pi_b(\beta) = (r-r_f)wq - \alpha\int_q^{\xi_1}[p-\theta w - (1-\theta)v]F(x)\mathrm{d}x$$

$$s.t. \quad \theta \leqslant \frac{(w-c)q - \alpha(p-v)\int_{\xi_1}^{\xi_n}F(x)\mathrm{d}x}{\alpha(w-v)\int_q^{\xi_1}F(x)\mathrm{d}x}$$

。

由银行的利润函数（3.3）可知，其利润的大小与回购率成正比，供应商的回购率越高，对银行越有利。因此，银行为了获得最大利润，将通过谈判使供应商尽可能承受最大的回购率，因此有：

$$\theta = \frac{(w-c)q - \alpha(p-v)\int_{\xi_1}^{\xi_n}F(x)\mathrm{d}x}{\alpha(w-v)\int_q^{\xi_1}F(x)\mathrm{d}x} 。$$

代入（3.4）式，可得银行的利润函数：

$$E\Pi_b = (r-r_f)wq + (w-c)q - \alpha(p-v)\int_q^{\xi_n}F(x)\mathrm{d}x 。$$

对其分别求其一阶和二阶导数可得：

$$\frac{\partial E\Pi_b}{\partial q} = (r-r_f)w + (w-c) - \alpha[(p-v)+w(1+r)]F(\xi_n) + \alpha(p-v)F(q)，（3.8）$$

$$\frac{\partial E^2\Pi_b}{\partial q^2} = -\alpha\frac{[(p-v)+w(1+r)]^2}{p-v}f(\xi_n)+\alpha(p-v)f(q)$$

$$< -\alpha\frac{[(p-v)+w(1+r)]^2}{(p-v)^2}\left\{\frac{f(\xi_n)}{\overline{F}(\xi_n)}-\frac{f(q)}{\overline{F}(q)}\right\} \text{。}$$

需求分布函数满足增效损失率，所以 $\frac{f(\xi_n)}{\overline{F}(\xi_n)}-\frac{f(q)}{\overline{F}(q)}>0$，可知

$\frac{\partial E^2\Pi_b}{\partial q^2}<0$，银行的利润函数为凹函数。因此银行利润最大化的质

押率为 $\beta_b^*=q_b^*/q_0$，其中 q_b^* 满足：

$$F(q_b^*)=\frac{\alpha[(p-v)+w(1+r)]F(\xi_n(q_b^*))-(r-r_f)w-(w-c)}{\alpha(p-v)} \qquad (3.9)$$

对于（3.9）式，当 $\beta_b^*=1$ 时，令 $q_0^b=q_0\big|_{\beta_b^*=1}$。如果不考虑零
售商的反应，银行只需依据（3.9）式对贷款质押存货量为 q_0,供应
商回购率 θ 的零售商制定质押率即可。如果考虑零售商的反应（定
理3.2），基于 $\overline{q}_0$ 和 q_0^b 的关系，则银行的最优决策又分为两种情况。

（1）若 $\overline{q}_0\geqslant q_0^b$，对于 $q_0\leqslant q_0^b$ 的零售商，在贷款额没有限制时，
零售商期望的最优再购入量越高越好。在实际操作中，银行出于规
避风险考虑，一般不会提供质押率为1的贷款。此时，银行提供的
最优质押率决策为 $\beta^*=1$。由于该情形下银行和零售商都不可能获
得最大利润，因此贷款质押存货量小于 $\overline{q}_0$ 的零售商一般不能获得
融资，即银行不会给质押物过少的零售商提供融资机会。

当 $\bar{q}_0 \leqslant q_0 < \hat{q}_0^{**}$ 时，如果 $\beta_b^* \geqslant \beta^{**}$，银行确定的最优质押率大于零售商期望得到的最优质押率，零售商会实现最优再购入量。但此时零售商只拿出部分贷款来再购入商品，剩余贷款有可能零售商和供应商共谋而被留作他用。银行考虑到零售商的融资行为，为了规避风险，将会把质押率设为零售商期望得到的最优质押率 β^{**}；如果 $\beta^{**} > \beta_b^*$，银行将质押率设为 β_b^* 来约束零售商的行为实现自身利润最大化；当 $q_0 > \hat{q}_0^{**}$ 时，销售的质押存货量已达到最优库存量，不需要融资。

（2）若 $\bar{q}_0 < q_0^b$，对于 $0 \leqslant q_0 < \bar{q}_0$，银行提供的质押率不会高于1以规避贷款风险；对于 $\bar{q}_0 \leqslant q_0 < \hat{q}_0^{**}$，如果银行的最优质押率大于零售商期望额度，银行考虑到零售商的反应后，为了防止供应商和零售商共谋，将剩余贷款挪为它用，银行将把最优质押率应设为 β^{**}；相反，银行将会把质押率设为 β_b^* 来约束零售商的行为以实现自身利润最大化。证毕。

定理 3.11 证明：

如果 $\beta > \dfrac{v-s}{w(1+r)}$，由（3.13）和（3.17）式联合可将银行的最优化问题表示为：

$$\max : (r - r_f)wq - \alpha \int_0^{\xi_{11}} [p - \theta w - (1 - \theta)v] F(x) \mathrm{d}x$$

$$s.t. \quad \theta \leqslant \frac{(w - c)q - \alpha(p - v)\int_{\xi_{11}}^{\xi_{n1}} F(x)\mathrm{d}x}{\alpha(w - v)\int_0^{\xi_{11}} F(x)\mathrm{d}x} \quad 。$$

由银行的利润函数（3.13）可知，其利润的大小与回购率成正比，供应商的回购率越高，对银行越有利。因此，银行为了获得最大利润，将通过谈判使供应商尽可能承受最大的回购率，因此有：

$$\theta = \frac{(w - c)q - \alpha(p - v)\int_{\xi_{11}}^{\xi_{n1}} F(x)\mathrm{d}x}{\alpha(w - v)\int_0^{\xi_{11}} F(x)\mathrm{d}x} \quad 。$$

代入（3.13）式，可得银行的利润函数：

$$E\Pi_b = (r - r_f)wq + (w - c)q - \alpha(p - v)\int_0^{\xi_{n1}} F(x)\mathrm{d}x \quad 。$$

对其分别求其一阶和二阶导数可得：

$$\frac{\partial E\Pi_b}{\partial q} = (r - r_f)w + (w - c) - \alpha((w + s)(1 + r) - v)F(\xi_{n1}) \quad (3.18)$$

$$\frac{\partial E^2\Pi_b}{\partial q^2} = -\alpha \frac{[(w + s)(1 + r) - v]^2}{p - v} f(\xi_{n1}) < 0 \quad 。$$

银行的利润函数为凹函数。因此银行利润最大化的质押率为 $\beta_b^* = q_b^* / q_0$，其中 q_b^* 满足：

$$q_b^* = \frac{1}{(w + s)(1 + r) - v}\left\{ (p - v)F^{-1}\left[\frac{(r - r_f)w + (w - c)}{\alpha((w + s)(1 + r) - v)} \right] - vq_0 \right\} \quad (3.19)$$

其他与定理 3.5 类似，此处省略。证毕。

定理 4.3 证明：

零售商的贷款总额 $L = wq_c^* + (w_c + w_0)q_{c0}^*$，即融资资金能够确保零售商订购实物、期权及实施期权。零售商的贷款破产销售量与实物购买量之间的关系不影响银行最优决策的计算方法，为计算方便，本章只考虑零售商的贷款破产销售量小于实物购买量的情况，此时 $x_0 = \dfrac{-vq_c^* + rw_cq_{c0}^* + (1+r)(wq_c^* + w_0q_{c0}^*)}{p-v}$。

$$\pi_b = \begin{cases} (p-v)x + vq_c^* - wq_c^* - (w_0 - w_c)q_{c0}^*, & x < x_0 \\ (p-v)x_0 + vq_c^* - wq_c^* - (w_0 - w_c)q_{c0}^*, & x \geqslant x_0 \end{cases}。$$ 由于 $x_0 < q$，

式中的 $w_cq_{c0}^*$ 为在销售到盈亏平衡点时，还没有实现期权的贷款资金剩余。

银行依据零售商的决策确定的最优利润阈值。对于任意给定的置信水平 β 的利率 $0 \leqslant r \leqslant 1$，使得看涨期权时银行的 $CVaR = \max F(r, \pi)$ 的最优利润阈值。

$$\begin{aligned} F(r, \pi) &= \pi - (1-\beta)^{-1} \int_{x \in R^m} [\pi - \pi_b]^+ f(x)\mathrm{d}x \\ &= \pi - (1-\beta)^{-1} \int_0^{x_0} [\pi - (p-v)x - vq_c^* + wq_c^* + (w_0 - w_c)q_{c0}^*]^+ f(x)\mathrm{d}x \\ &\quad - (1-\beta)^{-1} \int_{x_0}^{\infty} [\pi - (p-v)x_0 - vq_c^* + wq_c^* + (w_0 - w_c)q_{c0}^*]^+ f(x)\mathrm{d}x \end{aligned}$$

情景 1 ：当 $\pi + wq_c^* + (w_0 - w_c)q_{c0}^* - vq_c^* < 0$ 时， $F(r, \pi) = \pi$，则 $\dfrac{\partial F(r, \pi)}{\partial \pi} = 1 > 0$；

情景 2：当

$$-wq_c^* - (w_0 - w_c)q_{c0}^* + vq_c^* < \pi < (p-v)x_0 + vq_c^* - wq_c^* - (w_0 - w_c)q_{c0}^* \text{ 时，}$$

$$F(r,\pi) = \pi - \frac{(\pi - vq_c^* + wq_c^* + (w_0 - w_c)q_{c0}^*)}{1-\beta} \int_0^{\frac{\pi - vq_c^* + wq_c^* + (w_0 - w_c)q_{c0}^*}{p-v}} f(x)\mathrm{d}x$$
$$+ \frac{p-v}{1-\beta} \int_0^{\frac{\pi - vq_c^* + wq_c^* + (w_0 - w_c)q_{c0}^*}{p-v}} xf(x)\mathrm{d}x \quad,$$

令 $k = \dfrac{\pi - vq_c^* + wq_c^* + (w_0 - w_c)q_{c0}}{p-v}$ ，则 $\dfrac{\partial F(r,\pi)}{\partial \pi} = 1 - \dfrac{F(k)}{1-\beta}$ 。

当 $\pi = -wq_c^* - (w_0 - w_c)q_{c0}^* + vq_c^*$ 时，$\dfrac{\partial F(r,\pi)}{\partial \pi} = 1 > 0$ ；

当 $\pi = (p-v)x_0 - vq_c^* + wq_c^* + (w_0 - w_c)q_{c0}^*$ 时，

$$\frac{\partial F(r,\pi)}{\partial \pi}\bigg|_{\pi = (p-v)x_0 - vq_c^* + wq_c^* + (w_0 - w_c)q_{c0}^*} = 1 - \frac{F(x_0)}{1-\beta} 。$$

情景3： 当 $\pi > (p-v)x_0 + vq_c^* - wq_c^* - (w_0 - w_c)q_{c0}^*$ 时，

$$F(r,\pi) = \pi - (1-\beta)^{-1} \int_0^{x_0} [\pi - (p-v)x - vq_c^* + wq_c^* + (w_0 - w_c)q_{c0}^*]^+ f(x)\mathrm{d}x$$
$$- (1-\beta)^{-1} \int_{x_0}^\infty [\pi - (p-v)x_0 - vq_c^* + wq_c^* + (w_0 - w_c)q_{c0}^*]^+ f(x)\mathrm{d}x$$

$$\frac{\partial F(r,\pi)}{\partial \pi} = 1 - \frac{F(x_0)}{1-\beta} - \frac{(1-F(x_0))}{1-\beta} = 1 - \frac{1}{1-\beta} < 0 。$$

综合以上分析，可知当

$$\pi \in [-wq_c^* - (w_0 - w_c)q_{c0}^* + vq_c^*, (p-v)x_0 + vq_c^* - wq_c^* - (w_0 - w_c)q_{c0}^*]$$

时 基 于 有 最 优 解 ， 其 中 ： 若 $F(x_0) < 1-\beta$ ， 则
$\pi^* = (p-v)x_0 - vq_c^* + wq_c^* + (w_0 - w_c)q_{c0}^*$ ；若 $F(x_0) \geq 1-\beta$ ，则 π^* 满

足 $\dfrac{\partial F(r,\pi)}{\partial \pi} = 1 - \dfrac{F(k)}{1-\beta} = 0$ ，得：

$$\pi^* = (p-v)F^{-1}(1-\beta) - vq_c^* + wq_c^* + (w_0 - w_c)q_{c0}^* 。$$

因此，对于任意给定的利率 $0 \leqslant r \leqslant 1$ 及给定的置信水平 β ，

使得看涨期权时银行的 $CVaR = \max F(r, \pi)$ 的最优利润阈值为：

$$\pi^* = \begin{cases} (p-v)F^{-1}(1-\beta) - (w-v)q_c^* - (w_0 - w_c)q_{c0}^*, & F(x_0) \geqslant 1-\beta \\ (p-v)x_0 - (w-v)q_c^* - (w_0 - w_c)q_{c0}^*, & F(x_0) < 1-\beta \end{cases} 。$$

基于 $CVaR$ ，银行依据最优利润阈值分两种情景决策最优利率。

情景 1：当 $\pi^* = (p-v)F^{-1}(1-\beta) - (w-v)q_c^* - (w_0 - w_c)q_{c0}^*$ 时，

$$F(r, \pi^*) = -(w-v)q_c^* - (w_0 - w_c)q_{c0}^* + \frac{p-v}{1-\beta} \int_0^{F^{-1}(1-\beta)} x f(x) \mathrm{d}x ，$$

$$\frac{\mathrm{d}F(r, \pi^*)}{\mathrm{d}r} = (v-w)\frac{\mathrm{d}q_c^*}{\mathrm{d}r} - (w_0 - w_c)\frac{\mathrm{d}q_{c0}^*}{\mathrm{d}r} ，\quad 由 q_c^* 和 q_{c0}^* 的表达式可$$

知：

$$\frac{\mathrm{d}q_c^*}{\mathrm{d}r} = \frac{(w_c + w_0 - w)}{(w_c - v)f(q_c^*)} > 0 ，\quad \frac{\mathrm{d}q_{c0}^*}{\mathrm{d}r} = \frac{-(w_c + w_0)}{(p - w_c)f(q_{c0}^* + q_{c0}^*)} - \frac{\mathrm{d}q_c^*}{\mathrm{d}r} < 0 ，$$

且 $v < w$ ，可知 $\dfrac{\mathrm{d}F(r, \pi)}{\mathrm{d}r} > 0$ 。无最优解。

情景 2：当 $\pi^* = (p-v)x_0 - (w-v)q_c^* - (w_0 - w_c)q_{c0}^*$ 时，

$$F(r, \pi) = (p-v)x_0 - (w-v)q_c^* - (w_0 - w_c)q_{c0}^* - \frac{p-v}{1-\beta} \int_0^{x_0} F(x) \mathrm{d}x ，$$

可知：

$$\frac{\mathrm{d}F(r, \pi^*)}{\mathrm{d}r} = (p-v)[1 - \frac{F(x_0)}{1-\beta}]\frac{\mathrm{d}x_0}{\mathrm{d}r} + (v-w)\frac{\mathrm{d}q_c^*}{\mathrm{d}r} - (w_0 - w_c)\frac{\mathrm{d}q_{c0}^*}{\mathrm{d}r} 。$$

由 x_0 表达式可知：

$$\frac{\mathrm{d}x_0}{\mathrm{d}r} = \frac{wq_c^*}{p-v} + \frac{(w_0+w_c)q_{c0}^*}{p-v} + \frac{w(1+r)-v}{p-v}\frac{\mathrm{d}q_c^*}{\mathrm{d}r} + \frac{((1+r)w_0+rw_c)}{p-v}\frac{\mathrm{d}q_{c0}^*}{\mathrm{d}r} \,。$$

代入整理后可得银行基于 $CVaR$ 的最优利率 r^* 满足下列等式：

$$\left\{w_cq_{c0}^*+(wq_c^*+w_0q_{c0}^*)+((1+r)w-v)\frac{\mathrm{d}q_c^*}{\mathrm{d}r}\bigg|_{r=r^*}+((1+r)w_0+rw_c)\frac{\mathrm{d}q_{c0}^*}{\mathrm{d}r}\bigg|_{r=r^*}\right\}\left(1-\frac{F(x_0)}{1-b}\right)$$

$$=(w-v)\frac{\mathrm{d}q_c^*}{\mathrm{d}r}\bigg|_{r=r^*}+(w_0-w_c)\frac{\mathrm{d}q_{c0}^*}{\mathrm{d}r}\bigg|_{r=r^*}\,。$$

定理 4.4 证明：

零售商盈亏平衡点大于实物购买量,但小于实物和期权购买量之和,此时零售商的贷款有可能有剩余,同样盈亏平衡点也是销售收入与贷款本息和相等的销售点，即：

银行的贷款本息为 $(1+r)\left(wq_c^*+w_0q_{c0}^*+w_cq_{c0}^*\right)$。当零售商盈亏平衡点小于实物和期权购买量之和，贷款的剩余量为 $w_c(x-q_c^*)$，商品没有剩余，则可得零售商的盈亏平衡点为

$$x_{01} = \frac{-w_c(q_c^*+q_{c0}^*)+(1+r)\left(wq_c^*+w_0q_{c0}^*\right)}{p-w_c} \,。$$

此时，银行的利润为：

$$\pi_b = \begin{cases} (p-v)x+vq_c^*-wq_c^*-w_0q_{c0}^*+w_cq_{c0}^*, & x<q_c^* \\ (p-2w_c)x+(2w_c-w)q_c^*+(w_c-w_0)q_{c0}^*, & x_{01}>x\geqslant q_c^* \\ (p-2w_c)x_{01}+(2w_c-w)q_c^*+(w_c-w_0)q_{c0}^*, & x\geqslant x_0 \end{cases} \,。$$

由于 $x_0\geqslant q$，式中的 $w_c(q_c^*+q_{c0}^*-x)$ 为在销售到盈亏平衡点时，还没有实现期权的贷款资金剩余。

对于任意给定的置信水平 β 的利率 $0\leqslant r\leqslant 1$，使得看涨期权时

银行的 $CVaR = \max F(r,\pi)$ 的最优利润阈值。

$$F(r,\pi) = \pi - (1-\beta)^{-1} \int_{x \in R^m} [\pi - \pi_b]^+ f(x)\mathrm{d}x$$

$$= \pi - (1-\beta)^{-1} \int_0^{q_c^* - q_{c0}} [\pi - (p-v)x - vq_c^* + wq_c^* + (w_0 - w_c)q_{c0}^*]^+ f(x)\mathrm{d}x$$

$$-(1-\beta)^{-1} \int_{q_c^* - q_{c0}}^{x_{01}} [\pi - (p-2w_c)x - (2w_c - w)q_c^* - (w_c - w_0)q_{c0}^*]^+ f(x)\mathrm{d}x$$

$$-(1-\beta)^{-1} \int_{x_0}^{\infty} [\pi - (p-2w_c)x_{01} - (2w_c - w)q_c^* - (w_c - w_0)q_{c0}^*]^+ f(x)\mathrm{d}x$$

情景 1：　当 $\pi + wq_c^* + (w_0 - w_c)q_{c0}^* - vq_c^* < 0$ 时，$F(r,\pi) = \pi$，则

$$\frac{\partial F(r,\pi)}{\partial \pi} = 1 > 0;$$

情景 2：当

$$(v-w)q_c^* - (w_0 - w_c)q_{c0}^* < \pi < (p-v)(q_c^* - q_{c0}) + (v-w)q_c^* - (w_0 - w_c)q_{c0}^* \text{ 时，}$$

$$F(r,\pi) = \pi - \frac{(\pi - vq_c^* + wq_c^* + (w_0 - w_c)q_{c0}^*)}{1-\beta} \int_0^{\frac{\pi - vq_c^* + wq_c^* + (w_0 - w_c)q_{c0}^*}{p-v}} f(x)\mathrm{d}x$$

$$+ \frac{p-v}{1-\beta} \int_0^{\frac{\pi - vq_c^* + wq_c^* + (w_0 - w_c)q_{c0}^*}{p-v}} x f(x)\mathrm{d}x \quad,$$

令 $k = \dfrac{\pi - vq_c^* + wq_c^* + (w_0 - w_c)q_{c0}^*}{p-v}$，则 $\dfrac{\partial F(r,\pi)}{\partial \pi} = 1 - \dfrac{F(k)}{1-\beta}$。

当 $\pi = -wq_c^* - (w_0 - w_c)q_{c0}^* + vq_c^*$ 时，$\dfrac{\partial F(r,\pi)}{\partial \pi} = 1 > 0$；

当 $\pi = (p-v)x_{01} - vq_c^* + wq_c^* + (w_0 - w_c)q_{c0}^*$ 时，

$$\frac{\partial F(r,\pi)}{\partial \pi}\Bigg|_{\pi = (p-v)x_0 - vq_c^* + wq_c^* + (w_0 - w_c)q_{c0}^*} = 1 - \frac{F(x_{01})}{1-\beta}。$$

情景 3：　当满足下列条件：

$$(p-2w_c)x_{01} + (2w_c - w)q_c^* + (w_c - w_0)q_{c0}^* \geq \pi > (p-v)(q_c^* - q_{c0}^*) + vq_c^* - wq_c^* - (w_0 - w_c)q_{c0}^*$$

$$F(r,\pi) = \pi - (1-\beta)^{-1} \int_{x \in R^m} [\pi - \pi_b]^+ f(x) dx$$

$$= \pi - (1-\beta)^{-1} \int_0^{q_c^* - q_{c0}^*} [\pi - (p-v)x - vq_c^* + wq_c^* + (w_0 - w_c)q_{c0}^*]^+ f(x) dx$$

$$-(1-\beta)^{-1} \int_{q_c^* - q_{c0}^*}^{k_2} [\pi - (p - 2w_c)x - (2w_c - w)q_c^* - (w_c - w_0)q_{c0}^*]^+ f(x) dx$$

$$k_2 = \frac{(2w_c - w)q_c^* + (w_c - w_0)q_{c0}^*}{(p - 2w_c)}, \quad 则 \frac{\partial F(r,\pi)}{\partial \pi} = 1 - \frac{F(k)}{1-\beta}。$$

当 $\pi = (p-v)(q_c^* - q_{c0}^*) + vq_c^* - wq_c^* - (w_0 - w_c)q_{c0}^*$ 时，

$$\frac{\partial F(r,\pi)}{\partial \pi} = 1 > 0;$$

当 $\pi = (p - 2w_c)x_{01} + (2w_c - w)q_c^* + (w_c - w_0)q_{c0}^*$ 时，

$$\frac{\partial F(r,\pi)}{\partial \pi}\bigg|_{\pi = (p-2w_c)x_{01} + (2w_c - w)q_c^* + (w_c - w_0)q_{c0}^*} = 1 - \frac{F(x_{01})}{1-\beta}。$$

情景 4：当 $\pi < (p - 2w_c)x_{01} + (2w_c - w)q_c^* + (w_c - w_0)q_{c0}^*$ 时，

$$F(r,\pi) = \pi - (1-\beta)^{-1} \int_{x \in R^m} [\pi - \pi_b]^+ f(x) dx$$

$$= \pi - (1-\beta)^{-1} \int_0^{q_c^* - q_{c0}^*} [\pi - (p-v)x - vq_c^* + wq_c^* + (w_0 - w_c)q_{c0}^*]^+ f(x) dx$$

$$-(1-\beta)^{-1} \int_{q_c^* - q_{c0}^*}^{x_{01}} [\pi - (p - 2w_c)x - (2w_c - w)q_c^* - (w_c - w_0)q_{c0}^*]^+ f(x) dx$$

$$\frac{\partial F(r,\pi)}{\partial \pi} = 1 - \frac{F(x_{01})}{1-\beta} - \frac{(1 - F(x_{01}))}{1-\beta} = 1 - \frac{1}{1-\beta} < 0。$$

综合以上分析，可知当

$$\pi \in [-wq_c^* - (w_0 - w_c)q_{c0}^* + vq_c^*, (p - 2w_c)x_{01} + (2w_c - w)q_c^* + (w_c - w_0)q_{c0}^*]$$

时基于有最优解，其中：

若 $F(x_{01}) < 1 - \beta$，则

$$\pi^* = (p - 2w_c)x_{01} + (2w_c - w)q_c^* + (w_c - w_0)q_{c0}^* \, ;$$

若 $F(x_{01}) \geq 1 - \beta > F(q_c^* - q_{c0}^*)$，则 π^* 满足

$$\frac{\partial F(r, \pi)}{\partial \pi} = 1 - \frac{F(k_2)}{1 - \beta} = 0 \, , \quad 得：$$

$$\pi^* = (p - 2w_c)F^{-1}(1 - \beta) + (2w_c - w)q_c^* + (w_c - w_0)q_{c0}^* \, 。$$

若 $F(q_c^* - q_{c0}^*) \geq 1 - \beta$，则 π^* 满足 $\dfrac{\partial F(r, \pi)}{\partial \pi} = 1 - \dfrac{F(k_1)}{1 - \beta} = 0$，得：

$$\pi^* = (q_c^* - q_{c0}^*)F^{-1}(1 - \beta) + vq_c^* - wq_c^* - (w_0 - w_c)q_{c0}^* \, 。$$

因此，对于任意给定的利率 $0 \leq r \leq 1$ 及给定的置信水平 β，

使得看涨期权时银行的 $CVaR = \max F(r, \pi)$ 的最优利润阈值为：

$$\pi^* = \begin{cases} (p - v)F^{-1}(1 - \beta) + (v - w)q_c^* - w_0 q_{c0}^*, & F(q_c^*) \geq 1 - \beta \\ (p - 2w_c)F^{-1}(1 - \beta) - (2w_c - w)q_c^* + (w_c - w_0)q_{c0}^*, & F(x_{01}) \geq 1 - \beta > F(q_c^*) \\ (p - 2w_c)x_{01} - (2w_c - w)q_c^* + (w_c - w_0)q_{c0}^*, & F(x_{01}) < 1 - \beta \end{cases} \, 。$$

银行基于利润最大化，决策最优利率决策：

情景1　当 $\pi^* = (p - 2w_c)F^{-1}(1 - \beta) - (2w_c - w)q_c^* + (w_c - w_0)q_{c0}^*$ 时，

$$F(r, \pi^*) = (p - 2w_c)F^{-1}(1 - \beta) + (2w_c - w)q_c^* + (w_c - w_0)q_{c0}^* \\ - \frac{p - v}{1 - \beta}\int_0^{q_c^*} F(x)\,\mathrm{d}x - \frac{p - 2w_c}{1 - \beta}\int_{q_c^*}^{F^{-1}(1 - \beta)} F(x)\,\mathrm{d}x \, ,$$

$$\frac{\mathrm{d}F(r, \pi^*)}{\mathrm{d}r} = (2w_c - w)\frac{\mathrm{d}q_c^*}{\mathrm{d}r}(1 - \frac{F(q_c^*)}{1 - \beta}) + (w_c - w_0)\frac{\mathrm{d}q_{c0}^*}{\mathrm{d}r} \, , \quad 由 \ q_c^* \ 和$$

q_{c0}^* 的表达式可知

$$\frac{dq_c^*}{dr} = \frac{(w_c + w_0 - w)}{(w_c - v)f(q_c^*)} > 0 , \quad \frac{dq_{c0}^*}{dr} = \frac{-(w_c + w_0)}{(p - w_c)f(q_{c0}^* + q_{c0}^*)} - \frac{dq_c^*}{dr} < 0 ,$$

且 $v < w$，可知

$$\frac{dF(r, \pi^*)}{dr} > 0 。$$ 无最优解。

情景 2　当 $\pi^* = (p - 2w_c)F^{-1}(1 - \beta) - (2w_c - w)q_c^* + (w_c - w_0)q_{c0}^*$ 时，

$$F(r, \pi) = (p - v)x_{01} - (w - v)q_c^* - (w_0 - w_c)q_{c0}^* - \frac{p - v}{1 - \beta}\int_0^{x_{01}} F(x)dx ,$$

可知

$$\frac{dF(r, \pi^*)}{dr} = (p - v)[1 - \frac{F(x_{01})}{1 - \beta}]\frac{dx_{01}}{dr} + (v - w)\frac{dq_c^*}{dr} - (w_0 - w_c)\frac{dq_{c0}^*}{dr} 。$$

由 x_{01} 表达式可知：

$$\frac{dx_{01}}{dr} = \frac{wq_c^*}{p - v} + \frac{(w_0 + w_c)q_{c0}^*}{p - v} + \frac{w(1 + r) - v}{p - v}\frac{dq_c^*}{dr} + \frac{((1 + r)w_0 + rw_c)}{p - v}\frac{dq_{c0}^*}{dr} 。$$

代入整理后可得银行基于 CVaR 的最优利率 r^* 满足下列等式：

$$\left\{ w_c q_{c0}^* + (wq_c^* + w_0 q_{c0}^*) + ((1+r)w - v)\frac{dq_c^*}{dr}\Big|_{r=r^*} + ((1+r)w_0 + rw_c)\frac{dq_{c0}^*}{dr}\Big|_{r=r^*} \right\}\left(1 - \frac{F(x_{01})}{1 - b}\right)$$
$$= (w - v)\frac{dq_c^*}{dr}\Big|_{r=r^*} + (w_0 - w_c)\frac{dq_{c0}^*}{dr}\Big|_{r=r^*} 。$$

定理 4.9 证明：

由前面假设可知，零售商的贷款总额为 $L = wq_p^* + w_0 q_{p0}^*$，即融资量满足零售商订购实物、订购看跌期权。

类似定理 4.3 的证明，只考虑零售商的盈亏平衡点小于实现全部看跌期权的销售量的情况，此情形下的零售商盈亏平衡点为：

$$x_0 = \frac{(1+r)(wq_p^* + w_0 q_{p0}^*) - w_p q_{p0}^* - v(q_p^* + q_{p0}^*)}{p - v} 。$$

对于任意给定的置信水平 β 的利率 $0 \leqslant r \leqslant 1$，使得看涨期权时银行的 $CVaR = \max F(r, \pi)$ 的最优利润阈值。

$$F(r, \pi) = \pi - (1-\beta)^{-1} \int_0^{x_0} [\pi - (p-v)x + (w-v)q_p^* + (w_0 + v - w_p)q_{p0}^*]^+ f(x)\mathrm{d}x$$
$$-(1-\beta)^{-1} \int_{x_0}^{\infty} [\pi - (p-v)x_0 + (w-v)q_p^* + (w_0 + v - w_p)q_{p0}^*]^+ f(x)\mathrm{d}x$$

类似定理 4.3 的分析，可得：对于任意给定的利率 $0 \leqslant r \leqslant 1$ 及给定的置信水平 β，使得看涨期权时银行的 $CVaR = \max F(r, \pi)$ 的最优利润阈值为：

$$\pi^* = \begin{cases} (p-v)F^{-1}(1-\beta) + (w-v)q_p^* + (w_0 + v - w_p)q_{p0}^*, & F(x_0) \geqslant 1 - \beta \\ (p-v)x_0 + (w-v)q_p^* + (w_0 + v - w_p)q_{p0}^*, & F(x_0) < 1 - \beta 。 \end{cases}$$

银行基于 $CVaR$ 的最优利率决策：

情景 1　当 $\pi^* = (p-v)F^{-1}(1-\beta) + (w-v)q_p^* + (w_0 + v - w_p)q_{p0}^*$ 时，

$$\frac{\mathrm{d}F(r, \pi^*)}{\mathrm{d}r} = -(w + w_0 - w_p)\frac{\mathrm{d}q_p^*}{\mathrm{d}r} - (w_0 + v - w_p)\frac{\mathrm{d}(q_p^* - q_{p0}^*)}{\mathrm{d}r}，\quad 由于$$

$$w + w_0 > w_p \quad 、\quad w_p - v < w_0 \quad 、\quad \frac{\mathrm{d}q_p^*}{\mathrm{d}r} = -\frac{w_0 + w}{(p - w_p)f(q_p^*)} < 0 \quad 、$$

$$\frac{\mathrm{d}(q_p^* - q_{p0}^*)}{\mathrm{d}r} = \frac{w_0}{(w_p - v)f(q_p^* - q_{p0}^*)} > 0 , \quad \frac{\mathrm{d}F(r, \pi^*)}{\mathrm{d}r} > 0 \text{ 无最优利率决}$$

策；

情景 2： 当 $\pi^* = (p-v)x_0 + (w-v)q_p^* + (w_0 + v - w_p)q_{p0}^*$ 时，

$$F(r, \pi^*) = (p-v)x_0 - (w-v)q_p^* - (w_0 + v - w_p)q_{p0}^* + \frac{p-v}{1-\beta}\int_0^{x_0} xf(x)\mathrm{d}x ,$$

可得

$$\frac{\mathrm{d}F(r, \pi^*)}{\mathrm{d}r} = (p-v)[1 - \frac{F(x_0)}{1-\beta}]\frac{\mathrm{d}x_0}{\mathrm{d}r} - (w-v)\frac{\mathrm{d}q_p^*}{\mathrm{d}r} - (w_0 + v - w_p)\frac{\mathrm{d}q_{p0}^*}{\mathrm{d}r} 。$$

最优利率满足：

$$\left\{ (wq_p^* + w_0 q_{p0}^*) + ((1+r^*)w - v)\frac{\mathrm{d}q_p^*}{\mathrm{d}r}\Big|_{r=r^*} + ((1+r^*)w_0 - w_p + v)\frac{\mathrm{d}q_{p0}^*}{\mathrm{d}r}\Big|_{r=r^*} \right\}[1 - \frac{F(x_0)}{1-\beta}]$$
$$= (w-v)\frac{\mathrm{d}q_p^*}{\mathrm{d}r}\Big|_{r=r^*} + (w_0 + v - w_p)\frac{\mathrm{d}q_{p0}^*}{\mathrm{d}r}\Big|_{r=r^*} 。$$

定理 5.4 证明：

$i \in [b-n, b+n]$ ，由于观察到的随机需求市场需求信号的不同，将零售商的情况分为以下情况进行研究。

（1） $b+n \geq i \geq q + q_0 + m$ 。在此情景下，即使零售商行使全部的看涨期权也不能满足需求。显然，为了获得最大的利润，零售商最优决策为行使全部期权 $q_e = q_0$ ，期望利润为：

$$U_{t1}^1(q, q_0, q_0 | i) = p(q + q_0) - (w_e q_0 + w_0 q_0 + wq)(1+r) 。$$

（2）$b-n \leqslant i \leqslant q-m$。此时，即使零售商实物购买量也超过了市场需求。显然，为了获得最大的利润，最优决策为放弃全部期权，即 $q_e = 0$，零售商的期望利润为：

$$U_{i1}^2(q,q_0,0|i) = pq - (w_0 q_0 + wq)(1+r) - (p-v_b)\int_{i-m}^{i+m} \frac{1}{2m}(x-i+m)\mathrm{d}x 。$$
$$= ip - iv_b + qv_b - (w_0 q_0 + wq)(1+r)$$

（3）$q+q_0+m > i > q-m$，零售商实现部分看涨期权，期望利润为：

$$U_{i1}^3(q,q_0,q_e|i) = \int_{i-m}^{q+q_e} \frac{px + v_b(q+q_e-x)}{2m}\mathrm{d}x + \int_{q+q_e}^{i+m} \frac{p(q+q_e)}{2m}\mathrm{d}x - (w_e q_e + w_0 q_0 + wq)(1+r)$$

此情况又分为以下三种：

（1）当 $q+q_0+m > i \geqslant i_0+q_0$ 时，最优期权实现量为 $q_e = q_0$，零售期望利润为 $U_{i1}^3(q,q_0,q_0|i)$；

（2）当 $i_0+q_0 > i \geqslant i_0$ 时，零售商实现部分看涨期权，依据定理 5.1，将市场需求信号和商品需求分布代入可得，最优期权实现量为 $q_e = q_{e2}^* = i - i_0$，其中 $i_0 = q + \dfrac{-m(p+v_b-2w_e(1+r))}{p-v_b}$，对应的零售商的利润为 $U_{i1}^3(q,q_0,q_{e2}^*|i)$；

（3）当 $i_0 > i \geqslant q-m$ 时，最优期权实现量为 $q_e = 0$，零售商的利润为 $U_{i1}^3(q,q_0,0|i)$。　　证毕。

定理 5.5 证明：

在 t_0 时刻，零售商决策最优期权和实物购买量以获得最大利润。

零售商的期望利润为：

$$U_{t0}(q,q_0) = \int_{b-n}^{q-m} U_{t1}^2(q,q_0,0\,|i)h(i)\mathrm{d}i + \int_{q-m}^{i_0+q_0} U_{t1}^3(q,q_0,0\,|i)h(i)\mathrm{d}i$$
$$+ \int_{i_0}^{i_0+q_0} U_{t1}^3(q,q_0,i-i_0\,|i)h(i)\mathrm{d}i + \int_{i_0}^{q-q_0+m} U_{t1}^3(q,q_0,q_0\,|i)h(i)\mathrm{d}i \; ;$$
$$+ \int_{q-q_0+m}^{b+n} U_{t1}^1(q,q_0,q_0\,|i)h(i)\mathrm{d}i$$

化简可得：

$$U_0(q,q_0) = \frac{(b+m-n-q)(-np+pq-n v_b -q_0 b + b(p+v_b) - m(p+v_b) + 2qw + 2q_0 rw + 2q_0(1+r)w_0)}{4n}。$$

对 q_0 求一阶条件得：$Aq + Aq_0 + B = 0$，其中

$$A = (p - w_e(1+r))(p - v_b) \quad ;$$

$$B = -2b(p-v_b)(p-(1+r)w_e) - 2m(p+v_b - 2(1+r)w_e)(v_b - (1+r)w_e)$$
$$+ 2n(p-v_b)(-p+(1+r)(2w_0+w_e))$$

对 q 求一阶条件得：$Cq + Aq_0 + E = 0$。其中 $C = 2(p-v_b)^2$，

$$E = (p-v_b)(b(p-v_b) + n(p+v_b - 2(1+r)w))。$$

求解可得 $q = \dfrac{E-B}{A-C}$，$q_0 = \dfrac{BC-EA}{(A-C)A}$。

情景 1：由于期权的订购量一定非负，因此，当

$q_0 = \dfrac{BC-EA}{(A-C)A} < 0$ 时，零售商放弃购买期权，最优期权决策为

$q_0 = 0$ ；　$q_0 = \dfrac{BC - EA}{(A - C)A} \geq 0$ 时，零售商最优期权购买量为

$q_0^* = \dfrac{BC - EA}{(A - C)A}$ 。

对于实物订购量，由于 $(1 + r)w_e > v_b$ ，可知：

$$E - B = 2b(p - v_b)\big((1 + r)w_e - v_b\big) + 2m(3p + v_b + 2rw_e)\big((1 + r)w_e - v_b\big) ;$$
$$+ 2n(p - v_b)(1 + r)2w_0 > 0$$

$A - C = 2(p - v_b)\big((1 + r)w_e - v_b\big) > 0$ ；　$q = \dfrac{E - B}{A - C} > 0$ 。零售商的最优

订购组合为 $q^* = \dfrac{E - B}{A - C}$ ，　$q_0^* = \dfrac{BC - EA}{(A - C)A}$ 。

情景 2：如果 $\dfrac{E - B}{A - C} \geq 0$ ，$\dfrac{BC - EA}{(A - C)A} \leq 0$ ，$\dfrac{E}{C} < 0$ 时，这时由于

期权的最优订购量小于零，因此 $q_0^* = 0$ ，由于 $\dfrac{E}{C} < 0$ ，可知，此时

实物订购量大于零，零售商的最优实物订购量为 $q^* = -\dfrac{E}{C}$ 。

情景 3：如果 $\dfrac{E - B}{A - C} \geq 0$ ，$\dfrac{BC - EA}{(A - C)A} \leq 0$ ，$\dfrac{E}{C} > 0$ 时，此时，零

售商也不会使用期权来订购商品。由于此时 $\dfrac{\partial U_{t0}(q, q_0)}{\partial q} > 0$ ，零售

商的利润会随着实物订购量的增加而增加，零售商会订购到最大

实物订购量，即此时的最优决策为 $q^* = b + n + m$ ，$q_0^* = 0$ 。

情景 4：如果 $\dfrac{E-B}{A-C} \geqslant 0$，$\dfrac{BC-EA}{(A-C)A} \leqslant 0$，$\dfrac{E}{C}=0$ 时，由于此时

$\dfrac{\partial U_{t0}(q,q_0)}{\partial q} < 0$，零售商的利润会不会随着实物订购量的增加而改

变，基于帕累托改进理论，零售商会订购到最小实物订购量，即

此时的最优决策为 $q^* = b-n-m$，$q_0^* = 0$；证毕。

定理 6.1 证明：

根据 Dada 和 Hu(2008)可知，零售商的最优订购量与初始的

资金状况相关。

情景 1：当自有资金大于所需资金，零售商根据商品的需求情

况决策订购，为经典的报童模型，此时零售商的期望利润为：

$$\Pi_r = E[p\min(x,q)-wq] = pq - p\int_0^q F(y)\mathrm{d}y - wq \ 。$$

零售商的期望利润对订购量求一阶及二阶导数得：

$$\frac{\mathrm{d}\Pi_r}{\mathrm{d}q} = p - pF(q) - w ;$$

$$\frac{\mathrm{d}^2\Pi_r}{\mathrm{d}q^2} = -pf(q) 。$$

由于 $\dfrac{\mathrm{d}^2\Pi_r}{\mathrm{d}q^2} = -pf(q) < 0$，所以，零售商期望利润为凹函数，

即 $\dfrac{\mathrm{d}\Pi_r}{\mathrm{d}q}=0$ 对应的订购量为最优订购量。即：

$\dfrac{\mathrm{d}\Pi_r}{\mathrm{d}q} = p - pF(q) - w = 0$ ，得出 $q_0 = F^{-1}(\dfrac{p-w}{p})$ 为最优订购量。

当零售商具有充足自有资金，订购量 $q_0 = F^{-1}(\dfrac{p-w}{p})$ 时，零售

商的期望利润最大，即此订购量为零售商自有资金充足情况下的

最优决策。

情景 2：由于利率较高，或者自有资金缺口较少导致

$F^{-1}(\dfrac{p-w(1+r_r)}{p}) < \dfrac{B_r}{w}$ ，此时选择融资反而会降低订购量，融资并

没有提高零售商的利润，基于利润最大化的零售商选择用尽自有

资金用来购买商品。

情景 3：零售商利用融资手段来满足资金需求，由于成本的提

高而使最优订购量发生变化，此时零售商的期望利润为：

$$\begin{aligned}
\Pi_{r1} &= E[\, p\min(x,q) - B_r - (wq - B_r)(1+r_r) \\
&= pq - p\int_0^q F(y)\mathrm{d}y - (wq - B_r)(1+r_r) - B_r \\
s.t &: B_r < wq
\end{aligned}$$

零售商的期望利润在约束条件下对订购量求一阶及二阶导数

得：

$$\frac{\mathrm{d}\Pi_r}{\mathrm{d}q} = p - pF(q) - w(1+r_r) \, ;$$

$$\frac{\mathrm{d}^2\Pi_r}{\mathrm{d}q^2} = -pf(q) < 0 \, 。$$

当 $q_0 = F^{-1}(\dfrac{p - w(1 + r_r)}{p})$ 时，$\dfrac{d\Pi_r}{dq} = 0$，零售商的期望利润最大，

即此时的订购量为零售商自有资金不足时，选择银行贷款进行融资情况下的最优决策。证毕。

定理 6.8 证明：

供应商、零售商联合贷款，双方承担连带的还款责任。当双方收入不能偿还贷款时，只要有一方不违约，银行贷款无风险。联合贷款的违约风险为 $\phi_r\phi_s$。由于 $\phi_r < 1$、$\phi_s < 1$，所以有 $\phi_r\phi_s < \phi_r$、$\phi_r\phi_s < \phi_s$，即联合贷款小于零售商或供应商的违约风险，联合贷款降低了银行贷款风险。

银行期望利润为：

$$
\begin{aligned}
E_{bSC} &= \int_0^{((w+c)q-B_s-B_r)(1+r)/p} pyf(y)\mathrm{d}y + \int_{((w+c)q-B_s-B_r)(1+r)/p}^{\infty} ((w+c)q - B_s - B_r)(1+r)f(y)\mathrm{d}y \\
&= ((w+c)q - B_s - B_r)(1+r) - p\int_0^{((w+c)q-B_s-B_r)(1+r)/p} F(y)\mathrm{d}y
\end{aligned}
$$

银行的期望损失为：

$$
\begin{aligned}
EBL_{SC} &= \phi_r\phi_s[((w+c)q - B_s - B_r)(1+r) - E_{bSC}] \\
&= \phi_r\phi_s p\int_0^{((w+c)q-B_s-B_r)(1+r)/p} F(y)\mathrm{d}y
\end{aligned}
$$

供应链的利润函数：

$$
\begin{aligned}
\Pi^b_{sc} &= E[p\min(\xi, q) - cq - [(wq + cq - B_s - B_r)r - EBL_{SC}]] \\
&= pq - p\int_0^q F(y)\mathrm{d}y - cq - [(wq + cq - B_s - B_r)r + \phi_r\phi_s p\int_0^{((w+c)q-B_s-B_r)(1+r)/p} F(y)\mathrm{d}y
\end{aligned}
$$

则供应链的利润对订购量 q 的一阶导数和二阶导数为：

$$\frac{\partial \Pi^b_{sc}}{\partial q} = p - pF(q) - c - (w+c)r + \phi_r\phi_s(w+c)(1+r)F[((w+c)q - B_s - B_r)(1+r)/p];$$

$$\frac{\partial^2 \Pi^b_{sc}}{\partial q^2} = -pf(q) + \phi_r\phi_s(w+c)^2(1+r)^2 f[((w+c)q - B_s - B_r)(1+r)/p]。$$

令 $\phi_2 = \dfrac{pf(q)}{(w+c)^2(1+r)^2 f[((w+c)q - B_s - B_r)(1+r)/p]}$，对应的

银行的期望损失为：

$$EBL^0_r = \frac{f(q)p\int_0^{(wq-B_r)(1+r_r)/p} F(y)\mathrm{d}y}{w^2 f((wq - B_r)(1+r_r)/p)}。$$

当 $\phi_r\phi_s > \phi_2$ 时，可知供应链的利润函数为凸函数，供应链的利润会随着购买数量的增加而增加，即对于违约风险大的零售商，银行期望损失加大，银行拒绝贷款。

当 $\phi_r\phi_s < \phi_2$ 时，供应链在订购量为 $q_b{}^*$ 时获得最大利润，其中 $q_b{}^*$ 满足

$$p\overline{F}(q_b{}^*) = c + (w+c)r - \phi_r\phi_s(w+c)(1+r)F[((w+c)q_b{}^* - B_s - B_r)(1+r)/p]。$$

证毕。